U0113860

中共中央组织民主人士北上纪实

向北方

李红梅　刘仰东　著

江苏人民出版社

图书在版编目（CIP）数据

向北方 / 李红梅，刘仰东著 . -- 南京：江苏人民
出版社，2021.6（2023.6 重印）

ISBN 978-7-214-26164-9

Ⅰ . ①向… Ⅱ . ①李… ②刘… Ⅲ . ①中国共产党 –
党史 – 史料 – 1948-1949 Ⅳ . ① D231

中国版本图书馆 CIP 数据核字（2021）第 075459 号

书　　　名	向北方
著　　　者	李红梅　刘仰东
策　　　划	府建明
责 任 编 辑	卞清波　莫莹萍
特 约 编 辑	张　欣
责 任 监 制	王　娟
装 帧 设 计	刘　俊
出 版 发 行	江苏人民出版社
地　　　址	南京市湖南路 1 号 A 楼，邮编：210009
照　　　排	南京私书坊文化传播有限公司
印　　　刷	苏州市越洋印刷有限公司
开　　　本	718 毫米 ×1000 毫米　1/16
印　　　张	24.25　插页 4
字　　　数	330 千字
版　　　次	2021 年 6 月第 1 版
印　　　次	2023 年 6 月第 9 次印刷
标 准 书 号	ISBN 978-7-214-26164-9
定　　　价	68.00 元

（江苏人民出版社图书凡印装错误可向承印厂调换）

序言

郑万通　十一届全国政协副主席

1948 年 4 月 30 日，中共中央发布纪念"五一"劳动节口号，号召"各民主党派、各人民团体、各社会贤达迅速召开政治协商会议，讨论并实现召集人民代表大会，成立民主联合政府"。这是中国共产党历史上具有里程碑意义的事件，揭开了中国共产党同各党派、各团体、各族、各界人士协商建国的序幕，奠定了中国共产党领导的多党合作和政治协商制度的基础。

正如当时周恩来所说："五一口号"不是宣传口号，是行动口号。这个行动，就是邀请、部署和组织在香港及国统区的民主人士前往解放区，筹备和召开新政协，建立新中国。在中共中央的直接部署下，从 1948 年 9 月到 1949 年 9 月，香港分局护送民主人士和社会各界代表人士 20 多次，共 1 000 多人。其中，民主人士 350 多人从香港乘船北上解放区。这些人士当中，出席政协第一届全体会议的代表有 170 余人，超过第一届政协代表总数的四分之一。由此可见，"五一口号"开启了一段与解放战争战略决战并行的重要历史进程。这段历史进程深刻揭示，抗战胜利后在争取和平民主的大潮中，各民主党派、各界民主人士和全国人民拥护中国共产党，自愿接受中国共产党的领导，这不仅是时代的选择，更是历史的选择。

从"五一口号"发布到人民政协诞生和新中国成立，尽管只有一年多的时间，却构成了一幅幅波澜壮阔的历史画卷。仅从接送民主人士北上解放区来说，以当时的政治气候和社会环境，将众多民主人士一批一批地秘密送往解放区，并非轻而易举。如果说，当年民主人士冲破重重阻挠、克服种种困难、冒着层层风险，似涓泉归海、万水朝东，义无反顾地奔赴解放区，这也并非夸张之辞，而是有充分的史实作为依据和支撑的。近年来，一些同志对这段历史做过这样或那样的探讨和考察，但或囿于史料，或限于机缘，相关的基础性、系统性研究仍留下不少缺憾。2017年，中国政协文史馆开展了"民主人士北上、新政协筹备会、人民政协第一届全体会议"综合性文史项目。李红梅、刘仰东同志作为主要参与者，先后到北京、广东、山东、黑龙江、吉林、辽宁、天津、河北、上海、浙江等省市进行实地考察，收集资料，访问当事人，相继完成了全国政协办公厅《大道同行》展览脚本撰写及相关图书出版等工作，取得了可喜的研究成果。之后，他们本着一种责任和担当，对大量史料再作进一步的整理、爬梳、分析、考证，合著了这本《向北方》。

看得出，对新中国成立前这段重要历史进程，作者力求通过系统、深入、细致的回顾，用翔实史料来诠释一个重大命题："中国共产党的领导是包括各民主党派、各团体、各民族、各阶层、各界人士在内的全体中国人民的共同选择"。纵览全书，《向北方》全景式地描写了中共中央接送民主人士从香港北上解放区的整个过程，并尽可能全面地梳理了北上行动轨迹，还原了一个个生动的具体细节，展现了一个个重要历史人物的时代风采。令人欣慰的是，作者还下了很大功夫对一些重要史实进行考证，解析、披露了许多鲜为人知的内容，比如组织北上时的背景和准备、每批北上者路线的变化、在面临重大抉择时当事者的心理感受、从香港北上出席人民政协第一届全体会议代表的人数等。这些最新的统计数据和研究成果，从一定程度上填补了相关学术研究的若干空白；同时也更加凸显从香港北上者为建立新中国作出的重要贡献，以及北上这段历史的重大政治意义。我认为，这本书从宏观结构到具体章节，如一幕大剧，每个事件、每个人物、每个情节，都在回答这一重大命题，并彰显"人心是最大的政治"这个铁律。值得一提的是，整本书观点鲜明、叙事清晰、情节生动，既引人入胜，具有较强的可读性；又发人深思，不乏重要的教育意义。

历史是最好的教科书。习近平总书记指出："学习党史、国史，是坚持和发展中国特色社会主义、把党和国家各项事业继续推向前进的必修课。"在中央政协工作会议暨庆祝中国人民政治协商会议成立70周年大会上的讲话中，习近平总书记再次强调：要深入学习"中共党史、新中国史和统一战线历史、人民政协历史，树立正确的历史观和大局观"。《向北方》所讲述的从"五一口号"到协商建国这段进程，正是上述几个方面历史的重要组成部分。中国共产党即将迎来百年华诞。我们党一百年来的实践证明，建立新中国、建设新中国，推进中国特色社会主义事业的发展，必须坚持中国共产党的领导。这是历史的选择、人民的选择。《向北方》以大量史实说明了这个道理。重温这段历史，有利于我们毫不动摇地坚持中国共产党的领导，坚持好、发展好、完善好我国新型政党制度；有利于我们继往开来，行稳致远，做到不忘初心、牢记使命；有利于我们牢牢把握新的历史方位，为实现中华民族伟大复兴的中国梦贡献力量和智慧。

目录

第一章

第二章

第三章

第四章 ——————————————————————————————————————

第五章 ——————————————————————————————————————

第六章 ——————————————————————————————————————

"万里赴鹏程"

"为了一件大事"

"知北游"

第七章

第八章

第九章

黄炎培的南下北上

且行且歌的旅程

涓涓细流归海

第十章

第十一章

第十二章

海外归来

心向往之

共襄伟业

楔子

　　1948 年前后，国共两党战场上胜负日见分晓。建立一个天下归心的政权，已成为中国共产党重要的建国方略。此时的香港，还有大批民主党派领袖和各界代表人士。天玄地黄之际，对于一度置身于国共两党间的这些民主人士来说，面临着政治上的最终抉择：或北上解放区，坚定地与共产党在一起；或割舍对故土刻骨铭心的眷恋，流亡他乡。这种抉择不仅关乎个人命运的变迁，也彰显新政权的人心向背。得人心者得天下。最终，如众星拱辰，民主人士纷纷从香港、从海外北上解放区，走向人民的怀抱。

　　北上，不是一段一般意义上的旅程，看似没有硝烟但同样布满风险，可谓波澜曲折；北上，象征着一种精神，一种情怀，记载了新型政党制度的初心和使命，谱写了建立新中国这部宏大交响曲的重要乐章。北上的故事，意义重大、影响深远，在中共党史、新中国史上值得浓墨重彩、大书特书。这段故事，还要追溯到中国抗战胜利之后。

　　1945 年 8 月，经过十几年的浴血奋战，中国人民终于取得了抗日战争的胜利。从浸满悲怆和苦难中挣扎出来的中国人民是何等地渴望和平！为顺应民意，毛泽东亲赴重庆，与国民党谈判，签订了《双十协定》，达成召开各党派参加的政治协商会议以解决国是等共识。

　　各民主党派在抗战胜利前后，已形成一种政治力量。中华民族解放行动委员会（后更名为"中国农工民主党"，简称"农工党"）、全国各界救国联合会（后更名为"中国人民救国会"）、中国民主政团同盟（后更名为"中国民主同盟"，简称"民盟"）、三民主义同志联合会（简称"民联"）、中国国民党民主促进会（简称"民促"）、九三学社、民主建国会

（简称"民建"）、中国民主促进会（简称"民进"）等民主党派和政治团体相继成立，其政纲或有不同，但追求民主、呼吁和平等基本面是一致的。在此期间，宋庆龄、李济深、张澜、黄炎培、冯玉祥、郭沫若、沈钧儒、何香凝等一些社会地位高、活动力强的代表人物活跃在政治舞台上。他们人数不多，但对政局起着一定的作用，并影响着所联系的一批有影响力的人。

召开政治协商会议是中国共产党提出的实现民主联合政府、和平建国的重要步骤。1946 年 1 月 10 日至 31 日，由国民党、共产党、民盟、青年党、社会贤达五个方面参加的政协会议在重庆召开。经过反复磋商，会议达成五项决议。但政协会议之后的和平太过短暂，协议墨迹未干就变成一纸空文。国民党军队于 6 月 26 日悍然向中原解放区大举进攻，发动了全面内战。同时，国民党加强对国统区的统治，7 月中旬制造了骇人听闻的李公朴、闻一多血案。周恩来在记者会上指出：这是"和平民主运动中一种反动的逆流，想以这种最卑鄙的手段来吓退民主人士"。民主人士没有后退，仍在为和平奔波。当听闻国民党军 10 月 11 日攻占张家口的讯息后，民盟秘书长梁漱溟不由一声长叹："一觉醒来，和平已经死了。"

是年 11 月 15 日，国民党召开制宪国民大会。共产党、民盟斥责国大违背政协决议精神，拒绝参加。各民主党派也都发表声明，声援中共、民盟的正义立场。民主党派在关键时刻，经受住了严峻的考验。只有青年党、民主社会党脱离民盟追随国民党。尽管重庆政治协商会议及通过的一系列决议，遭到了蒋介石集团的破坏，但政协精神深入人心，成为中国人民争取和平民主的希望。

全面内战爆发后，解放区军民被迫自卫，先后粉碎了国民党军队的全面进攻和重点进攻，并于1947年七八月间由战略防御转入战略进攻。12月25日至28日，在陕北米脂县杨家沟召开的中共中央扩大会议（史称"十二月会议"）上，毛泽东对形势作出一个极其重要的判断：中国革命已经到了一个新的历史转折点。

经过一年多的内战，国民党的腐败无能更加明显地体现出来。这引起人民的更大不满和反抗，国民党统治区的爱国民主运动不断高涨，形成与人民解放战争互相配合的第二条战线。

为挽救困局，国民党决定实行全国总动员和党政改革，进一步强化白色恐怖，加剧迫害民主党派和民主人士。1947年11月6日宣布民盟为"非法团体"。随之，民建、民进、农工党、九三学社等其他民主党派也被迫转入地下开展活动。大多民主党派总部及主要领导人秘密前往香港，继续进行反蒋斗争。1948年1月1日，国民党内的民主派在香港成立中国国民党革命委员会（简称"民革"）。一些进步的文化、教育、产业界人士也纷纷避居香港。一时间，香港成为民主力量聚集之地。

1948年的春天太不寻常。中国共产党领导的人民军队正以摧枯拉朽之势，直捣蒋家王朝。形势的发展太快了。胡乔木形象地说："不要说我们的敌人对此感到震惊，甚至目瞪口呆，就连我们的朋友，我们党内的许多干部，对此也十分惊讶，出乎意外。"中共中央审时度势，颁布"五一口号"，呼吁"各民主党派、各人民团体、各社会贤达迅速召开政治协商会议，讨论并实现召集人民代表大会，成立民主联合政府"。犹如一石激起千层浪，这一口号得到各民主党派和人民团体的热烈响应。

待到枫叶红了的时候，人民解放军已穿过山海关，向国民党统治区纵进。红旗插遍了中国西北、华北和东北大部分地区。当时在香港文委工作的周而复编辑《北方文丛》时曾这样说："三北——西北、华北和东北，实际上是代表解放区的称谓。平常谈论时，有人问北方的形势怎么样，意即解放区的形势怎么样。读者很容易理解'北方'的含义的。"

战略决战将要拉开序幕，革命成功在即。筹建新政协、创立新政权，已是大势所趋、人心所向。新生的中国，如喷薄而出的曙光，从海平面冉冉升起。将民主党派主要领导人和社会各界代表护送到解放区，成为中共中央的一个重要政治任务，其重要性丝毫不亚于指挥前线作战。

但是，此时的香港表面上繁华热闹，实则波谲云诡，暗流涌动。各种政治力量交织混杂，警察、密探、特务、帮会无处不在。内地的战争也如火如荼。要排除港英当局的百般阻挠，冲破国民党军队的重重封锁，秘密、安全地实现北上，难度之大、风险之高，可以想见。

在中共中央的直接领导下，香港分局和华润公司等机构经过精心策划，选择穿越台湾海峡的海上路线，组织护送李济深、沈钧儒、黄炎培、郭沫若、陈叔通、何香凝、马叙伦、沈雁冰、马寅初、陈嘉庚、司徒美堂、蔡廷锴、彭泽民、章伯钧、许广平、谭平山、柳亚子、叶圣陶、章乃器、朱蕴山等民主人士和各界代表，一批又一批北上，航向解放区。他们代表各民主党派和社会各界，参与筹建新政协、创立新中国这一前无古人的历史伟业，见证了庄严的开国大典。

民主人士从香港北上是一项具有重要意义的伟大壮举。这段故事可歌可泣！

香港

1840 年鸦片战争后，香港被英国所侵占。"我好比凤阙阶前守夜的黄豹，母亲呀，我身份虽微，地位险要。"在著名爱国诗人闻一多的《七子之歌》中，香港发出这样的呼唤。具有独特地缘优势的香港，背靠大陆，面向东南亚各国，是亚、非、欧各洲的交通要冲和远东的转运中心，素有"东方明珠""世界橱窗""自由港"之称。抗日战争胜利后，内地硝烟再起，香港成为中共团结民主党派和各界进步人士开展活动的重要阵地。

香江潮涌

第一章

未雨绸缪

1946 年底，解放区军民正在进行艰苦的自卫战争。12 月 9 日，延安的王家坪在举行记者会。有人问："在香港问题上中共的态度如何呢？"毛泽东回答：我们现在不提出立即归还的要求，中国那么大，许多地方都没有管理好，先急于要这块小地方干吗？将来可按协商办法解决。毛泽东这一回答，是根据战后国际国内的复杂局势，从中国革命的现实和长远利益做出的综合考虑。

香港，以其特有的区位优势，一直为中共所倚重。1927 年大革命失败后，中共广东省委撤离广州，迁移香港，并以此为基地领导华南地区的革命活动。即便后来中共党组织遭到破坏，但各类工会活动仍未间断。抗战期间，为争取香港同胞、海外侨胞和国际友人对抗日救亡运动的支持，中共设立八路军驻香港办事处。在中共南方局的领导下，办事处广泛开展抗日民族统一战线的活动。香港沦陷前，办事处负责人廖承志、夏衍、乔冠华等与时任港英总督杨慕琦派出的代表秘谈，共商保卫香港事宜。日军占领香港后，中共领导的东江纵队迅速挺进，出生入死，开展"抢救文化人"行动，护送大批滞留在香港的文化界人士安全撤离；组建港九大队打日寇、除汉奸，与盟军进行情报合作。中共的抗日行动赢得香港各界的高度赞誉。

抗战的胜利来之不易。中国人民为此付出了鲜血与牺牲。为了战火不再重燃，1945 年 8 月，毛泽东、周恩来冒着危险到重庆谈判。经过艰苦的磋商，中共与国民党签订《双十协定》。谈判过程的反复、谈判期间的摩擦，让中共对蒋介石的独裁本质有了清醒的认识。9 月底，在听取香港工委负责人连贯、杨琳的汇报后，周恩来指示，有些民主人士、文

一 解放战争时期香港街景

化人及党内干部要疏散到香港，让他们早做安排。

　　根据重庆谈判协定，1946 年 1 月如期召开的政治协商会议达成和平建国等五项协议。但这些协议没有把中国引领到和平民主建设的道路上来。当时，港督杨慕琦仍被关在东北集中营，5 月份才从英国重返香港。在这一段"半真空"状态下，国民党力争收复香港。对于一触即发的全面内战，中共能保住已有根据地尚且不易，在国统区则无立足之地。作为权宜之策，中共拟以香港为中心开展城市工作。在对外宣传上，中共不反对国民党收复香港，但尽可能利用国民党与英美之间的矛盾，迫使港英当局实现若干民主改良，将香港建成华南地区民主运动的阵地。10月，中共广东区委派代表与港英当局谈判达成七条初步结果，同意中共在香港设立办事处，建立电台。这使中共在香港获得了合法地位，以半公开形式开展各项活动。

时局的发展果如周恩来所料。全面内战爆发后，民盟总部被迫宣布解散，各民主党派也转入地下活动。为躲避国民党当局的迫害，李济深、何香凝、蔡廷锴、沈钧儒、章伯钧、马叙伦、谭平山、柳亚子、郭沫若、彭泽民、李章达等民主党派领导人及民主人士转移到香港。沈钧儒、章伯钧等人在港建立民盟临时总部。周而复在他的《往事回首录》中回忆当时"群贤毕至"的盛况时说："重庆的、上海的、广东的文化界著名人士几乎都来了"，"全国各民主党派与民主人士也大半到了香港……香港不只成为文艺界临时中心，同时也成为民主党派和民主人士的中心，民主活动的中心之一了。"

战后中国的政治格局风云变幻，各方政治势力展开博弈。港英政府为了自身利益，对国共两党采取"两面政策"：一方面，英国政府与国民党当局建有外交关系，它在政策选择上侧重国民党；另一方面，它企图在中共胜利后谋取更多好处，也采取多种途径与中共接触。正像乔冠华所说的：英国一方面和蒋介石拉得很紧，另外，它对我们也不拒绝。因此，战后的香港，属于一个既不是蒋管区，也不是解放区的"第三种地带"。郭沫若等文化界人士也觉得，在香港，不像解放区那么动荡，也不像蒋管区那样受迫害。香港这种独特的政治环境和区域优势，为中共和各民主党派开展活动提供了有利的空间。茅盾在其回忆录《我走过的道路》中说得更为直接，"在报刊上，只要不反对港英当局，不干涉香港事务，你什么都能讲，包括骂蒋介石和美帝主义……这样便利的条件，对于我们这些握了半辈子笔杆却始终不能想写什么就写什么的人来说，真像升入了'天堂'"。

为加强香港工作，1947年5月中共中央正式成立香港分局。方方，这位具有丰富斗争经验的革命者，被中央委以重任，担任香港分局书记。

中共在香港的各个机构各尽其能地发挥作用，比如接待安置来港人员，帮助复刊、创刊、出版各类进步报纸刊物，组织开展各种活动，有序推动民主运动，等等。其他党派和民主人士也以各种节点为由，组织形形色色的政治集会、欢迎会、聚餐会，为这一期间讨论新政协、批判中间路线等民主活动创造了良好的氛围。茅盾表达了这样一种感受："1948年的香港十分热闹，从蒋管区各大城市以及海外会集到这里的各界民主人士和文化人总在千数以上，随便参加什么集会，都能见到许多熟悉的面孔。大家都兴高采烈，没有一点'流亡客'的愁容和凄切。"

由此可见，周恩来早早作出的关于香港的部署是多么地具有卓识远见！中共中央在香港设立机构、开展活动，为壮大人民民主统一战线发挥了积极作用。

风云再起

由于特殊的政治生态和地域环境，香港与中国民主运动有着密不可分的联系。在民主革命时期，它曾是中共的重要统战基地，也留下了许多党派诞生、发展、斗争的足迹。

最早在香港开展活动的是中国致公党（简称"致公党"）。致公党1925年建立之初，便将总部设在香港，便于团结海外华侨参加国内斗争；1941年12月，香港沦陷时总部停止活动。中国农工民主党的前身中国国民党临时行动委员会（后改名为"中华民族解放行动委员会"，也称"第三党"），在1934年1月福建事变失败后，转移到香港开展活动。1937年农工党中央机关迁回内地。1941年3月，中国民主政团同盟在重庆成立后，派梁漱溟赴香港创办《光明报》。太平洋战争爆发后，《光明报》停刊。抗战胜利后，民盟中央在香港成立南方总支部，向海外开展工作。1944年成立的民联、1946年成立的民促先后在香港建立粤港澳总分会港九总支部，创办《民潮》《自由》月刊。

　　全国内战爆发后，国民党统治区的民主运动转入低潮。为了继续开展反帝反封反蒋运动，除民主建国会在上海、九三学社在北平坚持斗争外，其他各民主党派总部陆续迁至香港。在这段时间，香港风云再起，聚集在此的民主力量利用相对宽松的环境，纷纷召开会议、发表声明、举办社团活动、出版各种刊物，申述立场、明确方向，掀起民主运动的热潮。最具影响力的是民革的成立与民盟一届三中全会的召开。

　　民革的成立标志着国民党内部民主派大联合的实现，并从政治上、组织上与蒋介石集团的彻底决裂。

　　李济深到港后，多次邀集何香凝、蔡廷锴、彭泽民等人在他的寓所开会，商讨另外成立一个组织，民促与民联成员可以个人名义参加。他们达成了几项协议：以李济深、何香凝名义邀请在上海的民联领导人谭平山、柳亚子等来港，共商合作大计；委托即将赴欧洲参加世界工联会议的朱学范绕道美国听取冯玉祥对建立组织的意见；成立筹备小组，准备纲领起草等工作。

　　在港达成协议容易，但实行起来危险重重。战争期间，国民党特务遍布港口码头等重要交通要道，如何将消息送到上海呢？经过策划，他们决定采用传统的密信转送方法——将信的内容写在巴掌大小的绸巾上，缝在衣服里，以躲避搜查。内容有限，惜字如金。大家字斟句酌后，由李济深执笔起草了一封内涵深刻的信：

　　　　平山、亚子、春涛、真如阅：国民党民主派，集中力量，正名领导，对内对外，紧要万分。盼先生等迅即来港，共同筹策一切。详情由蕴兄面报。

　　　　　　　　　　　　　　　　　　　　　　　　　　　　香凝、济深

　　这是一封没有发出的信。信布很小，字若千钧。1947年6月，国民党元老朱蕴山来港。朱蕴山是徐锡麟的学生。徐被砍头时，他跪着陪斩，所以胆子大。民革筹建当事人张克明称之为"有本事的人"。李济深等人

→ 李济深等写在绸巾上的信

就委托他送信，并在信尾加了句"详情由蕴兄面报"。但上海局势太过险恶，朱蕴山这位"胆子大"的人也终未成行。李济深只好口头捎信给柳亚子等人。柳亚子到港后，亲收了这封信。

朱学范到美国后，向冯玉祥面陈一切。冯玉祥赞成香港方面的意见，筹集经费予以支持，并表示一旦组织成立，尽快回国参加。

这年10月起，除密信中的郭春涛留在上海外，其他人相继到港。民促和民联领导人共同商议，组成中国国民党民主派联合代表大会筹备委员会，推举李济深、何香凝为召集人，柳亚子为秘书长。

关于新组织的名称，柳亚子建议叫"国民党民主派同盟"。为慎重起见，李济深分别征求冯玉祥和宋庆龄的意见。宋庆龄表示：早年我与邓演达、陈友仁以"中国国民党临时行动委员会"名义发表《莫斯科宣言》，以示继承孙中山的革命事业。"临时行动委员会"的下一步，可改为"革命委员会"。何香凝倡议这个组织命名为"中国国民党革命委员会"，得到大多数人士的赞同。

1947年11月12日，即孙中山先生诞辰81周年纪念日，中国国民党民主派第一次代表大会在香港举行，象征"本党再生之意义"。1948年1月1日，民革在香港正式宣告成立。大会讨论了国内外形势，通过了《成立宣言》《行动纲领》《组织总章》《告本党同志书》，选举建立了中央执行委员会。推选宋庆龄为名誉主席，李济深为主席。民革在宣言中宣布：脱离蒋介石劫持下的反动中央，集中党内忠于总理忠于革命之同志，为实现革命的三民主义而奋斗。民革提出，愿与全国各民主党派、民主人士携手共进，彻底铲除革命障碍，建设独立、民主、幸福之新中国。

民盟总部在 1947 年 11 月 6 日被迫宣布解散后，民盟南方总支部在香港发表声明：现在总部工作同仁已被暴力劫持，行动言论全无自由，但本总支部"决不因独裁政府之非法压迫而停止活动"。同月，民盟中执委沈钧儒、章伯钧、周新民等先后秘密赴港，与在港的中执委邓初民、沈志远、李伯球、萨空了会合。

在沈钧儒、章伯钧的支持下，民盟在港中央执行委员会从 1947 年 11 月 21 日至 1948 年 1 月 4 日，先后举行 8 次谈话会，一致拒绝接受国民党政府宣布民盟为非法团体的命令，决定以在港中央执行委员会名义组织活动。1948 年 1 月 5 日至 19 日，民盟一届三中全会在香港召开，宣告成立临时总部，通过《三中全会紧急声明》《三中全会政治报告》和《三中全会宣言》等决议。这次会议总结了民盟过去斗争的经验教训，重新确立了民盟的政治路线和组织路线。会议郑重宣布，否认南京政府宣布民盟为"非法团体"的举动，表示"不能接受本盟总部于去年十一月六日在南京反动独裁政府的劫持与威胁之下，未经合法会议而发表的'辞职''解散总部'及'停止盟员活动'之声明"。会议提出将同中国共产党密切合作，为摧毁国民党独裁政府，实现民主、统一的新中国而奋斗。

与此同时，致公党于 1947 年 5 月在香港举行第三次代表大会，通过加入中国共产党领导的人民民主统一战线的决议。台湾民主自治同盟（简称"台盟"）于 1947 年 11 月 12 日在香港正式成立。农工党于 1948 年 6 月召开执监联席会议，由从解放区来的农工党中央执行委员严信民传达中国共产党关于新政协的信息；9 月举行中央扩大会议，表示"与中共不仅是今天反帝反封建反官僚资本主义的革命战友，而且是建设新中国的长期合作者"。马叙伦、王绍鏊、徐伯昕等民进在港理事，于 1948 年 7 月 31 日召开第四次会议，通过《中国民主促进会拟提出政治协商会议之行动公约及政治纲领》。民建代表章乃器、孙起孟也受民建总部委托在香港开展活动。

→ 民革成立时部分领导人合影
（前排左起：朱蕴山、柳亚子、李济深、何香凝、彭泽民）

—民盟一届三中全会期间部分领导人合影
（左起：周鲸文、李伯球、沈钧儒、黄药眠、
刘王立明、章伯钧、周新民）

共同的反帝反封反蒋目标，将中共与各民主党派紧密地联系在一起。1948年12月，在香港的美国当代世情研究所研究员兼《芝加哥日报》通讯员包大可写下了他印象深刻的感受：中国民主同盟、国民党左派各党、中国致公党等被国民党排斥的反政府小党派齐聚香港，与共产党的反蒋立场非常一致。他们与中共合作的原因，主要是他们对蒋介石的痛恨。这也许比他们对马克思或毛泽东的热爱更重要。他们当中不少曾是国民党中德高望重的成员，并曾身居高位，但无论是个人因素抑或意识形态理由，他们当时都已成为该党的异见分子。

在中共的"拉力"与国民党的"推力"双向作用下，各民主党派到香港后重新整修自己的政治路线，积极参与开展反蒋运动、声援国统区的民主运动、"新政协运动"、反美扶日运动、批判中美关系"白皮书"、保卫世界和平运动等斗争。尤其是通过"中间路线"大辩论，他们彻底放弃"中间路线"，为壮大人民民主统一战线奠定了重要基础。

"五一口号"发布

内战爆发后的第二年，战争形势向着人民方面发生重大转变，蒋介石在政治上更加孤立，军事上节节败退。到了1948年上半年，正如毛泽东在"十二月会议"上所指出的："人心动向变了，蒋介石被孤立起来，广大人民群众站到了我们方面。"中共中央顺势而为，于4月30日发布纪念"五一"劳动节口号。"五一口号"第五条提出："各民主党派、各人民团体、各社会贤达迅速召开政治协商会议，讨论并实现召集人民代表大会，成立民主联合政府！"

"五一口号"的发布在中国共产党历史上是一件具有重大意义的事件。它顺应民意，加速了国民党政府垮台的进程，奠定了新型政党制度的基础。从此，宏大的协商建国伟业拉开序幕。

5月1日，香港《华商报》全文刊登了"五一口号"。《华商报》

是中共在香港的重要阵地，创刊于抗战时期。根据周恩来"这张报，不用共产党出面办，不要办得太红了，要灰一点""不仅在香港发行，还要发行到东南亚菲律宾等地去"的指示，时任八路军驻香港办事处主任的廖承志提议定名为《华商报》，喻意为"华侨商人的报纸"，淡化政治色彩，让工商界和市民易于接受。抗战期间，《华商报》团结在港的大批民主人士和文化人士，为宣传中共抗日民族统一战线政策、激发香港和海外同胞的爱国热情作出了积极贡献。香港沦陷后，《华商报》主动停刊。

1946年1月4日，《华商报》正式复刊，并改为日报。《华商报》迅速成为民主力量在香港的喉舌，也是解放区以外能直接传播中共中央声音的唯一一张报纸。"五一口号"第一时间经《华商报》在香港发表后，立即引起民主人士和社会各界的高度关注和热议。

在"五一口号"发布的同时，毛泽东给在香港的李济深、沈钧儒写了一封信。毛泽东在信中指出：在目前形势下，召集人民代表大会，成立民主联合政府，加强各民主党派、各人民团体的相互合作，并拟订民主联合政府的施政纲领，业已成为必要，时机亦已成熟。但欲实现这一步骤，必须先邀集各民主党派、各人民团体的代表开一个会议。此项会议似宜定名为政治协商会议。一切反美帝反蒋党的民主党派、人民团体，均可派代表参加。不属于各民主党派、各人民团体的反美帝反蒋党的某些社会贤达，亦可被邀参加此项会议。会议的地点，提议在哈尔滨。会议的时间，提议在当年秋季。并提议由中国国民党革命委员会、中国民主同盟中央执行委员会、中国共产党中央委员会于本月内发表三党联合声明，以为号召。

当时在香港的各民主党派领导人及各界人士，时刻关注着内地的战局和时局。中共香港分局和香港工委与先后到港的李济深、沈钧儒、何香凝、蔡廷锴、郭沫若、马叙伦等人建立和保持着密切联系，及时通报内地情况。李济深和沈钧儒无论资历抑或影响力，无疑是最具代表性的人物。

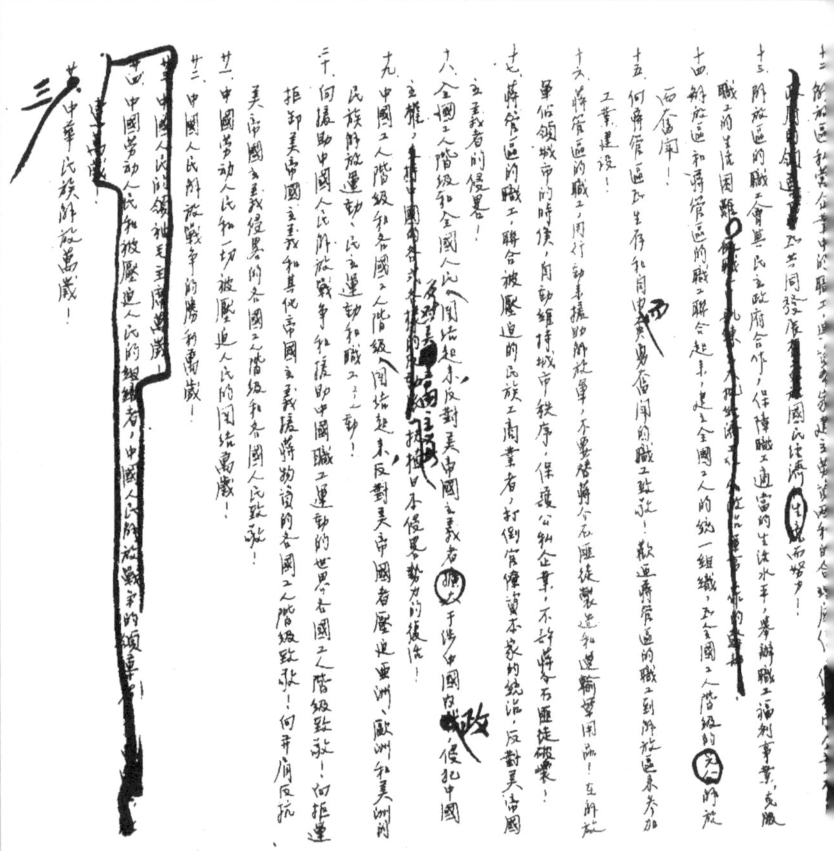

（新華社陝北廿日電）中共中央關於一九四八年"五一"勞動節口號如下：

一、今年的五一勞動節！是中國人民走向全國勝利的偉大勝利！對中國人民的解放者 中國人民解放軍全體將士致敬！慶祝各路人民解放軍的偉大勝利！

二、今年的五一勞動節，是中國人民死敵蔣介石走向滅亡的日子，將令石做俘虜統，就是他快要上斷頭台的預兆。打到南京去，活捉蔣介石！

三、今年的五一勞動節，是中國勞動人民和一切被壓迫者解放的日子。慶祝全國農民的土地改革的勝利，慶祝全國工農的團結！慶祝全國青年、和各界知識份子與全國農民的土改！

四、全國勞動人民團結起來，願祝全國工人階級的團結！自資產階級民主革命的勝利，和自由獨立的新中國的最後勝利！

五、真是取得全國各地區社會各階層一致戰線，自由民主聯合政府！打倒蔣介石，建立新中國而奮鬥！

六、願全國勞動者和其他...

七、大

八、解放區的職工和統戰工作者，一切勞動者，努力堅決不移地發展生產，繁榮經濟，以私業務傾，實資傾和的工運政策和工業政策！

九、解放區的職工，加增工業品的質量，提高工業品的質量，減低工業品的成本兩而用！

十、解放區的職工、農揚新勞動態度愛護工具，學習技術，提高生產效率！

餘多多友好的人民必需品低給市場！

忠惰、浪費和破壞行為，學習技術，提高生產效率！

中共中央纪念"五一"劳动节口号

（一）今年的"五一"劳动节，是中国人民走向全国胜利的日子。向中国人民的解放者中国人民解放军全体将士致敬！庆祝各路人民解放军的伟大胜利！

（二）今年的"五一"劳动节，是中国人民厄蒋介石走向灭亡的日子，蒋介石做伪总统，就是他快要上断头台的预兆。打到南京去，活捉伪总统蒋介石！

（三）今年的"五一"劳动节，是中国劳动人民和一切被压迫人民的觉悟空前高涨的日子。庆祝解放区和全国工人阶级的团结！庆祝解放区和全国农民的土地改革工作的胜利和开展！庆祝全国青年和全国知识分子争自由运动的前进！

（四）全国劳动人民团结起来，联合全国知识分子、自由资产阶级、各民主党派、社会贤达和其他爱国分子，巩固与扩大反对帝国主义、反对封建主义、反对官僚资本主义的统一战线，为着打倒蒋介石，建立新中国而共同奋斗！

（五）各民主党派、各人民团体、各社会贤达迅速召开政治协商会议，讨论并实现召集人民代表大会，成立民主联合政府！

（六）一切为着前线的胜利。解放区的职工，拿更多更好的枪炮弹药和其他军用品，供给前线！解放区的后方工作人员，更好地组织支援前线的工作！

（七）向解放区努力生产军火的职工致敬！向解放区努力恢复发展工矿交通的职工致敬！向解放区努力改进技术的工程师、技师致敬！向解放区一切努力于后方勤务工作和后方机关工作的人员致敬！向解放区一切工业部门和后方勤务部门的劳动英雄、人民功臣、模范工作者致敬！

（八）解放区的职工和经济工作者，坚定不移地贯彻发展生产、繁荣经济、公私兼顾、劳资两利的工运政策和工业政策！

（九）解放区的职工，为增加工业品的产量、提高工业品的质量、减低工业品的成本而奋斗！拿更多更好的人民必需品供给市场！

（十）解放区的职工，发扬新的劳动态度，爱护工具，节省原料，遵守劳动纪律，反对一切怠惰、浪费和破坏行为，学习技术，提高生产效率！

（十一）解放区的职工，加强工人阶级的内部团结，加强工人与技术人员的团结，建立尊师爱徒的师徒关系！

（十二）解放区私营企业中的职工，与资本家建立劳资两利的合理关系，为共同发展国民经济而努力！

（十三）解放区和蒋管区的职工联合起来，建立全国工人的统一组织，为全国工人阶级的解放而奋斗！

（十四）解放区的职工福利事业，克服职工的生活困难！

（十五）向蒋管区为生存和自由而英勇奋斗的职工致敬！欢迎蒋管区的职工到解放区来参加工业建设！

（十六）蒋管区的职工，用行动来援助解放军，不要替蒋介石捆运和运输军用品！在解放军占领城市的时候，自动维持城市秩序，保护公私企业，不许蒋介石匪徒破坏！

（十七）蒋管区的职工，联合被压迫的民族工商业者，打倒官僚资本家的统治，反对美帝国主义者的侵略！

（十八）全国工人阶级和全国人民团结起来，反对美帝国主义者干涉中国内政，侵犯中国主权，以及美帝国主义者扶植日本侵略势力的复活！

（十九）中国工人阶级和各国工人阶级团结起来，反对美帝国主义者压迫亚洲、欧洲和美洲的民族解放运动、民主运动和职工运动！

（二十）帮助和中国人民解放战争和推动中国职工运动的世界各国工人阶级致敬！向推进拒绝美帝国主义和其他帝国主义者扬运的各国工人阶级和各国人民致敬！向并肩反抗美帝国主义侵略的各国工人阶级和各国人民致敬！

（二十一）中国劳动人民和一切被压迫人民的团结万岁！

（二十二）中国人民解放战争的胜利万岁！

（二十三）中华民族解放万岁！

→ 中共中央纪念"五一"劳动节口号

→ 香港《华商报》对 12 位民主人士联名通电的报道

→ 1948 年 5 月 1 日毛泽东致李济深、沈钧儒信

　　毛泽东这封信的内容与"五一口号"相互呼应，重申了"五一口号"的精神。毛泽东还以协商的态度就目前形势的判断及政治协商会议召开的时间、地点、发起者、参会党派、实施步骤等具体事宜提出建议，这又是对"五一口号"内容的补充和说明。这封信的字里行间，充分反映了中国共产党坚持多党合作、共商建国伟业的政治构想。

　　毛泽东给李济深和沈钧儒的信由潘汉年于 5 月 1 日当天送到李济深寓所。5 月 2 日，李济深即同沈钧儒一道，召集在香港的各民主党派负责人到他的寓所聚会，讨论中共"五一口号"。李济深（民革）、何香凝（民革）、沈钧儒（民盟）、章伯钧（民盟）、马叙伦（民进）、王绍鏊（民进）、陈其尤（致公党）、彭泽民（农工党）、李章达（救国会）、蔡廷锴（民促）、谭平山（民联）和郭沫若（无党无派）等 12 位民主人士，一致认为召开新政协、建立民主联合政府是我国"政治上的必经的途径"，"民主人士自应起来响应"。与会者商定，立即以联名通电的方式

响应"五一口号",并推举马叙伦起草电文。

5月5日,李济深等12人代表各自党派和无党派民主人士,联名发出给全国同胞和毛泽东的两个通电,正式公开响应中共"五一口号"。

这两个通电是在5月5日发出的,又称"五五"通电。两个通电针对不同对象表述略有侧重,但对"五一口号"的反应,都用了"适合人民时势之要求,尤符同人等之本旨"的措辞。5月6日,"五五"通电在《华商报》刊发后,立即引发了席卷而来的响应浪潮。

第一个公开响应"五一口号"的政治团体,并不在12位民主人士所代表的党派当中,而是由谢雪红担任主席的台盟。5月7日,台盟发表《告台湾同胞书》,指出:中共中央发表了这个号召,正切合全国人民目前的要求,也正切合台湾全体人民的愿望。

此时,民建总部及其主要领导人黄炎培、胡厥文等都在上海。民建于5月23日在上海秘密召开常务理事、监事联席会议,一致通过决议,赞成中共"五一口号",筹开新政协,成立联合政府。

"五一口号"发布时,民进的两位主要创始人马叙伦和王绍鏊均在香港。5月24日,民进发表《响应中共"五一"号召的宣言》,对"五一

→ 1948年5月5日致电毛泽东的12位民主人士
（从左到右、从上到下依次为李济深、何香凝、沈钧儒、章伯钧、马叙伦、王绍鏊、陈其尤、彭泽民、李章达、蔡廷锴、谭平山、郭沫若）

口号"给予极高的评价，称其为近百年来中国革命史的结晶，是今后中国政治运动舵向的指标。

民联、民促也在5月份发表宣言，响应"五一口号"。

6月9日，致公党发表宣言指出，中共的政治立场和态度代表全国革命阶级和一切爱国民主的阶层，与本党对国事的主张和奋斗目标一致。在宣言中，致公党特别提出，中共在中国革命的艰巨而长期的斗争中，贡献最大而又最英勇，为全国人民起了先导和模范作用。"这次新政协的召开，无疑我们得承认它是领导者和召集人。"

→ 1948年5月1日《华商报》刊登"五一口号"

6月12日，在香港的民盟中央执行委员会举行扩大会议，讨论新政协的性质、意义，并确定响应召开新政协的步骤及办法。6月14日，民盟发布《致全国各民主党派各人民团体各报馆暨全国同胞书》。其中提到：此次中共发布"五一口号"，其第五项主张迅速召开政治协商会议，实现民主联合政府，正与本盟历来一贯的主张相符合，本盟当然愿为这一主张的早日实现积极奋斗。

6月16日，农工党发表《对时局宣言》，赞成中共中央"五一口号"的主张，就是"加速胜利有力的号召"，"是实现新中国的正确途径"。

民革经过再三讨论，于6月25日发表声明指出，中共"五一口号""诚为消灭卖国独裁的反动统治和建立独立民主幸福的新中国所应循的途径"。民革是当时最有影响力的民主党派之一。但这篇声明发表时，距"五一口号"问世已有近两个月。数月后，北上到达哈尔滨的谭平山、蔡廷锴等民革成员与先于他们到哈尔滨的朱学范相聚，介绍了声明起草的内情：声明是经常委会指定要点，由陈此生起草，谭平山与陈劭先、梅龚彬审稿，李济深亲自定的稿。起草文件越是如此，越众口难调，声明从 5 月 12 日开始起草，一共花了 44 天，才算见报。可见在当时，民主人士理解和看待"五一口号"，在思想认识上仍有相当分歧。

沈钧儒担任主席的中国人民救国会在 7 月 7 日发表《"七七"宣言》，其中提及"五一口号"时说：此一口号恰符合本会"建立举国一致民主政府，完成反抗侵略肃清封建任务"的一贯主张。

"五一口号"发布时，九三学社因处在国统区，不宜公开发表声明。1949 年 1 月 22 日，人民解放军开始接管北平。1 月 26 日，九三学社在北平《新民报》公开发表《拥护中共"五一"号召暨毛泽东八项主张的宣言》，赞成中共中央关于"召开无反动派参加之新政治协商会议"的建议。

聚集香港的社会各界人士，在"五一口号"发布后，也联名发表声明或宣言。"五一口号"迅速传至海外，新加坡华侨、马来亚华侨、泰国华侨、缅甸华侨、古巴华侨、加拿大华侨等，多以致电或通电的方式予以响应。

事实上，响应"五一口号"的团体和个人并不止于上述所列，甚至国内非民主力量乃至平时倾向国民党当局的一些政党和团体，如民社党革新派、孙文主义革命同盟、台湾民众联盟、中国少年劳动党、光复会、中国农民党等，出于各种动机，也呼应"五一口号"，由此可见"五一口号"的影响力。

这些声明、宣言形式各异，但基调一致，那就是对"五一口号"第五条产生共鸣并由衷盛赞。他们迫切盼望推翻国民党腐朽政权，建立一个统一、民主、光明的新中国。各民主党派、各界人士对中共"五一口号"公开而热烈的响应，在当时的香港形成了一种主流政治生态，产生了巨大和深远的社会影响。

为新政协催生

在历史转折的当口，响应"五一号召"、召开新的政治协商会议已成为一个广泛的社会共识。但新政协如何召开？在哪儿召开？什么时候召开？哪些人参加？性质是什么？发展方向是什么？凡此种种，都是摆在中国共产党和各民主党派面前需要深入讨论和不断协商的问题。

中共中央始终关注香港方面的动向，多次就召开新政协事宜向香港分局发出指示。在5月7日致沪局、港分局和潘汉年的电报中，毛泽东指示他们："可用非正式交换意见的态度（不是用正式决定和邀请的态度），和各真诚反美反蒋的民主党派、人民团体及社会知名人士交换意见，并以各方反映电告。"5月13日，周恩来电示香港分局，要求将响应"五一口号"的电文内容、署名全文电告中央。6月13日，中共中央电示上海局、香港分局并告潘汉年："关于召开新政治协商会议的时间、地点、召集人、代表名额以及人民代表会议何时召集及如何召集等事项，请征询各民主党派、人民团体、社会贤达人士的意见。"由此可见，中共中央亟待了解各方反应。

根据中共中央指示，5月初香港分局成立由连贯为负责人的统战工作委员会，来落实这项工作。据时任统战工委委员的罗培元回忆说，潘汉年已发现有人窃听他家电话，所以香港分局和统战工委绝少用电话与高层人士联系，特别重要会议和重要意见的转达，都通过单独登门拜访的办法。同时，香港分局还以组织召开座谈会、在报刊发表文章等方式，解读中共中央精神，了解民主党派的动向和主张。其中"双周座谈会"是一种重要的形式。

"双周座谈会"是个约定俗成的称谓，沿袭了抗战时期周恩来在重庆与民主人士交换意见时的做法，原则上每两周开会一次，可提前或推后。这种会议采取边聚餐边座谈的形式，邀请上层民主人士参加，大约一二十人，一般由共产党和民主党派轮流主持。"五一口号"发布前，座谈会地址选在主持者家里，如轮到民革主持，就在李济深家里；轮到民盟主持，就在沈钧儒家里；每逢中共主持，就设在连贯家里。会议议题因时因事商定，或由中共提出取得大家同意、作出决定，或是根据各民主党派、民主人士的意见商讨确定。会议程序为：先由一人作专题发言或政治报告，然后与会者围绕专题展开讨论。这种讨论通常采取漫议的形式，大家畅所欲言。

"五一口号"发布后，"双周座谈会"分为两个不同的层次：上层民主人士的座谈会改在铜锣湾天后庙道"统委"所在地举行，每次开会，方方、潘汉年、连贯一定出席；中层民主人士参加的座谈会，规模大一些，有三四十人，在湾仔某单位的一个会议室举行。这样的"双周座谈会"先后开了八次，成为各民主人士讨论中共"五一口号"、响应新政协号召的重要阵地，也密切了中共与各界人士的联系。

5月8日，第一次正式讨论新政协的座谈会由华商报社召集，主题为"目前新形势与新政协"。《华商报》记者用当日社评《无声的变化》阐述当前的形势：天下已在大变，筹备民主联合政府的时机成熟了。中共"五一口号"符合人民的要求。他希望与会者围绕三个问题讨论：新政协与旧政协有什么不同的地方？新政协和人民代表大会的召开，在现阶段的民主运动的作用和影响怎样？在广大人民中需要如何推动，以促进新政权的建立和扩大它的基础？郭沫若、邓初民、翦伯赞、马叙伦、章乃器、黄药眠等民主人士在座谈会上作了发言，沈钧儒、章伯钧和谭平山提供了书面发言。

郭沫若用"向来做惯了尾巴的人，要来领头是很费力的"开场，以此比喻由中共联合民主党派筹建新政协过程的不易。对于新政协领导权问题，郭沫若坦言，应承认中共的领导权、毛泽东先生为中国人民领袖，以及新民主主义为今后中国建国的最高指导原则。在发言中，马叙伦也表明"新政协的召集人自然是由中共负责"。可见新政协讨论伊始，领导权问题就成为热点。与会人员就新旧政协的区别、召开新政协的意义、新政协的成分、新政协举行的条件等问题进行了初步讨论和沟通。无论共识还是分歧，大方向是一致的，因而会场"气氛热烈、思想凝聚"。

在港的民主人士纷纷加入关于"新政协"的讨论之中。有几位经历过旧政协的"过来人"成为主力。谭平山《适时的号召——论中共"五一"节口号》、邓初民《怎样响应新政协的号召》、马叙伦《读了中共"五一"口号以后》、郭沫若《为新政协催生》等文，一致认为新政协是对旧政协的超越，引导各界为新政协正名。章伯钧以民盟的立场著文认为："民盟对于新政协的理解，也正与其他民主人士所了解的相同，他不把新政协看作与旧政协是同名同质的党派会议，而是在新的阶段，负有新的任务的政治协商会议。"这些判断，基本上是一种共识。

中共香港分局除了组织召开民主人士参加座谈会，开展围绕新政协的讨论，还针对因新政协引发的各种思潮、模糊认识，在报刊发表署名文章，阐明新政协的内涵和意义。中共香港分局、香港工委、统战委的几位负责人纷纷执笔上阵。5月13日，中共香港分局书记方方在香港《群众》周刊发表《为成立民主联合政府而奋斗》，对"五一口号"第五条作了进一步解读。方方是香港分局主要领导人，他的文章无疑起到了思想引领作用。中共香港工委书记章汉夫和香港分局统战委负责人连贯接连发表文章，参与"新政协"的讨论。

6月14日，民盟发表响应中共"五一口号"的《致全国各民主党派各人民团体各报馆暨全国同胞书》，正式提出"新政协运动"的概念。在

→ 1948 年 6 月 30 日座谈会会议记录

"新政协运动"中各方讨论的主要问题和观点

关于新政协与旧政协

谭平山认为: 旧政协已变成历史的陈迹。新政协的构成分子,应该是能够代表人民利益而且确有群众的各民主党派、各人民团体、各社会贤达所组成的。

中国民主促进会强调: 行将召开的新政协,是完全由各阶级各阶层的人民临时代表商讨国是,亲帝国主义分子,封建主义反动派,官僚资本主义垄断者,不会再让其幽灵复活,混进革命的阵营,更没有美帝国主义者阴谋魔手鬼祟出没的余地。

关于参加新政协的资格

马叙伦认为: 人民团体有多种,蒋管区里面也很多,有许多是不足论的,不能算数。社会贤达必须具有人望、声望,地位则属次要,参加民主运动必须有工作表现。

郭沫若指出: 参加新政协的代表,先看承认哪些党派、团体,承认以后,代表由他们自己选;社会贤达没有自己的团体,不能由自己产生,可参考旧政协由中共、民盟和民革三方面推荐的办法,也可由各党派各团体推荐并共商决定。

王绍鏊指出: 党派及人民团体对民主运动有贡献的,应出代表;社会贤达,一是有声望,即背后有群众;二是对民主运动有贡献;三是经各党派承认。

关于新政协由何方召集

中国致公党明确表示: 中共在中国革命艰苦而长期的斗争中,贡献最大而又最英勇,为全国人民起了先导和模范作用。因此,这次新政协的召开,无疑我们得承认它是领导者和召集人。

邓初民深刻指出: 中国革命和新政协"必须由无产阶级来领导,这不是无产阶级及其政党的骄傲和自负,这是半殖民地半封建社会的革命历史决定的"。

关于新政协的主要任务

民盟强调: 必须确认新民主主义为各革命阶级统一战线的临时联合政府的最高实施原则,除蒋介石独裁政权代表的地主、官僚、买办之外,其他阶级阶层都可以在这个基础上共同合作,所以是符合全国人民的要求的。

三民主义同志联合会指出: 新政协"所拟订出来的共同纲领,应该是和革命的三民主义复合的新民主主义的共同纲领"。

中国民主促进会建议: 新政协应"加强人民革命统一战线之团结与其力量;筹备各革命阶级民主联合政权之实施纲领;筹备召开全国人民代表大会,组织民主联合政府"。

关于新政协召开的时间和地点

沈钧儒认为: 召开时间可以迅速,不必等得太久,因为开新政协号召力度大,利于鼓舞人民解放军军事上迅速发展,同时可以加速敌人的崩溃和他们内部的动摇和分裂。

李济深认为: 为使新政协的号召力加大,等拿下平津后才开最好。

李章达认为: 开会地点不可用单纯的地理观点看,只要是象征新民主主义的地方就行。

关于"第三条道路"

中国国民党革命委员会强调: 今日之中国,只有革命或反革命两条道路,即爱国与卖国之分,民主与反民主之分,其间绝无中立徘徊之余地。苟且偷安,投机取巧,依靠美帝扶持,轻视人民力量,都是自绝于民主,自绝于人民的思路。

三民主义同志联合会指出: 凡是坚持地站在民主统一战线方面者,凡是希望今后"政协"顺利成功者,不独不应该有丝毫"第三条道路"的幻想,而且应该积极起来揭露这种"第三条道路"的阴谋。

─→ "新政协运动"中各方讨论的主要问题和观点

这份宣言中，民盟就召开新政治协商会议提出四点基本认识和七项具体主张，这已超出对"五一口号"表态式的响应，成为事实上的"新政协运动"的倡议书。此前的座谈会和文章，尽管早于民盟提出的"新政协运动"概念，但性质和内容无疑是"新政协运动"的重要组成部分，并为这场运动开了一个好局。

中共香港分局积极引导"新政协运动"走向深入。6月30日，方方亲自主持召开座谈会，邀请马叙伦、郭沫若、沈钧儒、谭平山、茅盾、李章达、胡愈之、王绍鏊等出席。李济深因故没有到会，委托连贯转达他的意见。此前讨论大多关乎新政协性质等宏大话题，而这次座谈会则集中围绕具体问题展开。

新政协何时召开？马叙伦、郭沫若、沈钧儒、谭平山普遍希望根据形势发展，尽快召开新政协，甚至越快越好。茅盾则认为："如果要我们住在香港的人来决定一个政协召开的时间，恐怕有点困难。"王绍鏊给出了具体时间"至迟到年底就好了"。李济深则委托连贯在会上提出"拿下平津"后再召开政协会议的建议，但马上遭到李章达的反驳："对任公打下平、津的观点，我认为不妥，这样新政协的召开，不是以政治为前提而是以军事为前提了，如果打不下平、津，是否便不开了呢？"

在什么地方开会？中共中央最初的设想是在哈尔滨召开新政协。李济深不赞同在哈尔滨开会，他建议："为使新政协的号召力量加大，要拿下平、津，在平、津开会，最好不要在东北开会。"王绍鏊也提出"开新政协的地点，应在关内"，这实际上呼应了李济深的建议。谭平山、茅盾、马叙伦、李章达则认为，只要在解放区，"关内关外无所谓"。沈钧儒对此问题另有一番考虑，主张开会地点保密："地点问题不能公开，否则要招致轰炸。"

谁是新政协的召集人？在讨论时，没有出现不同意见，大家一致认为新政协应当由中共召集。

新政协要解决哪些问题？对于新政协的性质，大家比较接近的意见是，新政协应该是新民主主义性质，反帝反封反官僚资本主义是应有之义。

李章达、沈钧儒主张新政协应有一个各方都可接受的共同纲领。作为法学家，沈钧儒提出，"宪法则可另组机构来研究起草"。郭沫若表示不同意见：政协不要订出临时施政纲领，因为"中共在解放区已有一套办法"。

哪些单位和个人有资格参加新政协？这是讨论最热烈，也最具原则性的一个问题。中共中央在"五一口号"中提到这样一个大致范围：民主党派、人民团体、社会贤达。讨论也大体没出这个框架，普遍认为应以其对现阶段民主的实际态度和贡献为原则。然而在讨论接近结束的时候，连贯转达李济深的意见"新政协代表范围要扩大到蒋介石下面的拥护政协的各种力量"时，引起一些人的反对。谭平山认为："任公第一条宽大主义则甚有问题，当然那些人也要争取，但是只是个别争取，不要整个争取，整个争取也是不可能的。"李章达说："任公太宽大，认为许多蒋反对派的力量都是革命派。"马叙伦也认为："对蒋区的人要个别争取，不要集团的争取，更不可把政协当作筹佣的东西。"这应该算是此次座谈会上一次直接交锋。

香港"新政协运动"虽说历时不过数月，但影响深远。它开启了中国共产党与各民主党派面对面进行政治协商的新模式。在"新政协运动"期间，中共与各民主党派、各人民团体和无党派民主人士围绕新政协若干实质性问题深入讨论，交流看法，统一思想，凝聚共识，为此后民主人士北上、新政协筹备、人民政协诞生和新中国成立打下了有利的基础。

遗憾的是，由于种种情况，毛泽东并没有在第一时间看到"五五"通电及其他相关声明和讨论情况。他8月1日复电民主人士，已经是三个月以后的事情了。

在毛泽东8月1日复电的同一天，中共中央另致电香港分局和潘汉年，对拖延报告香港情况之事予以批评：

　　　　中央"五一口号"发表后，港、沪民主党派及文化、经济、妇女、青年、华侨各方面人士均有热烈响应，中央亦曾电告你们，向各方征询对召开新政协，讨论并实现人民代表会议，成立联合政府的意见。但这件事对你们并未引起足够重视，如香港各党派五月五日两份通电，你们延至辰寒（5月14日——作者注）还只约略告大意，我们当电索全文，你们直至七月中始将全文拍来，延迟两月之久，而对其他通电、宣言，直到现在也未转来，使我们对此事的回答，延搁几至三月，引起各方面不必要的猜疑。从这件事上，证明你们的政治注意力甚弱。

据当时在香港分局负责机要电报工作的杜襟南回忆说，"延搁"是"密码故障"引起的，而并非"政治注意力甚弱"所致。按照机要原则，"五五通电"已在报上公布，必须另编临时密码发出。但电报发出后，中共中央办公厅机要部门几次说译不出来，或译到中间后面译不出，或文句不明。经技术检查，直到7月中旬才将电文全部译出。这也就是毛泽东致电李济深、何香凝、沈钧儒等民主人士并转香港各民主党派、人民团体及无

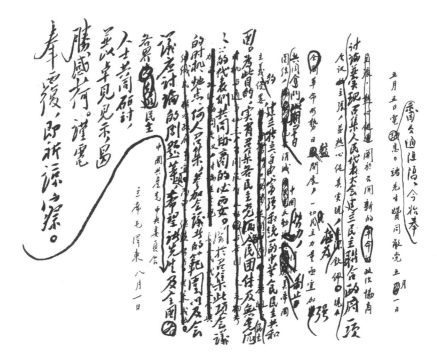

→ 毛泽东修改的"八一复电"

党派民主人士中所说的"五月五日电示,因交通阻隔,今始奉悉"的原因。

毛泽东在复电中对各民主党派和各界人士响应"五一口号"并热心促其实现的行动表示钦佩。他提出:为建立独立、自由、富强和统一的中华人民民主共和国,实有召集各民主党派、各人民团体及无党派民主人士的代表们共同协商的必要。"关于召集此项会议的时机、地点、何人召集、参加会议者的范围以及会议应讨论的问题等项,希望诸先生及全国各界民主人士共同研讨。"

"八一复电"后,中共中央把部署和护送民主人士从香港北上解放区,参与筹备新政协、建立新政权摆上了重要议事日程。对毛泽东、周恩来等领导人来说,这是与指挥解放战争的前线作战同等重要的政治任务。

香港

中共中央"五一口号"发布后，一篇篇文章、一份份声明，一次次讨论、一个个座谈，如解了冻的冰河一样，奔流而来，拉开了协商建国的大幕。正如周恩来所说，"五一口号"不是宣传口号，是行动口号。这个行动的具体内容，就是邀请、部署、组织各民主党派、各人民团体及社会各界的代表人士前往解放区，筹备新政协，建立新中国。

准备北上

第二章

中共中央的邀请名单

在响应中共中央"五一口号"热潮中，"迅速召开政治协商会议，讨论并实现召集人民代表大会，成立民主联合政府"成为各民主党派、各界人士的共同期盼。但哪些党派团体有资格参与这一不朽盛事，哪些人有资格成为会议代表，则是一件严肃的事情。请什么人来、通过什么方式邀请等一系列的问题，也需中共中央慎之又慎地统筹考虑。

1948年5月1日，就是与发布"五一口号"和毛泽东致信李济深、沈钧儒同步，中共中央给上海局、香港分局发出电报，提出了第一份共29人的邀请名单。电文指出，为了召开政治协商会议，拟邀请各民主党派及重要人民团体的代表来解放区，包括李济深（民革）、冯玉祥（民革）、何香凝（民革）、李章达（救国会）、柳亚子（民革）、谭平山（民联）、沈钧儒（民盟）、章伯钧（民盟）、彭泽民（农工党）、史良（民盟）、邓初民（民革）、沙千里（救国会）、郭沫若（无党派）、茅盾（无党派）、马叙伦（民进）、章乃器（民建）、张絅伯（工商界）、陈嘉庚（华侨）、简玉阶（工商界）、施存统（即施复亮，民建）、黄炎培（民建）、张澜（民盟）、罗隆基（民盟）、张东荪（民盟）、许德珩（九三学社）、吴晗（民盟）、曾昭抡（民盟）、符定一（无党派）、雷洁琼（民进）及其他民主人士。这只是一个征求各方意见的初步邀请名单。这个名单中的人物，均是各主要党派和社会各界的活跃分子。在电报中，中共中央要求沪局、港分局征询各人意见，并首先征询李济深、沈钧儒的意见。

对于新政协的组成单位和人选，各民主党派和民主人士也非常关心。抗战胜利前后，曾一度出现政治党派密集涌现的高峰。1946年召开的旧政协由国民党、共产党、民盟、青年党、社会贤达五个方面组成，各派

→ 1948 年 5 月 1 日中共中央致沪局、港分局电文

代表参加。随着国民党当局对民主力量的扼杀、分化，到解放战争后期，仍有许多党派和团体活动着，但有些主张模糊不明、成员鱼龙混杂。即将召开的新政协，无论性质还是方向，都迥异于旧政协。哪些党派团体及其代表人物能够参加新政协，一开始就成为热议的话题。

1948 年 5 月 8 日，在华商报社召开的"目前新形势与新政协"讨论中，谭平山提出，"参加这个代表人民的政治协商会议的分子，必须足以构成反对帝国主义，反对封建主张〔义〕，反对官僚资本主义的统一战线的有代表性的分子，无论怎样宽大，不能超出这个范围之外。因为我们共同目的，是要结束独裁统治，〔为〕建立新中国而奋斗"。可以说，这个主张代表了多数民主人士的心声。

6 月 30 日，在中共香港分局组织关于新政协的讨论时，这个问题仍是焦点之一。马叙伦认为，在中共提出的各党派、人民团体、社会贤达这三类当中，社会贤达必须具有人望、声望，地位则属次要，参加民运的要有工作表现；人民团体有多种，有些是不足论的；至于党派，要看其历史，不能专看宣言口号。郭沫若提出，社会贤达既要各方相互同意，还应多选些对各种专门学问有研究的专家。沈钧儒提议，代表的决

定，应看其是否自抗战以来均对民主运动有贡献，是否有代表性，是否公认有德望、有声望、有贡献、有号召力和具有专家的性质。从讨论可见，若要作为新政协代表，"对民主运动有贡献""人民承认"是大家的共识。

随着时局发展，中共中央时刻关注民主人士的反应，不断调整邀请人选。9月20日，中共中央分别致电香港分局和华北局，再次分别提出邀请港沪和平津地区民主人士到解放区参加政治协商会议的名单。

中共中央给"港分局并之光、沪局刘刘"（之光，指香港华润公司董事长钱之光；刘刘，指中共上海地下组织负责人刘晓、刘长胜）的电报中提出，新政协拟"大约在明春召开，故各方人士须于今冬明春全部运入解放区"，要求香港分局测算一下当年能送多少民主人士北上。中共中央拟定邀请之人士，除华北直接函请外，就沪港（大部分在香港）开列了77位民主人士名单：

> 国民党革命委员会如李济深能来最好，否则除蔡廷锴外，何香凝、柳亚子、朱蕴山仍望能来；民主同盟除沈钧儒外，尚有史良、邓初民、周鲸文、罗隆基、张澜、梁漱溟、曾昭抡、胡愈之、马哲民；救国会张志让、沙千里、李章达、曹孟君；第三党除章伯钧外，尚有彭泽民、韩卓儒（韩兆鹗——作者注）、丘哲；民革除谭平山外，有王昆仑、侯外庐、许宝驹；民主建国会章乃器、施存统；职教社黄炎培、孙起孟；民主促进会马叙伦、王绍鏊；致公党陈其尤、司徒美堂；南洋华侨陈嘉庚、冯裕芳、王任叔；社会贤达郭沫若、马寅初、陈叔通、徐朗西、李达、周士观；文化界沈雁冰、老舍、曹禺、巴金、田汉、洪深、郑振铎、叶圣陶、翦伯赞、胡风、卢于道；经济界张絅伯、包达三、简玉阶、簧延芳、盛丕华、黄默涵；教育界陈鹤琴、沈体兰、潘震亚；妇女[界]李德全、许广平、刘王立明、俞庆棠、沈兹九；新闻界刘尊棋、徐铸成、宦乡、赵超构、储安平、王芸生；学生联合会；妇女联谊会；各地教授；基督教男女青年会（吴耀宗、黄次咸）等。

→ 1948年9月20日中共中央致港分局、沪局电文

电报中提到：北来人士，拟先集中哈尔滨招待商谈；视战事发展，明春或来华北或即在哈市召开新政协。

中共中央给"华北局并城工委员会"的电报列出了24位民主人士的邀请名单，这些人大多在平津。两份名单加起来已过百人，比之前的29人有明显增加，涉及党派、团体及各个领域、界别，显然经过了再三酝酿和斟酌。

这两个电报发出时，距人民政协开幕还有整整一年的时间，因而所邀请的名单并非中共中央的最终决定，也是在征求各方意见。中共中央在给香港分局的电报中，有类似"沪、港如有增减，望速电告""除以上各团体外，你们如认为尚有其他人民团体可以邀请，亦望电告""关于此类事，外间有何反映，望随时电告"等内容，从中可见中共中央对邀请民主人士工作的重视程度。

中共中央给港分局、沪局开列的邀请人士中，冯裕芳到解放区后在沈阳病逝，梁漱溟、马哲民、王任叔、徐朗西、黄默涵、黄次咸6人没有参加人民政协第一届全体会议（梁漱溟1951年增补为全国政协委员），其余70人均是第一届政协代表或候补代表。他们中有61人经过香港北上或从海外归来，为建立新中国、建设新中国作出重要贡献。

随着沈钧儒、章伯钧等人 9 月 29 日到达哈尔滨，中共中央与民主人士就新政协筹备进行面对面的协商更加便捷。根据由中共草拟的《关于召开新的政治协商会议诸问题》第二项，邀请参加新政协范围的原则更多倾向于先进性和代表性两个方面。所谓先进性，即"在南京反动政府系统下的一切反动党派及反动分子必须除外"。所谓代表性，即在被邀请的各民主党派及某些团体中，"可邀请个别对群众有一定影响和联系的右派分子"。这里有两个前提：一是他们基本同意前面的原则，且不是公开反动的分子；二是保证共产党和进步分子在新政协中占绝对优势。这两点原则，显然吸收了在香港"新政协运动"中民主人士的意见，并进一步扩大了代表面。

按照这些原则，10 月 15 日中共中央再次列出了"七个党派或团体的名单"，委托东北局与到哈尔滨的民主人士协商。这个名单为：

国民党革命委员会：李济深、蔡廷锴、何香凝、柳亚子、朱蕴山、郭春涛、李德全、张文、陈劭先、陈此生、李章达、吴茂荪 12 人。

民主同盟：沈钧儒、章伯钧、张东荪、吴晗、邓初民、周鲸文、罗隆基、张澜、曾昭抡、冯裕芳、梁漱溟、马哲民、周新民、辛志超、韩兆鹗 15 人。

民主促进会：马叙伦、王绍鳌、张絅伯 3 人。

农工民主党：彭泽民、丘哲、李伯球、严信民、郭则沄、王深林 6 人。

救国会：史良、胡愈之、张志让、沙千里、沈志远、曹孟君、闵刚侯 7 人。

国民党民主促进会：蔡廷锴等。

三民主义同志联合会：谭平山、陈铭枢、王昆仑、许宝驹、侯外庐、谭惕吾、洪孟博、李世章 8 人。

10 月 15 日中共中央发出的邀请名单，与上一次名单有部分重合，也有增有减。在这 51 人中，除梁漱溟、冯裕芳、洪孟博外，其他 48 人都参加了人民政协第一届全体会议。这之中，从香港北上和海外归来的有 34 人。

这个名单，应该是在平衡各方意见后作出的调整。对一些具有特殊情况的人士，11月3日中共中央在给东北局高岗和李富春的电文中还专门强调，"具体人物，请沈、谭、王三老多加考虑见告。周鲸文，据汉夫说已邀请过；谭惕吾可暂不退出立法院。周士观与国党来往，我们知道，但他也为人民统战做了工作。施存统如民建推他，仍以邀请其进来为好。侯外庐、司徒美堂、吴耀宗、沈体兰等均应参加"。

11月5日，中共中央又电示港分局、沪局，第五次提出邀请单位和名单。在其中，还提出了邀请原因及对相关人员的邀请顺序。有些指示很具体，比如对文化界，望"从叶圣陶、郑振铎、周建人3人中邀请1人，最适当的是叶，因他既为进步人士所赞成，又为中间人士所接近，我们亟须他进来编辑中小学教科书，而开明书店又可到解放区来经营，此事务须办到"。由此可见中共中央对邀请工作的重视态度，可用慎之又慎来形容，同时也表明中共中央在坚持广泛的统一战线立场上，对邀请新政协代表的统筹考虑是顺势而变的。不管怎么变化，总的原则是明确的，而且要求也是具体的，即必须把"李济深、郭沫若、马叙伦、彭泽民、李章达、马寅初、孙起孟、沈雁冰、张絅伯、陈嘉庚"这"10位最重要者"在11、12两个月内送到解放区。

周恩来坐镇一线

当时，聚集在香港的各界人士有一千多人，包括大部分民主党派的领袖。在战火纷飞的情况下，如何用不到一年的时间，从港英当局的眼皮子底下，躲开特工监视，冲破国民党军队的封锁，穿越千山万水，把这些有头有面的人物安全护送到解放区，便成为中共中央和香港分局面临的重大而紧迫的政治任务。这是一个环节多、影响大、跨越区域广、风险系数高的系统工程，堪称中共统一战线领域的重大行动。由于时间紧、任务重，周恩来亲自部署，担当起这项工程的一线总指挥。

→ 1948 年周恩来在西柏坡

　　1948 年夏秋组织民主人士北上之际，正是解放战争即将进入决战之时。前方战事火急，筹建新政权也迫在眉睫。周恩来一方面协助毛泽东指挥前线决战，一方面统筹新政协准备工作并协调民主人士北上。

　　由于国内处于战争状态，香港到解放区的陆路和空中交通都已中断。周而复在《往事回首录》中描述说："当时香港和北方解放区的交通往来十分困难，陆路没有直接交通，经过国民党地区难于保证安全，而且花费时日；空路，香港和解放区没有飞机往来，也不可能租用国民党政府的飞机，更不可能租用外国飞机，外国飞机无法和解放区通航。海路，解放区没有远航船只。怎样安全地把各民主党派负责人和各界民主人士送到解放区，交通是个重大问题。"周恩来最初曾设想开辟一条"香港—英国—苏联—哈尔滨"的运送民主人士的空中专线。他为此密电潘汉年，让其找民主党派与港英政府协调人萨空了商谈，请萨与当局交涉。萨空了找到港英当局内定的与中共和民主党派的联系人、香港大学副校长史乐斯，通过他转告时任港督葛量洪：李济深、沈钧儒等想经伦敦到苏联，转往东北解放区。萨空了得到的回复是：此事需请示英国政府，并且不会很快得到答复。显然被婉拒了。周恩来当即决定放弃空中通道的设想，改走海路，护送民主人士乘船北上东北解放区。

接送民主人士北上，若走空中路线，看似绕道，实则相对便捷。而走海路，只能租用货轮，需秘密分批进行，途中耗时长，各种不便、风险和不确定因素无处不在，问题变得越发复杂。周恩来做出一个决定：将时任大连中华贸易公司负责人的钱之光派往香港，参与护送民主人士北上工作。

钱之光夫人刘昂晚年在《一项重要的历史使命》中回忆道：

1948 年 6 月，周副主席在西柏坡找我谈话，告诉我：钱之光已经在大连建立了电台，打通了大连同香港的通道。现在，香港也准备建立电台，因此任务很重，人手不够，要我去大连接替钱之光，让他去香港主持接送民主人士的工作。我与去匈牙利参加国际民主妇委会第二次代表大会的丁玲、张琴秋等人同行。从西柏坡出发，骑牲口、坐车、步行，经山东益都到了海边俚岛，准备穿过国民党的海上封锁线到大连去。船是傍晚出发的，深夜突然碰上了国民党军舰，探照灯在海面上来回晃动，情况很紧张。船工们与敌船巧妙周旋，终于甩掉了敌人，于第二天一早到达大连。丁玲她们继续北上，我则留在大连，开始了新的工作。

刘昂等人的这段旅程，是后来前几批民主人士北上时大致都经历的一段海路，她们似乎先于民主人士尝到了"穿过国民党的海上封锁线"的滋味。

民主人士尚未出行，周恩来就早早谋划从海路到达港口后的接待事宜。7 月 31 日，周恩来致电时任中央军委总后勤部部长杨立三，通知他港沪将有一批党员干部和民主人士经大连来华北，已指定钱之光负责大连的接头、招待事宜，由大连到俚岛到石家庄，拟由后勤部负责。

在毛泽东8月1日复电各民主党派领导人后，中共中央加快了护送民主人士赴解放区的行动。复电后的第二天，周恩来致电在大连的钱之光，让他以解放区救济总署特派员名义前去香港，会同方方、章汉夫、潘汉年、连贯、夏衍等，接送在港民主人士进入解放区参加新政协筹备。8月9日，周恩来起草了中共中央致香港分局电："为邀请与欢迎港、沪及南洋民主人士及文化界朋友来解放区，并为他们筹划安全的道路，望指定汉年、夏衍、连贯负责计划，并协商一个名单电告。"

钱之光一行是8月初从大连动身的。抵达香港的次日，钱之光即与方方、潘汉年见面，磋商相关事宜，准备组织一批民主人士乘他来香港时所租的苏联货船前往朝鲜。8月30日，周恩来批准了这个方案，并指示：须注意绝对秘密。正当他们按照周恩来的部署紧锣密鼓地安排民主人士北上行程时，传来一个惊人噩耗——冯玉祥乘苏联客轮从美国回国途中，于9月1日在黑海因轮船失火遇难。冯玉祥在中共中央5月1日提出的邀请名单上是位列第二号的人物，这件事给北上行动多少蒙上了一些阴影。9月7日，周恩来与董必武、邓颖超联名给冯玉祥夫人李德全发去唁电；在同一天，周恩来还给香港分局发去一封紧急电报，特别强调务必慎重处理民主人士乘苏轮北上之事："第一，如该轮确无船行保证，以不乘该轮为妥"，"第二，如该轮有保证，而民主人士有顾虑，亦可不乘该轮"，"第三，如该轮有保证，而民主人士也愿意北上，亦不宜乘一轮，应改为分批前来，此次愈少愈好"。此时，距离沈钧儒等第一批北上的民主人士启程，已不足一星期。

为切实加强新政协筹备工作，是年9月，中共中央将城市工作部更名为统一战线工作部，李维汉出任新成立的中央统战部部长。中央统战部自成立之日起，即承担起筹备新政协的重任，并立即投入邀请、安排和护送民主人士前往解放区的工作。原来城工部就有一部电台专门与上海、香港中共组织秘密联系，这时可以更有效地发挥作用。统战部能够及时把民主人士的意见和北上进展工作汇报给中央和周恩来。

第一批北上的民主人士成行后，周恩来以中共中央的名义连电东北

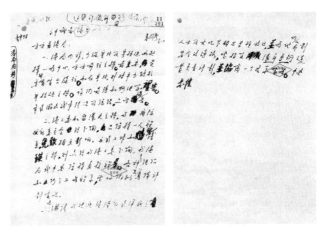

→ 周恩来起草的中共中央关于北上工作分工致方方并港局电报

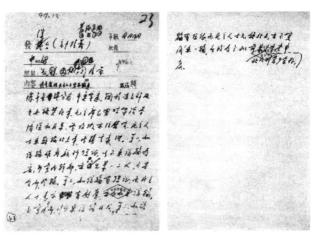

→ 周恩来起草的中共中央关于慎重处理民主人士北上之事致潘汉年等电

→ 中共中央关于城工部改名为
　统战部及该部工作任务等问题的指示

局、香港分局、华北局，紧盯行程，进一步部署邀请、接待事宜。第三批北上的民主人士启程时已是 1948 年底，行前周恩来作了更加细致的部署。据钱之光在《接送民主人士进解放区参加新政协》中回忆说：

> 第三批北上的民主人士最多，加上我们党内的同志，共有三十多人。国民党革命委员会主席李济深先生就是这一批北上的。对此，党中央极为关心，恩来同志的电示也更加具体、周密。他事前给在大连的冯铉、刘昂同志拍电报说，这一批民主人士北上，要与苏联驻大连的有关部门交涉，租用他们的轮船，而且这次一定要在大连港靠岸，到达后，要安排在大连最好的旅馆，民主党派领导人要住单间，确保安全；要举行欢迎宴会，并请大连市委协助做好接待工作。就连宴会的席位、座次，都有明确指示。还说，北方天气寒冷，要为他们准备好皮大衣、皮帽子、皮靴，等等。

正像钱之光所述一样，对于有重要影响的民主人士的邀请工作，周恩来都是亲力亲为。宋庆龄是国民党左派的代表人物，民革成立后任中央名誉主席。在国人心目中，宋庆龄端庄优雅、意志坚强，是中华民族伟大女性的卓越代表。在筹备召开的新政协会议上如果没有宋庆龄出席，那将是历史的缺憾。

抗战胜利后，宋庆龄一直生活在上海。1949 年初，人民解放战争取得了决定性胜利，筹备新政协、建立新中国的各项工作紧张有序地进行着。在香港的各民主党派代表人物李济深、沈钧儒、章伯钧、马叙伦、王绍鏊、陈其尤、彭泽民、蔡廷锴、谭平山、郭沫若等已陆续北上到东北、华北解放区，但宋庆龄还在处于白色恐怖下的上海。鉴于宋庆龄的特殊身份，她暂时可能不会出现人身安全问题，但蒋家王朝已摇摇欲坠，难保不出现其他意外。在西柏坡的毛泽东、周恩来非常关心宋庆龄的安危，同时也诚挚地希望她能够出席新政协。1 月 19 日，毛、周联名致电宋庆龄：新的政治协商会议将在华北召开，中国人民革命历尽艰辛，中山先生遗

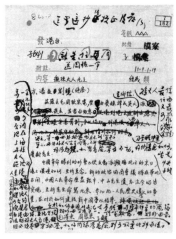

— 周恩来修改的以毛泽东、周恩来名义邀请宋庆龄北上致方方、潘汉年的电报

志迄今始告实现，至祈先生命驾北来，参加此一人民历史伟大的事业，并对于如何建设新中国予以指导。

鉴于宋庆龄所处的环境，毛泽东、周恩来的这份电报通过电台发给在香港的方方、潘汉年等人。同时指示他们："兹发去毛、周致宋电，希由梦醒译成英文并附信派孙夫人最信任的而又最可靠的人如金仲华送去，并当面致谢。万一金不能去，可否调现在上海与孙夫人联络的人来港面商。"周恩来还再三叮嘱："第一，必须要秘密而且不能冒失；第二，必须孙夫人完全同意，不能稍涉勉强。如有危险，宁可不动。"

潘汉年、刘晓等收到电报后提出了一个非常慎重的方案：先将宋庆龄接到香港，然后同何香凝一起北上。他们制订了缜密的实施计划，安排具有丰富地下工作经验的华克之从香港赴上海执行。宋庆龄由于多种情况此次没能成行，但中共中央的邀请令她感动。她专门复函毛泽东、刘少奇、朱德、周恩来："我的精神是永远跟随你们的事业。"

在组织护送民主人士北上解放区的整个过程中，周恩来一直靠前指挥、具体部署。他亲笔起草多份以中共中央名义发出的相关电文；亲拟以中共中央名义提出的邀请名单；斟酌研究并批准香港分局所制定的每一批民主人士北上的方案；直接布置安排民主人士抵达解放区后的接待工作，包括是否公开发布消息、宴会标准和座席排列等。可谓从顶层设计到具体事宜，面面俱到。正如钱之光事后总结的："民主人士的顺利北上，自始至终离不开党中央的领导，离不开周恩来同志亲自指挥。可以说，民主人士的顺利北上以至新政协的顺利召开，是党中央的英明决策，是毛泽东、周恩来同志亲自部署、周密指挥的结果。"

"兴奋与担心交并"

以当时香港的政治气候和社会环境，用一年左右的时间，将大批已在香港或途经香港的民主人士分批秘密送往解放区，并非一件轻而易举的事情。中共中央对北上准备工作的要求是万无一失。这个艰巨而光荣的任务理所当然地落到了中共中央香港分局的肩上。1948年8月9日，接到中共中央的电报指示后，香港分局书记方方深感责任重大，随手在一张纸上写了一句话——"兴奋与担心交并"，表达了他和他的战友们共同的心声。

罗培元时任香港分局统战委员会专职委员，参与护送了前两批民主人士上船。他晚年在《无悔的选择》回忆录中对方方所写的"兴奋与担心交并"作出如下解释：所谓兴奋，自然指的是组织在香港的民主党派、民主人士进行座谈，就召开新政协征询意见的任务接近完成，新政协的召开和新中国的诞生在望；所谓担心，当然是指要护送这么多民主人士北上，旅途上安全可虑，因为那时陆上、空中都没有通路，只能由香港乘船北上，而这要冒港英政府留难、破坏和台湾美蒋势力在海、空干扰拦截的风险。

中共香港分局决定成立一个接送民主人士北上的"五人小组"，成员为潘汉年、夏衍、连贯、许涤新、饶彰风。潘汉年负责全面工作，夏衍、连贯负责与各民主党派负责人联络，许涤新负责筹措经费，饶彰风负责接送工作的准备。

→ 从左到右依次为潘汉年、连贯、夏衍、许涤新、饶彰风

潘汉年是中共党内具有传奇色彩的职业革命家,长期战斗在隐蔽战线、统一战线和文化战线的前沿,具有丰富的斗争经验和卓越的组织能力,曾被中共评价为"有大功于党的统一战线事业"。组织民主人士从香港北上,应为其"大功"之一。夏衍在《纪念潘汉年同志》中对组织李济深这一批民主人士北上有一个详细的回顾:

据我回忆,开始几次,国民党特务和港英当局似乎没有察觉。但是不久,当他们嗅到风声之后,就警戒森严,多方阻挠。这件事,用现在的话说,完全是由汉年同志"牵头"的,事无巨细,从要到华北去参加新政协的人士们自内地到香港起,欢迎、宴请、商谈、帮助他们安顿家务,一直到妥善地送他们上船为止,他无时无刻不为这些事操心。当时,方方、尹林平同志已经回到东江根据地,章汉夫已经调往刚解放的天津工作,剩下来的除了许涤新、饶彰风、乔冠华和我之外,连平时搞文艺、跑新闻、管经济的同志,也调来当旅馆经理、码头接送人员和勤杂人员了。特别是一张小报透露了李济深先生即将北上的消息之后,形势就格外紧张了。那个时候,五角大楼和唐宁街的决策人物,始终抱着一个"划江而治"的幻想,加上当时在南京当权的桂系集团也还在徘徊不定,因此,他们认为把李济深先生扣住在香港,还不失为一个重要的筹码。尽管李先生那时已下定了决心,用闭门谢客的形式来麻痹他们,但是李先生如何才能出走,倒真的成了汉年同志伤脑筋的问题。他办事稳,抓得细。租哪一家公司的船?船长、大副、二副对我们的态度如何?这一条船上有哪些人同行?有几个人认识李任公?人们带的行李有多少,万一要检查时会出什么问题?等等。他都缜密地考虑。在他确定了最保险的方案之后,再商定实际陪李先生出门、住旅馆、搬行李,乃至保卫、放风,随时向他报告消息的人选。他、饶彰风和我三个人在一家旅馆守着一架电话机听消息,直到听到"船开了,货放在大副房间里,英姑娘没有来送行"这个谜语一般的电话,才松了一口气。计划完全成功,李先生走了三天之后,报上才见消息,而这时他已经过了台湾海峡了。事后有人开玩笑说，这样干是会短寿的，他却笑着回答："这时候睡不着觉的不是我们，南京、上海、华盛顿的人才难受呢！"假如一个人做的工作量可以用时间来折算的话，那么，这两年他大概做了四年或者五年的工作。

夏衍所回忆的，尽管是李济深这一个批次，但也反映了当时的真实状况。护送民主人士北上兹事体大，香港分局和《华商报》几乎全员出动。在"五人小组"下面，有一个由十来人组成的秘密工作班子，负责执行具体的接送任务。"五人小组"成员与接送工作班子联系较多的是连贯、夏衍、饶彰风。曾任华商报社经理的杨奇是这个工作班子成员之一。他晚年在《见证两大历史壮举》中对此仍有清晰的记忆：

> 连贯、夏衍、饶彰风还从《华商报》等单位抽调人手，组成一个秘密工作的班子，有专职的，也有兼职的，先后参加这个班子的有罗理实、罗培元、杜宣、陈紫秋、周而复、杨奇、赵沨、吴荻舟、陈复苏等人。他们分别同准备北上的民主人士联络、租赁轮船、购买船票、搬运行李、护送上船，等等。我的任务主要是坐镇华商报社，协助饶彰风接待到报社接洽事情的民主人士，以及从国统区来香港找共产党联系军事起义或经济起义的人士。我们这个班子的人，通常都是分头活动，你做你的事，我做我的事，分别向连贯、夏衍、饶彰风汇报。

上列人员中，罗培元、杨奇、罗理实先后参加了沈钧儒、郭沫若、李济深、"知北游"一行、黄炎培等几个主要北上批次的护送上船任务。钱之光到达香港后，即介入"五人小组"的工作。北上各批次的人员、所乘船只、航行路线、出行时间等事项，均由"五人小组"议定，并制定详细的接送方案，上报中共中央批准。每批次的安排头绪繁杂，需环环相扣。当年与香港分局潘汉年、夏衍、乔冠华过往甚密的马万祺曾在《回忆潘汉年同志》文章中提及这段往事："单就租船就大费心思，既要船公司及轮船、船长可靠，又要顾虑落船时及海上交通的风波，因为那时港英态度对中共还非友好，而海上又有一段须经台湾海峡，船太大就惹人注目，太小又恐怕各人受不了大海波浪。"

"五人小组"在组织协调护送中，事务性工作还算稍为容易，最耗神的当数解疑释惑的思想工作。

在民主党派内部，对于新政协和新政权也有不同认识，甚至分歧很大。有些与中共接触多的民主人士，如沈钧儒、章伯钧、郭沫若等赞同中共的意见，并带头北上参与新政协筹备。郭沫若明确表示："举凡对于人民革命有必需的事，为中共不能说，不便说，不好说的就由我们说出来"，"不怕做尾巴，也不怕人给我一顶红帽子"。但也有民主人士存在迷惑、茫然、彷徨乃至质疑。1948年9月10日，李济深在给朱学范的信中说："当前反动派利用怵以共产国际谓其有趋极权之作风，谓今日共党主张民主联合政府时，系属利用一时，一俟联合政府成立，掌握有权，只有惟一党有大量武力，即走一党专政，阶级独裁之路，因此，今日国内畏惧共产之念尚多。一方固恨极蒋介石，一方又畏共产党当权。故此我建议毛先生一切举措，应注意从解除国际中间人士及国内多数人之疑虑，俾更易瓦解蒋政权也。"持这种想法的人也有现实因素的考虑。在那个阶段，国民党在战场上连连失利，企图"划江而治"。这些民主党派的领袖就是重要的政治资本。美国拟扶持所谓的"第三种势力"，意图分化、瓦解民主力量，为国民党争取喘息时间，重整兵力，卷土重来。在上海的民盟中央常委罗隆基召集留沪中委开会讨论"五一口号"时，把讨论记录整理成文，提出与中共讨价还价的"政纲"。这些观点不能说对在香港的民主人士没有影响。

统一战线之所以是中国共产党的重要法宝，就在于通过深入细致的工作，凝聚更大共识，团结更多朋友。8月1日，毛泽东在复电民主人士的同时，另电潘汉年等人提出要求："与李济深、冯玉祥、章伯钧、谭平山及其他中间派反蒋分子保持密切联系，尊重他们，多对他们做诚恳的解释工作；争取他们，不使他们跑入美帝圈套里去"，并专门交待"是为至要"。8月27日，毛泽东又在致香港分局和上海局的电报上嘱咐："你们必须注意，对于一切中间派右翼分子，只要他们尚处在中间地位，尚未公开站在美帝及其走狗一边，直接妨碍人民革命的发展时，我们还必须联合他们一道前进，不要不适当地和过分地打击他们。"这些要求，理应是组织北上工作的重要指导原则。根据中共中央指示精神，香港分局和"五人小组"分头拜访李济深、章伯钧、谭平山等民主人士，作诚恳的解释工作，帮助他们消除顾虑，促使其最终与国民党彻底决裂，北上解放区。

在香港的民主人士大多从内地"避难"而去，有些人还拖家带口。若要确保北上顺利，就需解除他们的后顾之忧。为此，香港分局就北上交通及民主人士生活经费、救济等问题致电中央统战部提出：民主人士家属及上级干部家属津贴每月七八千元，其中以郭老、彭老、民盟、千家驹需三四千元，余各为三四百或一二百而已。这些建议得到了中央的支持。随母亲许广平北上的周海婴对此记忆犹新：连贯还考虑到民主人士到东北后对气候不适应，详细告诉他还有几天离开香港和一些要准备的事，并送来一些港币，供买寒衣和衣箱。

北上民主人士的一些日记和回忆，也从侧面反映了"五人小组"的工作情况。

蔡廷锴是第一批北上的。他在1948年8月28日的日记中写道："中共驻港负责人潘汉年、连贯两君，在罗便臣道92号李任潮公馆，邀请香港民主党派负责人李济深、蔡廷锴、谭平山、马叙伦、郭沫若、章伯钧、沈钧儒（座谈）。座谈会内容：接中共中央通知，驻香港民主党派负责人，前往华北讨论新政协预备会。行踪严守秘密。所谈结果一致赞同。"蔡廷锴是军人出身，未加避讳，直接在日记中记下会议内容。"五人小组"成员潘汉年和连贯向与会者转达了中共中央的通知精神，当中沈钧儒、谭平山、章伯钧和蔡廷锴本人成为半个月后第一批成行的民主人士。

叶圣陶所记则多了几分隐晦。接到中共中央的邀请后，叶圣陶于1949年1月11日乘船从上海到达香港，等候北上。第二天夏衍来见，叶圣陶1月12日的日记记载："既而夏衍来……谓昨日又接北方来电，询余到否，一切尚待商谈，缓数日再决。"1 月 23 日的日记又记："夏衍来，谓后日有船北驶，芷芬可先成行。"夏衍是先与叶圣陶接触的"五人小组"成员，这大约因为两人曾同属上海文化圈人士，本来就相识。1 月 31 日，《华商报》主持人邓文钊宴请从上海到香港即将北上的多位民主人士。叶圣陶当天日记记："凡两席，《华商报》同人而外，皆上海来之所谓民主人士……又有廖夫人、方方、潘汉年等。"尽管叶圣陶没有在日记中提及宴请的名目，但这顿饭显然有别于普通应酬，有着强烈和明确的因由指向。

邓文钊是著名的"红屋"主人，参与过护送李济深、何香凝等多位民主人士的北上行动。邓文钊在香港坚尼地道 126 号的"红屋"，战前曾是宋庆龄、廖承志会见客人的地方，战后又重新为华南进步人士提供方便。20 世纪 40 年代后期，乔冠华、饶彰风是"红屋"的经常座上客。邓文钊除了办报之外，还积极帮助饶彰风等团结港澳工商界人士，支援国内解放战争，参加建立新政权的准备工作。他尽量利用同港英政府高级职员的广泛关系，使一批从国内去香港的革命干部和文化界进步人士安居下来，竭力掩护他们的工作和接济他们的生活。如胡愈之由南洋到

→ 邓文钊的"红屋"

香港，就是邓文钊作保才取得入境许可的。

"红屋"离湾仔海边很近，坐车十分钟就到。李济深离港当晚的最后一站是在邓文钊的"红屋"。根据"五人小组"的安排，这一晚，与李济深一同离港的朱蕴山、梅龚彬、吴茂荪、李民欣等人，各自从九龙或香港的寓所到"红屋"会合，方方、潘汉年、饶彰风等在此送行。

开辟一条特殊的通道

1947年4月四保临江战役结束后，东北战局发生了重大变化。陈云回到哈尔滨主持东北解放区的财经工作后，向中共中央建议"设法打通对外贸易"并得到同意。此时，国民党军队仍占据着东北的主要城市和交通要道，朝鲜便成为解放区对外联络的重要途径。东北局在朝鲜平壤、罗津等地设立办事处，朱理治为全权代表。罗津位于朝鲜境内中朝交界处，在日后开通的东北到香港贸易通道中占据关键位置。

钱之光长期在周恩来直接领导下工作，抗战期间曾任八路军驻重庆办事处处长，抗战胜利后任中共驻南京、上海代表团办公厅主任。各民主党派和许多民主人士因遭国民党当局迫害转移香港后，周恩来曾电示钱之光、刘昂夫妇前往香港，以加强中共与在港各民主党派、民主人士、文化界人士的联系，打通香港和解放区之间的通道。他们已经买好了1947年3月初去香港的船票，但2月28日上海办事处被国民党的宪警和特务包围，未能成行。

同年3月7日，中共驻南京、上海代表团和办事处全部撤回延安，钱之光也回到延安。第二天，周恩来和任弼时听取钱之光汇报时，给他布置了新任务：尽快带人到解放区的沿海口岸，想办法去香港，与香港的杨琳取得联系。杨琳是中共中央在香港设立的海外经济机构"联和进出口公司"的负责人，从事香港和内地的贸易活动。

钱之光率祝华、徐德明、王华生等人从延安辗转到烟台，再到大连，在天津街靠火车站附近找了一座三层楼的房子,办起了中华贸易总公司。钱之光派王华生去平壤,通过朱理治与苏联驻朝鲜大使取得联系,租到载重量均为 3 000 吨左右的两艘苏联轮船。

他们在烟台、大连与香港经办的第一次通商是在这年的 11 月左右。中华贸易总公司派王华生乘苏联货轮"阿尔丹号",押运 1 000 吨东北大豆、黄狼皮、中药材等东北土特产,从朝鲜罗津港出发,驶向香港。同时带到香港的,还有华东局拨付的五百两黄金。当时在香港联和行工作的袁超俊对这次接船的细节记忆深刻。50 年后,他在《华润——在大决战中创业》中回忆:"这是我们第一次接到解放区运来的货物。杨琳、刘恕与我随王华生上了阿尔丹轮,进船长室,王华生从放海图的柜子里拎出一只老重老重的大箱子,打开一看,里面装的是几件经特殊缝制的背心,鼓鼓囊囊的。王华生告诉我们,缝在里面的全是金条。我们相互望着,会心地笑了。"这批黄金与东北局拨出的粮食销售收入经周恩来批示,全部交给香港工委负责财经工作的许涤新,作为香港党组织的特别费用。

这时,联和行已有一架电台,用来与解放区联系。王华生到达香港后,联和行负责电台的袁超俊就用这架电台给中共中央发电,报告"解放区与香港的贸易航道已打通"的消息。经过几次试航,货船将从解放区运来的粮食和大豆、皮毛、猪鬃等土特产品,通过香港联和贸易公司销售后,带回需要的物资和器材。这样,以贸易往来的方式,建立了大连经朝鲜罗津到香港的海上通道。为了与延安直接联系,大连中华贸易公司也架设了电台。

这条贸易通道的开辟,尤其是经销东北粮食及土特产品,扩大了联和贸易公司的业务。一时间,联和贸易公司可谓门庭若市。1947 年圣诞节公司聚餐时,时任总经理的杨琳提出,公司发展了,应重新起一个响亮的名字。据钱超俊回忆,一开始起名"德润",取自朱德的名和毛泽东的字"润之",上报后被朱德否掉了。后杨琳提议改为"华润","中华"的"华","润之"的"润",也喻意"雨露滋润,资源丰富"。"华润公司"

→ 周恩来亲笔修改的给钱之光的电报

这个名字得到中共中央批准。

"五一口号"发布后，中共中央决定邀请民主人士到解放区共商建国大业。周恩来在指示香港分局承担这个重任的同时，计划绕道欧洲走空中通道行不通后，想到了钱之光开辟的这条从大连到香港的贸易通道。

1948 年夏，钱之光接到周恩来的电报，让他做好准备，前往香港；大连的工作由钱之光夫人、时任董必武秘书的刘昂前去接替。

8 月初，钱之光和几个同事从大连出发去香港，走的正是他亲自打通的航线，但这一路并不能说很顺畅，甚至屡尝惊险，其实等于是一次民主人士北上的逆向预演。从钱之光的回忆中也可领略到后来民主人士北上时的大体情形：

> 我从大连出发，经丹东，跨过鸭绿江大桥抵达朝鲜边界新义州，转火车到平壤，会见了我驻朝鲜办事处负责人朱理治同志。在平壤我只作了短暂的停留，同苏联的办事机构办理了租船手续，然后便去罗津乘租用的苏联轮船"波尔塔瓦号"，开始了特殊使命的远途航行。
>
> 为了便于公开活动，恩来同志叫我以解放区救济总署特派员的名义

前往香港。当时，与我同行南下的有祝华、徐德明和翻译陈兴华同志。从罗津到香港，要经过朝鲜海峡、东海和台湾海峡，航程漫长，随时可能遇到国民党军舰。为了应付意外情况，我们事先商量好各自的身份，改了称呼和姓名，并准备必要时装扮成船上的职工。在旅途中，我对这条航线的情况，进行了观察和了解。

我们船上装的是大豆、皮毛、猪鬃等土特产品，还带了一些黄金，准备到香港换回西药、电讯器材、高级纸张以及汽车轮胎等物资。在这次往香港的航行中，我们遇到过国民党海军空军的监视，也遇到过龙卷风。有时国民党飞机在我们船的上空盘旋，并不时呼啸而过；有时还遇到过国民党的军舰，也许因为挂有苏联旗帜，他们没有采取什么行动，但当时气氛是紧张的。当我们的船颠簸地驶进台湾海峡时，又遇到了强大的龙卷风。只见船上的正前方忽然升起了擎天的水柱，海水激烈地旋转着往上升。面对这样的惊涛骇浪，真是有些惊异和担心。幸好这股龙卷风离我们的船还远，同时船已改变了航向，因此避开了龙卷风的袭击，继续向前航行。

旅途的风险总算过去了，当我们的船快到香港时，就看到海面上有许多轮船，船杆上飘着不同国籍的旗帜。香港当局的缉私快艇，也来回穿梭。当时，为了避免引起注意，我改扮成船上的锅炉工，脸上、手上、身上都是煤灰，即使熟人见了，也很难认识。等海关人员上船检查后，我才洗了澡，换上西装。我们终于安全地到了香港。

钱之光到达香港后，先到华润公司，落实一些贸易上的事情。第二天，即去方方在九龙弥敦道 180 号的寓所，面见方方和潘汉年，与中共香港分局接上关系。钱之光向方方和潘汉年介绍解放区的情况，传达了中共中央的指示。方方和潘汉年表示已收到中央电示。

当时中共党组织通过港工委的不同渠道保持与在港民主人士的联络。每批出发时，如何将散居在不同地点的民主人士从家里接出来、送上船而又不会引起国民党特务的警觉，谁负责联系哪一个民主人士，出现意外情况如何应对，谁负责采购货物、装船，谁勘察地形、设计出海路线，等等，都需缜密筹划。钱之光和方方、潘汉年等人讨论了接送民主人士北上的具体问题并进行了工作分工：香港工委负责上船之前与民主人士的联络、搬运行李、护送上船等任务；钱之光主持的贸易公司负责租赁货船、安排开船时间并派员上船随行护送。联和行（华润公司）的杨琳、袁超俊、刘恕、祝华、王华生、徐德明等都参与了护送工作。

　　为确保安全，并应对突发事件，每批北上者基本上都由香港分局派共产党员陪同、华润公司派人照顾，实现了中共与民主党派真正意义上的风雨同舟。

　　根据中央安排，钱之光到达香港后任华润公司董事长，杨琳任总经理。为掩护钱之光的真实身份，大家称他"简老板"。钱之光就以"简老板"的化名与生意场上的人打交道。在普通话中，"简"与"钱"发音相似。但在一次贸易洽谈中，有人向某老板介绍到钱之光时，他才知粤语中"简"读"敢"，与"钱"的读音相差甚远。钱之光他们意识到学习粤语的重要性，加紧学习粤语。

→ 华润公司第一任董事长钱之光

　　9月12日，辽沈战役爆发。随着形势变化，护送民主人士北上的任务越来越迫切。中共中央在9月20日拟定了77人的邀请名单，并电告华润：务必将他们安全地送到解放区。当时，名单上的沈钧儒等4人已经在从香港北上的途中，还有一些人并不在香港，而是在上海、昆明、成都等国统区。比如，黄炎培、陈叔通、叶圣陶、马寅初、许广平等在上海，洪深在福建，李达在湖南。华润公司的任务是先找到他们，护送到香港，再转而北上。这些人大多生活清贫，个人无力支付辗转的旅费。钱之光、杨琳就决定，派人到内地，送去路费并作好接应。许广平和她儿子周海婴就是这样被接到香港的。

北上行动伊始，不少重要民主人士都经由钱之光他们开辟的这条贸易通道到达解放区。后来，随着解放战争形势的发展，为从香港直航天津等港口创造了更为便捷的条件。但这条经贸通道对北上顺利开局功不可没。钱之光和他领导的华润公司不辱使命，完成了这个光荣而艰巨的任务。1949年5月，周恩来电召钱之光到北平，很高兴地对他和刘昂说：你们做了很多工作，接送民主人士的任务和开辟对外经贸工作，都是做得好的。

"须注意绝对秘密"

解放战争后期的香港，表面看起来斑驳陆离，好似"世外桃源"，听闻不到内地国共双方鏖战的炮鸣声；实则暗流涌动，各方势力角逐不已。随着国民党军队的节节败退，密探、特务活动越发猖狂。

1946年，军统改称保密局后，设立香港站。民盟等民主党派和很多民主人士转移香港后，自然成为保密局严密监控的对象。金燮佳是负责监控民主人士活动的特务之一。1947年12月8日，金燮佳在向保密局呈送的密报中说，一些民主党派"近在港策动组织一民主阵线，包括民主促进会、三民主义同志会、中国文艺救国会、中国工商协会等团体，并拟将民盟亦列入该阵线之一环"，"民盟一部在港人员，正研究对策"。金燮佳的密报还对民盟内部的不同政治倾向作了站队式的划分："民盟在港人员，现分为两派"，一派"主张民盟保持独立成为中间路线者，有章伯钧、周鲸文、罗子为、李章达、李伯球、彭泽民、郭则沉、杨子恒、何思贤、何公敢等",一派"主张民盟列入民主阵线者,有沈志远、萨空了、沙千里、胡愈之、周新民、朱蕴山、李相符、李文宜、邓初民等"。当时民盟负责人沈钧儒刚从上海到达香港,密报特别强调:"沈钧儒业已到港,民盟之趋向如何,将视沈钧儒之主张而定。"这个密报显示,在"五一口号"发布前,保密局对民主阵营特别是民盟的监控,就已经到了一举一动都不离视线的程度。

"五一口号"发布后,国民党保密局密切关注并收集民盟等党派在香港的活动情况,将此作为民盟从事非法活动的证据,通过外交部与港英当局进行交涉。

港英当局也没闲着。民主党派和民主人士的到来引起港英当局的高度警惕。有资料显示,中共派连贯到港,要与李济深等民革和民盟领袖共商合作事宜时,港督葛量洪就准备禁止他们的行动。他在一份报告中指出:香港已成为东南亚共产党交换讯息、资金和宣传资料的中心。香港的言论自由和准许中国人自由出入的政策,使它成为中国政党的极佳避难所,且为中共提供了渗透各党的良机。1949年,他致函英国政府部门提出,中共执政后会给香港带来更大难题,民盟、民革等政党已被其渗透,故须订立条例抑制中共对学校、工会、剧社等团体的影响。由此可见,港英政府给中共和各党派相对自由的活动空间是有条件的。一旦突破了这个限度,他们将对民主力量的活动加强管控和制约。

"五一口号"提出召开政治协商会议,这是公开的。香港警察、国民党特务均知道在港的一大批民主人士一定要赶去赴会,所以自然加大了监视的力度。剧作家杜宣在《潘汉年同志在香港》这篇文章中描述了当时的状况:"当时大家在香港又只是处于半秘密状态,大家的住所都受到特务的监视。例如当时我住的那条街上,马叙伦、金仲华、章乃器、萨空了和邵荃麟等同志都是近邻,在我们街道拐角的电线柱子下,就是一个监视站,无论天晴下雨,总有一个特务站在那儿。因此我们同志一切外部活动,都在敌人监视之下。"在杜宣看来,对于组织民主人士北上,这种半秘密状态还不如完全秘密状态好办。

　　1948 年 7 月，方方在给中共中央的报告中指出，港英政府在国民党外交压力下，检查新华分社，警告报纸杂志，开始盯梢，香港分局正在布置干部撤退办法。9 月 1 日，香港分局又致电中央说，"近半年来，英、国党不断谈判，但英仍采两面政策，实际上已加紧对我监视，加紧限制我工团，颁布劳工法"。12 月 15 日，方方再致中央及统战部电，汇报说："香港政府突于真日（11 日——作者注）搜查连贯家，并捉去谭天度，拿走我们与民主人士来往的一些文件，我们已由乔木（乔冠华——作者注）致一备忘录于港府与我联络人员，向其提出抗议。""我们估计港府主要为突击我们如何输走民主人士，找到材料可以借口打击我们，特别是下层组织。"港英当局貌似"中立"而实则带有倾向性的实质从中可窥一斑。

　　关于港英当局的政治态度，还可以举一个略带戏剧性的实例。罗培元护送前两批民主人士上船后，突然中断工作，回到广东解放区，便是因为遭遇了方方在汇报中所指"捉去谭天度"的那一次险情。12 月 11 日下午，罗培元如约出门去见一个叫陈闲的中共党内同志，回来的路上幸好巧遇"五人小组"成员许涤新，方得有惊无险。罗培元后来回忆：

　　与陈闲分手后，时间将近下午 5 时，我急忙搭巴士赶到铜锣湾一个站下车。正待转车回天后庙道，忽然背后伸来一只手，拍一下我的肩膀。回头一看，原来是许涤新同志。他拉我离开乘客的队列，悄声告诉我说："你住的统委会的地址已被英警搜查，他们已将上门的谭天度抓了去，还有警察等在那里，可能是等待你回去找麻烦。"许叫我千万不要回去，到朋友家住下，再同"小开"（潘汉年——作者注）联系。许涤新住在跑马地，他在等着转车，不迟不早我们凑巧碰上了。如果我和陈闲再谈久一点回来，就没可能遇上许涤新，回到家里就可能与谭天度同样的遭遇，被拘留到警察局去，因为警察一直等到夜里很晚才撤走。

　　我和许告别后，马上打电话用暗语告诉吕维多，请她不要回家，跟秦牧夫人吴紫风一起到吴的住宅去等我。这事办妥，我致电潘汉年家，他约我到《华商报》面谈一切。他约了饶彰风一起来。我告诉他们我房中仅有一份方方叫我记下的高层民主人士开会的大事记，其他只是普通信件，没有别的秘密文件。连贯和林瑯夫妇给搜去了什么我不晓得。"小开"说，这事恐怕同香港政治部为了弄清民主人士北上的事有关。大家商定，为减少可能的牵连，我未了的事项，由罗理实负责，我今后的工作由分局考虑后再定。

　　罗培元虽说有惊无险地躲过了一劫，但从搜查连贯寓所、捉去谭天度等情况，不难看出港英当局对民主人士北上的打压态度。

　　在如此复杂的形势下，为确保北上行动的安全，绝对保守秘密显然是首要原则。1948年8月底，第一批民主人士北上的方案已经确定并上报中共中央，这个方案中的人数要超过后来实际北上人数。8月30日，任弼时、周恩来、李维汉联名致电香港分局和钱之光，同意组织第一批民主人士搭乘苏联货轮前往朝鲜，但须注意绝对保密。就在这个当口，传来了冯玉祥在黑海遇难的消息。香港分局和钱之光为确保行程安全，感到有必要减少人数，便向中央请示，修改原来的方案。得到周恩来的电示同意后，香港分局最后确定沈钧儒、谭平山、章伯钧和蔡廷锴第一批北上。在此前后，香港分局曾于8月28日、9月4日两次在罗便臣道92号李济深寓所开会，与准备北上的民主人士商讨具体事宜。蔡廷锴参加了这两次会议，在当天日记中分别有"行踪严守秘密""决定行动日期及行动秘密方法"的记述。

　　在长达一年左右的时间里，面对国民党特务和港英当局的监控、阻挠和破坏，分批运送大批民主人士北上解放区，每一个方案都需要周密设计、滴水不漏。应对风险和不测，首先要做到保密，这也是北上行动的核心所在，甚至可以说是问题的全部。舍此则一切无从谈起。因而从周恩来到香港分局和钱之光，再到蔡廷锴等北上人士，脑子里都须臾不可不紧绷"保密"这根弦。蔡廷锴9月10日的日记记:"午后(香港分局——作者注)派罗君来取简单行李,吾妻罗西欧'已发觉我的秘密'",可见连家人也不能知道北上人士的具体行动。

北上涉及的名人多、事务杂,要保守秘密是一件很不容易的事。华润公司负责的四批北上的民主人士中,就有沈钧儒、谭平山、马叙伦、郭沫若、李济深、朱蕴山、黄炎培等重要人物,保密工作不能有一丝一毫的疏漏和松懈。为了保密,要走的人,事前都不知道与谁同船,各走各的路。有的从家里转到朋友家上船;有的在旅馆开个房间停留半天再上船;有的人还搬了家,把要带的行李,放在原来住处,另行派人搬上船。民主人士不随身携带行李,看不出要出门旅行的迹象,到达了约定地点,再由护送的同志安排其上船。叶圣陶1949年2月26日的日记记录了一些保密情节:"除晨出购物外,竟日未出。以此行略带秘密性,防为人注意。行李以晚六时上轮船,而我等之旅舍又须更换。"随母亲许广平第二批北上的周海婴后来在《鲁迅与我七十年》中回忆:"最令人感到意外和有趣的是,适巧在前天或昨天才见过面,甚至一起参加了某位朋友的饯行宴,却谁也不说自己即将离港的计划,这种新奇与诡秘使大家油然又增加一层亲近感,连曾经有过的隔阂也无形中消失,感觉相互已经是'同志'了,可以无话不谈,再无需顾忌戒备什么。"

对于一些上船的细节,钱之光晚年仍印象深刻:

每次护送民主人士,特别是一些引人注目的知名人士上船,我们事先都作了比较周密的安排。要求负责联系的同志机智灵活,特别注意摆脱密探的跟踪。对于上船要经过的路线,事先要调查熟悉;还事先约好什么人去接,遇上情况如何对付,等等。由于民主人士社交活动多,认识他们的人也多,为了避免遇到熟人,每次都安排在黄昏以后上船;每次都有负责同志陪同,我还另派工作同志随船护送。

上述种种细节，充分显示了中共香港分局和北上组织者的保密工作做得是何等到位。整个北上行动的圆满成功，也足以表明"战争年代，保密就是保生命、保胜利"的深刻含义了。

哈尔滨

罗津(朝鲜)

香港

组织接送民主人士北上是一项多批次、持续性的秘密行动，面临很多风险和不确定因素，也不可能一蹴而就。万事开头难。第一条北上的轮船能否顺利航向解放区，事关重大，甚至有"成败在此一举"的分量。一旦出现什么闪失，后果无法估量。周恩来为此连电香港分局，亲自部署并一再叮嘱，便很能说明问题。那么，谁来打头阵，当第一拨"吃螃蟹"的人呢？经过慎重考虑、多方协商并报中共中央批准，香港分局最后确定沈钧儒、章伯钧、谭平山、蔡廷锴四位民主人士第一批北上。他们于 1948 年 9 月 13 日上午从香港启程，9 月 29 日上午抵达目的地——哈尔滨。

第一批『吃螃蟹』的人

两次秘密准备会

钱之光是 1948 年 8 月中下旬到达香港的。此后，民主人士北上进入实际操作阶段，或者说倒计时阶段。时任华润公司业务部主任的袁超俊后来回忆："我和钱之光等华润的同志担任华润与香港分局、港工委的联络工作。"他还说："每一批安排哪些人走，什么时候开船，都是根据民主人士的准备情况、货物的装运、香港的政治气候以及联系情况等来决定。"按照中共中央的指示和要求，香港分局本来准备安排第一批北上的民主人士不止沈钧儒等四人，而是尽可能覆盖各主要民主党派领导人及无党派民主人士的代表人物。中共香港分局为此在罗便臣道 92 号李济深寓所召开了两次秘密会议，也可以称之为第一批民主人士北上的预备会，主题包括确定时间、人选和具体行动方案。

第一次会议是 8 月 28 日开的。香港分局方面出席会议的是"五人小组"成员潘汉年和连贯，民主人士方面出席会议的有李济深（民革）、蔡廷锴（民促）、谭平山（民联）、马叙伦（民进）、郭沫若（无党派）、章伯钧（农工党）、沈钧儒（民盟）。从这七位民主人士的身份看，阵容壮观，足以作为各主要民主党派及无党派民主人士的代表。蔡廷锴在当天的日记中简略写道："座谈会内容：接中共中央通知，驻港民主党派负责人，前往华北讨论新政协预备会。"蔡廷锴所记"前往华北讨论新政协预备会"，与他们后来的实际行程（前往哈尔滨）有所出入。事实上，以 1948 年 9 月的国内形势，将民主人士直接送往华北解放区是不现实的。蔡廷锴在日记中还写了一句："行踪严守秘密。"这应该是会议组织者特别强调的一个前提。至于更详细的人选讨论过程，蔡廷锴没有在日记中提及。会后，香港分局立即向中共中央作了汇报。8 月 30 日，任弼时、周恩来、李维汉联名致电香港分局和钱之光，同意组织一批民主人士搭乘苏联船前往朝鲜。

一周后，也就是9月4日，潘汉年和连贯代表香港分局在李济深寓所召开第二次秘密会议。此时距第一批民主人士北上，只剩下不到十天的时间，因而会议主要是确定北上人员、出行日期和具体行动方案。关于这次会议的内容，蔡廷锴在日记中只写了"决定行动日期及行动秘密方法"这样一句话，同样没有涉及具体人选的确定经过。倒是后来参与护送李济深上船的杨奇曾著文回忆："这次北上的'波尔塔瓦号'轮船，本来打算多载一些人的，可是，当潘汉年、连贯在1948年9月4日到李济深家开会落实名单时，有些人说手上有些工作尚待处理，来不及第一批离港；还有个别人担心经过台湾海峡是否安全，只有沈钧儒、蔡廷锴等毫不犹豫，全无顾虑，说走就走。"郭沫若曾在这期间给夫人于立群写了一封带有暂别意思的家书，落款为9月2日，可见郭沫若应该也曾被列入第一批北上的人选中。

第一批民主人士北上的行动方案确定后，各项准备工作便紧锣密鼓地运作起来。就在这时，传来了一个令人震惊的不幸消息——冯玉祥乘坐苏联"胜利号"客轮自美国回国途中，于9月1日在黑海遇难。这个消息到达香港，恰好是在李济深家开第二次会议的次日，不能不给正在准备北上的民主人士带来一些影响。蔡廷锴9月5日在日记中写道："早，起看报，各报所载冯玉祥先生在黑海俄国船中被火烛遇难，详情未悉。噩耗传来，心绪不安。"远在西柏坡的周恩来闻讯后，也在9月7日给潘汉年和香港分局发去一封紧急电报，强调要慎重处理民主人士乘苏联轮船北上事宜，压缩人员，确保行程安全。

按照周恩来的指示，香港分局调整了行动方案，蔡廷锴在9月10日的日记中写道："早，中共接其中央来电：因冯先生案发生，甚怀疑。我们须慎重行动，前拟香港民主党派首要集中行动，改为分批行动。"最后，沈钧儒、章伯钧、谭平山、蔡廷锴成为第一批北上的民主人士。

沈钧儒，1875年出生在苏州一个封建士大夫家庭。1905年赴日本

　　　　　　　　　　　　第三章　第一批"吃螃蟹"的人

→ 从左到右依次为沈钧儒、谭平山、蔡廷锴、章伯钧

留学，就读于东京私立政法大学。辛亥革命后，沈钧儒曾任浙江临时警察局局长、浙江教育司司长、北京政府司法部秘书、广州护法军政府总检察厅检察长等职。1927年后，沈钧儒出任上海法科大学教务长，兼任律师，并担任上海律师公会常务委员。九一八事变后，沈钧儒与马相伯、邹韬奋、章乃器、陶行知、李公朴、王造时等文化界人士在上海发起救国运动，是后来震惊中外的救国会"七君子事件"中的重要角色。全面抗战爆发后，沈钧儒投身民主活动，1938年在武汉当选国民参政会参政员，1942年在重庆加入中国民主政团同盟，后成为中国民主同盟中央执委、常务委员。1946年1月，沈钧儒作为民盟代表出席了在重庆召开的政治协商会议。在会议结束时即1946年2月发生的"校场口事件"中，沈钧儒也在现场并险遭不测，当时李公朴、郭沫若等数十人被特务打伤。有特务认出沈钧儒，大呼打死他。沈钧儒被人掩护退出会场，特务紧追不舍，追到国民参政会门口时，恰好遇见乘汽车路过的朱学范。沈钧儒跳上朱学范的汽车才算脱险。

　　1946年5月，沈钧儒回到上海，成为民盟主要领导人之一，主持了在上海召开的民盟一届二次会议。1947年11月，民盟因反对国民党政权的独裁统治，在当局的迫害和打压下，被迫宣布自行解散。此前，民盟领导人在讨论以民盟中央主席张澜名义发表的通告稿时，沈钧儒是持有异议的。民盟解散后，沈钧儒对民盟中央委员周新民说："民盟一定要搞下去，国内已不能公开搞，我们去香港吧。"此时的沈钧儒已处在国民党特务的严密监控下，失去行动自由，只能设法秘密离开上海。但他去意坚决，并说："我如走不脱，剃掉胡子也要走。"他与张澜、史良等商定，由周新民去香港做恢复民盟的前期准备。

沈钧儒是1947年11月26日晚秘密乘船离开上海的。关于沈钧儒的出走，有多个版本。茅盾、黄慕兰生前写的回忆文字都提到此事。茅盾在《我走过的道路》中回忆：

为了避开国民党特务的耳目，我们决定分散行动，分批地、秘密地离开上海。郭沫若于11月中旬首先离开。当时我们很为沈钧儒担忧，因为他的相貌实在不容易化装。有人劝他把胡须剃掉。他不赞成，说去香港又不犯法，剃掉了胡须，万一被认出来，反而成了打算"潜逃"的证据。他胸有成竹地说，我自有办法。11月下旬，他果然顺利地离开了上海。原来他预先得知黄慕兰和她的丈夫陈志皋将于某日晚举行庆贺结婚20周年的宴会。陈是上海鼎鼎大名的律师，交游甚广，那天宴会既邀请了沈钧儒等民主人士，也邀请了不少国民党的要员。于是沈钧儒在黄慕兰的配合下，买了宴会那天晚上11点启航的船票，当宴会进行到酒酣耳热，大家都在兴奋地跳舞，大约晚上9点钟光景，他悄悄离开了陈府，直接登上了去香港的轮船。

茅盾是否为黄慕兰家宴的当事人，他在回忆中没有提及。《黄慕兰自传》提供的版本，与茅盾的回忆大同小异，而且更为细致：

经过有关方面的秘密安排，决定让沈老离沪转移去香港。但如何能摆脱特务们的监视呢？经过商议后，就选定在我们迁居华山路新居的那一天举行宴会。当天宾朋来贺者有100多人，沈钧儒老师也来参加，并在花园中与大家合影留念。合影时，沈老还对站在身旁的蔡叔厚回眸一顾，因在蔡身侧站的居然就是军统上海站的站长王新衡。好在沈老并不认识王，当时并未引起注意，我们大家则是心照不宣。按照事先的商定，到黄昏时刻，请客人们进大厅赴宴，正当大家都沉醉于欣赏精彩的文娱节目时，我就悄悄地陪同沈老在车库内乘上小轿车。沈老爱惜他多年所留的长髯，舍不得剪去，又怕标记明显易暴露目标，于是用大围巾裹头，外人看来好似我护送生病的贵客去医院看急诊的样子，未引起猜疑，终于安全地将沈老送到杨树浦轮船码头。那里早已有约定的人员在迎接，将他护送登上去香港的轮船，才得以从国民党军统特务的虎口下安然脱身。

《沈钧儒年谱》提供的则是另一个版本：

> 11月26日，晚，乘美国总统轮船公司戈登"将军号"客轮秘密离沪。离家时，为躲避国民党特工耳目，由沈谦等家属作了精心安排。首由沈诰（保儒长子）亲自驾车，携其幼子人淦，至沈谦寓所，佯作请沈谦为孩子诊病。然后，乘天黑先由沈谦驾自己的汽车外出，引开特务的注意（因平时先生外出，多由沈谦亲自驾车接送，常有特务尾随）。先生身穿黑呢大衣，头戴黑呢帽，胡子藏在大衣领里，随即进入沈诰车的后座，由沈诰驾车直驶太古码头，送上船去。上船后，进入二等舱位，面朝里侧卧于铺上。客轮于10时启航。

这段记述所涉及的细节，包括与沈钧儒离开上海有关的人物、地点、经过，甚至上船的码头，都与茅盾、黄慕兰的回忆截然不同。《沈钧儒年谱》的编写者是沈钧儒后人，上述细节显然也不能简单地视为孤证或道听途说。三个版本都属于"三亲"史料，不妨逐一列出，究竟哪一种说法属实或接近于事实，有待于找到更可信的原始资料。不管怎么说，沈钧儒在1947年11月底秘密乘船离沪赴港，是一个不争的事实，至于具体细节说法上的出入，无碍这件事的进程和结果。

11 月 30 日中午，沈钧儒抵达香港。民盟南方总支部的萨空了、徐伯昕等到码头迎接，并事先为沈在哥顿道 7 号前楼准备了住处。沈钧儒的女儿沈谱辞去中学教职，专门陪伴父亲。沈钧儒一到香港，便不顾年迈，立即投身民盟事务，并担任 1948 年 1 月 5 日至 19 日在香港召开的民盟一届三中全会临时主席，全面负责民盟总部的工作。

章伯钧，1895 年生于安徽桐城，1920 年毕业于武昌国立高等师范英语系，后与朱德、孙炳文等同船留学德国，并在 1923 年由朱德介绍加入中国共产党。章伯钧在德国还结识了国民党左派邓演达，思想深受其影响。回国后，章伯钧曾参加北伐战争、南昌起义，大革命失败后脱党。1933 年参与发动福建事变，失败后流亡日本。1935 年回国，投身抗日民主活动，主持中华民族解放行动委员会的实际工作。全面抗战爆发后，章伯钧当选国民参政会参政员，1939 年在重庆与张澜、沈钧儒、黄炎培、梁漱溟、左舜生、罗隆基等发起成立统一建国同志会，开展民主宪政运动，后参与筹建中国民主政团同盟，一直担任民盟常委，负责民盟的组织工作。抗战胜利前，章伯钧、黄炎培等六位参政员曾访问延安。章伯钧在延安同中共领导人说："我过去也参加过共产党，后来脱离了，但是我没有忘记同党的关系。现在我虽然还不准备要求恢复党组织关系，但我要为党尽力的心愿从未改变。抗战开始，我在重庆就向周恩来先生正式表示，如果贵党对国事有何主张，需要各党各派表态支持，则不必事先征求我的意见，尽管将我的名字签上。"

抗战胜利后，章伯钧作为民盟代表，参加了在重庆召开的政治协商会议。1946 年 5 月，章伯钧回到南京，继续从事民主活动。1947 年 2 月，中华民族解放行动委员会更名为中国农工民主党，章伯钧任中央执委会主席。民盟和农工党后来都被国民党当局宣布为"非法团体"。章伯钧在 1947 年 11 月秘密离沪赴港，与沈钧儒等一道在香港主持召开了民盟一届三中全会。

→ 沈钧儒（中）与萨空了（左）、章伯钧（右）在香港

　　谭平山，1886 年出生于广东高明，1910 年从两广优级师范学校毕业，早年参加同盟会。辛亥革命后曾出任广东省临时议会议员。1917 年，谭平山考入北京大学哲学系，后参加李大钊发起的马克思主义研究会。1919 年，谭平山在五四运动中亲历火烧赵家楼等爱国壮举，并成为五四运动的主要领导人之一。从北大毕业后，谭平山回到广东，发起组织广州共产主义小组。中国共产党成立后任中共广东支部书记。第一次国共合作时期，当选为国民党中央执委和组织部部长。1927 年 8 月，谭平山参加南昌起义，起义失败后流亡港澳。当年 11 月在中共临时中央政治局扩大会议上受到开除党籍的错误处分。周恩来后来曾说："今天看来，这个处分是不完全妥当的。"此后，谭平山坚持反蒋活动。全面抗战爆发后，谭平山投入抗日救亡运动的潮流中，一直担任国民参政会参政员。1943 年与陈铭枢、杨杰、王昆仑等成立民联，在国统区从事民主活动。抗战胜利后，谭平山回到上海，继续从事民主活动，揭露蒋介石集团的种种阴谋。在人身安全一再受到威胁的情况下，谭平山于 1947 年四五月间秘密出走香港，后与李济深、何香凝、蔡廷锴、冯玉祥等发起组织民革。

蔡廷锴，1892 年生于广东罗定，出身贫寒，早年务农，18 岁从军。1920 年入广州陆军讲武学堂学习。蔡廷锴从基层军官干起，至 1927 年宁汉分裂，任张发奎部第十一师师长，率军北伐。1927 年 8 月率部参加南昌起义，任南下左翼军总指挥。后与陈铭枢、蒋光鼐重建第十一军，蒋冯阎大战时被蒋介石任命为第十九路军军长。1932 年初，日军发动"一·二八"事变，淞沪抗战爆发，蔡廷锴率十九路军在上海与日军血战 33 天，直至展开肉搏战，一次又一次挫败日军的猛攻。1933 年，蔡廷锴与陈铭枢、蒋光鼐联合李济深等发动福建事变，建立中华共和国人民革命政府。福建事变失败后，蔡廷锴前往香港，后周游欧美等地，进行抗日宣传活动。全面抗战爆发后，蔡廷锴从南洋回国，在南京面见蒋介石时表示："在此期间，任何职务均可接受。"后任第十六集团军总司令，在两广地区坚持抗战。

抗战胜利后，蔡廷锴从香港来到南京，在梅园新村与周恩来见面。这次谈话对蔡廷锴触动很深，使他坚定了与人民站在一起的决心，并投身反对国民党当局独裁统治的民主活动。1946 年 4 月，蔡廷锴和何香凝、李济深等人在广州建立民促组织，蔡廷锴任主席。1948 年初，蔡廷锴在新成立的民革中当选中央常委兼财政部部长。

"粉墨"登船

"波尔塔瓦号"货船上并不只有沈钧儒、章伯钧、谭平山和蔡廷锴四位乘客。他们之外，林一元以蔡廷锴秘书的名义同行。林一元是蔡廷锴的同乡，因从事反蒋民主活动遭国民党当局追捕，于 1948 年 8 月下旬从广州脱险来到香港。到港次日，蔡廷锴就让长子蔡绍昌开车把林一元接到他在香港的青山别墅，征询他是否愿意一同北上。林一元后来作为正式代表出席了政协第一届全体会议。他曾忆及与蔡廷锴的这次谈话：

蔡老告诉我中共"五一"号召发表后的新形势，使我异常振奋，大有胜利在望、屈指可期的喜悦。蔡老又说中共中央邀请民主人士前往东北解放区商议筹备召开新政协的决定，还说可能要逗留四五年时间（这是根据毛主席估计解放战争可能要打五年的提法），问我是否愿意前往，家庭有什么顾虑没有。我当即坚决表示愿意同去，并说家人全部在罗定原籍，大致不会有什么问题。事后蔡老便请在港的华南分局领导同志转报中共中央我以他的秘书的名义，随同他一起前赴东北解放区，参加开国第一个重要会议的筹备事宜。当晚杀鸡为黍，举杯共祝新曙光的降临。

此外，中共香港工委书记章汉夫、香港分局统战委李嘉人陪同民主人士北上。钱之光派华润公司的祝华、徐德明随船护送。随这条船北上的还有华润公司总经理杨琳的儿子秦福铨和博古（秦邦宪）的儿子秦钢。两个年轻人是堂兄弟，秦福铨19岁，秦钢18岁，此前分别在香港和广州读大学和高中，父辈借这个机会将他们送往解放区参加革命。杨琳为此专门给在东北局工作的老战友和老上级陈云、李富春写了一封信。据袁超俊回忆："与第一批民主人士一道北上的还有五六对从南京、上海撤退到香港的共产党员干部夫妇。以后几批民主人士北上，都是在晚间登船，也都有一批共产党员干部同去解放区。"但在其他当事人的日记和回忆文字中，都不曾出现如此说法；从同船的人员统计看也缺乏具体数字的印证。

送第一批民主人士北上，中共香港分局与钱之光任董事长的华润公司做了充分、周密和细致的准备工作，并于9月4日在李济深寓所开会时做了具体布置。大体是这样几条：确认出行时间，分头行动，人和行李分开，化装出行，遇到紧急情况时如何应对，严守保密，等等。罗培元作为香港分局统战委的工作人员，参与护送前两批民主人士上船。在护送沈钧儒等第一批民主人士北上时，他事先得到的指令是："先到北上的人家里，不假手他人，乘'的士'把较笨重的行李运到码头，雇小船送到泊在维多利亚港的一艘挂苏联国旗的'波尔塔瓦号'货轮，人员一次登轮，这事千万要保密。"可见"保密"是北上行动的首要原则。

1948年9月12日晚，沈钧儒、章伯钧、谭平山、蔡廷锴等启程登船。罗培元后来回忆："当我们送第一批民主人士北上东北解放区时，沈钧儒、章伯钧等在天后庙道统委会内集中，蔡廷锴和林一元在湾仔谭天度家换上平民衣服等候，然后一起会齐搭小艇到维多利亚海湾的苏联货船'波尔塔瓦号'北上。"40年后，罗培元还写了一篇回忆文章——《送船记》，记述他9月12日亲历这次秘密行动的若干细节：

我一早起来，按"小开"（沪语小老板的意思，潘汉年的代名——作者注）和连叔（即连贯——作者注）两同志日前的交代，到几位民主党派人士家里，把他们的随身行李送到海边装船……把行李安顿好后，便匆匆赶回住处。

连叔给我布置任务，待船开出鲤鱼门后，要一一打电话告诉上船人的家属，请他们放心。连叔正说着，忽然门铃响起，客人来了，都是事先约定的，每人手里提着一个小包。大家知道这是北上去参加新政协会议的，彼此心照不宣，但大家的心里却充满激动、喜悦和紧张的情绪。

订好的饭菜依时摆上来，不用主人请，大家自动聚拢。由于担心有人喝醉误事，不设酒。有人问："连先生，这是什么宴？"有人答："肯定不是鸿门宴"，有的说"告别宴"，有的说："没有酒，什么宴都不像"。

吃完饭，大家不约而同回到客厅，把门关上，进行换"装"。连叔在厅门外，一言不发，猛抽"三炮台"香烟。我则心里翻腾着"小开"的话，"无事是小，有事则大"，合计如何才能把这些"贵客"安全地送到北去的船上。

不一会儿，客厅门开了，我们像看开场戏一样，端详各人的打扮。原先的长者已面目全非，乔装打扮成另一种身份的人了。高大的谭平山和矮小的沈钧儒先生都留着大胡子，大家笑虐〔谑〕要他们把胡子藏进衣领内。谭老一笑置之，沈老则真的要动作起来，引得大家哄堂大笑。后来，他们听了大家的意见，仍作常态处理，而章伯钧、王绍鳌诸先生，或穿长袍，或着唐装，各自打扮成富人的样子。他们问道："打扮得像不像？"连叔幽默地回答："不抓到你们就像，抓住了就不像。"我们急于送他们上船，只顾催促及早出发，尽快上船。我先赶到海边，与蔡廷锴和林一元雇好的两条小船会合，撑船的都是妇女，这使我较为放心。不到半小时的功夫，小船已泊近一艘大船，大家抬头一望，原来是苏联的货船，人们好像获得很大的安全感，指手画脚大声笑谈起来。我先扶两位老者从舷梯拾级而上，交给苏联朋友，蔡先生则以"咕哩（苦力）头"自命，快步大摇大摆地上去，后面跟不上的人叫苦不迭，他则回头哈哈大笑。

罗培元的回忆显示，9月12日晚的行动分成两路，沈钧儒、章伯钧是一路，他们到天后庙道香港分局统战委员会集中，并在此吃晚餐；蔡廷锴和林一元是另一路，他们先去香港分局统战委谭天度家。两路人马化装后出行，在海边会齐，乘小船前往"波尔塔瓦号"货轮。罗培元回忆中提到的王绍鳌其实并不在此列，他是此后单独北上的。至于谭平山是和谁一路，罗文没有提及。

蔡廷锴也记录了这次秘密出行。此前，蔡廷锴一直按照中共方面的叮嘱严守秘密，对家人也不例外。出行的当天，他问长子蔡绍昌："家人有知我行动否？"蔡绍昌答："自从你交家中支用数目与二嫂后，已知你不久后离港，但不知往何处。"当天下午，蔡廷锴夫人罗西欧带女儿绍闰去娱乐戏院看电影《国魂》。这是一部描写文天祥的爱国题材的影片，蔡廷锴说："适我今日行动又是挽回国魂，不谋而合，我心甚喜。"分别时，罗西欧神态如常，"毫无忧色"，临走挽了一下蔡廷锴的手，说了句"拜拜"便离开了。可见罗西欧即便猜到丈夫要离开香港，但对他的具体出行计划并不知情。与妻子分别后，蔡廷锴由蔡绍昌陪同，去半岛酒店探望正在那里养病的女儿。蔡廷锴对女儿说："我今晚离开家庭去别处，要相当时间始能归来，望女好好地调养。"和女儿告别时，已是傍晚6点，蔡廷锴照计划赶到阿士甸道106号4楼致公党负责人陈其尤家。他在当天的日记中写道：

抵达后,各民主人士已齐集。7时,聚餐。9时,与谭平山先离开,过海,即往湾仔谭天度处,林一元同志已在此听候。不久,沈钧儒、章伯钧两先生及连贯先生齐到。10时,化装完毕。由罗培元带往湾仔,乘小火轮往俄轮"宝德华(波尔塔瓦——作者注)号"。船主大库大车×等已腾出房间若干。我们齐集共12人……我认商人货主假名崔子行。是晚天气炎热,至天明尚未睡觉;但水手整夜装货,晨早起锚。

按照蔡廷锴的记述,陈其尤9月12日晚在家中设宴,给他和谭平山饯行,并邀请一些民主人士作陪。饭后蔡廷锴和谭平山同路,前往谭天度家,林一元已先期到谭家等候。沈钧儒和章伯钧一路,随后来到谭天度家与蔡廷锴等聚齐,并化装出行。化装后已是夜间10点,民主人士由罗培元带往码头。这与罗培元的回忆在细节上略有出入。蔡廷锴日记是即时记录;罗培元则是40年后的回忆,难免出现某些记忆上的错漏,两人在细节描述上的出入,当以蔡廷锴所记更为准确。而分头行动、化装出行、夜间登船等,也就是这次行动方案的原则和要点,都体现在他们的笔下。

沈钧儒行前一直忙于民盟事务,对北上行动没有留下什么具体的文字。但他离开香港前写了一首五言诗,题在其弟蔚文(沈炳儒)所作的一幅扇面画上:

> 无暇亲笔砚,况作扇头书。
> 为驱残暑热,聊遣半日余。
> 海水极天乐,当窗凤尾舒。
> 寄此数行意,清风拂吾庐。

此诗标注的写作时间是1948年9月13日。事实上,前一天晚上沈钧儒一行已经登船,当天早晨起航北上,不可能出现"聊遣半日余""当窗凤尾舒""清风拂吾庐"等场景。作者标出这个时间,或者是笔误,或者出于遮人耳目的故意，而此诗为沈钧儒行前所作，大体是确实的，"无暇亲笔砚"也多少道出了沈钧儒准备北上的繁忙情状。

沈钧儒、谭平山当时已是六七十岁的老人，平时蓄有长须，穿长褂；章伯钧、蔡廷锴五十多岁，平时多西装革履。出行前四人都需更名化装，重新装扮自己的身份。杨奇回忆："沈钧儒、谭平山胡须甚长，很难收藏，只能扮作老太爷；章伯钧打扮成一个大老板，身穿长袍，头戴瓜皮帽；蔡廷锴则穿着褐色薯莨绸，足登［蹬］旧布鞋，俨然一个商业运货员。"杨奇描述的"商业运货员"，与蔡廷锴日记中"商人货主"的自述是大体吻合的。他们化装后从谭天度的住所步行前往铜锣湾码头，据罗培元回忆："由我带路，各人各间开几步行走，装作彼此不相识的样子。"

华润公司的袁俊超、刘恕、祝华和徐德明事先已在铜锣湾避风塘租好小汽艇，等候民主人士的到来。袁俊超1936年在上海参加救亡运动时化名严均超，多次到沈钧儒在成都路的寓所开会，算是老熟人了。民主人士在罗培元的导引下如约来到码头。沈钧儒见袁俊超也在场，显然有些出其所料，惊讶地问："严先生，怎么你也在这里？"袁俊超还忆及他们送民主人士登船的经过：

> 大家上了小汽艇，为避免外人注意，我们让小汽艇在一艘艘系于港湾中浮筒上的轮船之间来回穿梭。香港开小汽艇的工人多是广东人，不太能听明白我们讲的普通话，但我们仍有意以生意人的口吻交谈。到波尔塔瓦船下，大家从舷梯登船，钱之光已等在船上，与沈钧儒他们握手，互致问候。章汉夫也迎了过来，他是香港分局派出的陪同人员。

罗培元的回忆还提到一个有趣的细节：把民主人士送上船后，告别时，蔡廷锴把他拉过去耳语："你回去，一定要践行诺言，马上打电话给你宗妹。"蔡所说的"宗妹"，即其夫人罗西欧，与罗培元同姓。蔡廷锴此举大概因为一直向罗西欧瞒着北上的实情，未能郑重道别，于心不忍，想尽快解开妻子心头的猜疑。罗培元感慨道：谁说将军不多情呢？罗培元回去后不仅马上履行诺言，还将诸位民主人士化装换下来的衣服和鞋送还各家。

蔡廷锴日记中没有提到秦福铨和秦钢。这两个年轻人是 9 月 13 日一早赶来上船的。2010 年出版的《红色华润》记述："9 月 13 日清晨，杨琳把两个孩子叫醒，匆匆吃过早饭，拿起行装就下了楼。在九龙附近的一个码头上，两个孩子上了一条游艇，驶向鲤鱼门方向，游艇很快就停靠在'波尔塔瓦号'旁边。"秦家哥俩年轻，会说粤语，在船上扮为普通员工。《红色华润》还提供了一些细节：

一位姓马的工作人员把两个孩子带上船，然后交给了水手长。水手长是一个很年轻的苏联人。水手长带着他们两个走进他自己的房间，里面有一个上下铺，两个孩子就住在这里。

刚安顿好，杨琳坐着另一艘小船也来了。杨琳上船后，介绍两个孩子跟章汉夫、蔡廷锴、谭平山、章伯钧、沈钧儒等前辈认识。

杨琳还带来一些日常药品，交给章汉夫，让他们路上用。把四位民主人士和两个孩子安排好以后，杨琳与大家告别，随后，他把儿子叫出来，把写给陈云的信交给儿子，嘱咐一番，就下了船。秦福铨回忆说：爸爸转身离开的时候，心情很沉重的样子。

杨琳随后走进船长室，用俄语向船长嘱咐了一番。

从杨琳的表情和举措可以推想，无论是准备启程的民主人士一行，还是参与筹备这次行动的后方团队，都对"波尔塔瓦号"货船能否顺利航向目的地没有十足的把握。这是一次非同寻常且伴随风险的旅行，正因如此，在这趟旅程的背后，有更加非同寻常的价值和意义。

"波尔塔瓦号"是一艘货轮，除了十几位经过乔装的"船员"和"搭客"，还满载 3 000 吨货物，当中包括医疗器械、机床、卷筒新闻纸、真空管、麻袋、轮胎、鞋子、棉纱、棉花、车用零部件等，这些都是解放区需要且匮乏的物资。

一个月前，钱之光即是乘坐"波尔塔瓦号"来的香港，自然熟悉这艘货轮。9月12日晚，钱之光提前上船，迎候并辞别沈钧儒等人。钱之光和沈钧儒、谭平山、章伯钧等并非初识，有的还是多年的老朋友。他晚年的回忆也提及当晚与几位民主人士见面时的情景：

> 那是8月下旬的一天下午，我事先赶到船上，黄昏时候，在船上迎接了沈老等人。当时船停泊在离岸的浮筒处，沈老等是坐小艇上船的。当时沈老已是七十多岁的高龄，比起重庆、上海时有些消瘦，但精神矍铄，步履稳健。我和谭老在重庆时有往来，这时相见，彼此很高兴。我对谭老说："可能没有想到吧，在这里我们又见面了！"他紧握着我的手连说："是呀，是呀。"我们谈了一些别后的情况。当章伯钧先生攀着软梯上船来的时候，他一抬头就惊奇地说："老兄，你也来了！"由于工作关系，我到香港后还没有与他见过面，因此突然相遇，他觉得出乎意外。

> 临下船时，已是夜色朦胧，我祝他们一路平安！请他们多加保重！我离开后仍留下我们的同志在小舢板上瞭望，知道他们没有遇到麻烦，等船开出后才回来。

这几位民主人士在钱之光的笔下栩栩如生。但钱之光回忆这段经历时，在时间点上有几处有失准确。如钱文记为"8月下旬的一天下午"，实为9月12日晚，蔡廷锴日记之外的其他文献和回忆也明确记为此日；钱文所记"下午"，而按照蔡廷锴日记，当晚10点才化完装，且历次北上行动都安排在夜间上船，首批更当如此；钱文说货轮当晚即起航，这也与蔡廷锴等当事人的记述不符。钱之光回忆这段往事，是在事情过去35年后的1983年，当时钱已是年近八旬的老人，回忆文字因记忆力的减退出现某些如罗培元那样的误差，同样是在所难免的。

海上 15 天

    1948 年 9 月 13 日上午，"波尔塔瓦号"离开香港，驶向北方。蔡廷锴在当天的日记里写道："8 时早餐。祝君宣布行船临时规则并说：'本拟 6 时开船，因船主货单手续未清，9 时 30 分启程。'"祝君即钱之光从华润公司派去全程护送的祝华，在船上扮演临时管家的角色。开船后，蔡廷锴"倚船栏遥望香港半山，与本宅分别"。

    《红色华润》对船上的基本情况作了这样一番描述：

    船上的居住情况是：沈钧儒住在大副的房间里，在楼上，大副就睡在沙发上，大副是苏联人，很友好。

    章汉夫、蔡廷锴、谭平山、章伯钧住在一个房间里，是两个上下铺。他们经常坐在一起聊天。

    吃饭的时候，他们五人加两个孩子一起吃，有时候船长和大副会来。他们边吃边聊天儿。

    其实，船上还有另外一些人，祝华和徐德明也在船上，他们二人是真正的货物押运员。他们在船上单独起居，表面上不跟民主人士发生联系，只在暗中保护。这是形势所迫，政治任务和贸易任务分离，万一国民党军舰赶来，抓走了沈钧儒、章汉夫等民主人士和共产党员，还有他们两个在，船上的物资就不会受影响。船是苏联的，货是运往朝鲜的，都是合法的。而且，船本身属于客货两用船，船上搭乘的是什么人，有没有共产党，苏联船长可以不负责任。

    《红色华润》的作者在编写这本书时，专门采访了当时还健在的秦福铨。这些细节来自当事人的口述，应该是可信的。秦福铨也曾著文回忆这次旅程，他还记得当天早上坐汽船驶向"波尔塔瓦号"货轮时，"老远就看到了轮船烟筒上的镰刀锤子的标记"。可惜的是，章伯钧等四个室友在一起时以及大家吃饭时的聊天话题，想必很有意思，蔡廷锴没有记录，秦福铨的回忆也只提及一些笼统的印象："他们逮着什么侃什么，高谈阔论，不时还争论几句，连骂老蒋都骂得佳句连珠，妙趣横生，使我长了不少知识。"但秦福铨对船上的几位民主人士的风采、神态和做派，一一做了素描式的记录：

> 沈钧儒先生早饭后总爱用一把小梳子梳理他的胡须，他说冬天时还要用一个须袋把它套起来呢，他说话坦诚、诙谐、和蔼可亲，很让人喜欢……章伯钧先生神态庄严，城府很深，侃起来总是有根有据，旁征博引，格言迭出。蔡廷锴先生性格直爽，说话直率。想起他当年指挥十九路军抗击日寇，名冠中华，正是一位独领风骚的骁将。他现在的言谈举止，仍是一副军人气概，侃得激动时站起身来，在这斗室里来回走动，慷慨激昂，爱憎分明。谭平山先生说话平和，善解人意，悟彻人事，幽默感很强，当在座的侃出不同看法时，他总是插上几句改变话题，侃起俗人俗事来，还时不时地自我幽默一番，使大家哈哈大笑，调剂得小客房里总是充满了欢乐。

"波尔塔瓦号"货轮离开香港后，一路向北，最初几天风平浪静，航行顺利。9月16日，行至台湾海峡附近时，遭遇了强台风。当天一早就"天色四处黑暗"，风起云涌。据蔡廷锴描述："海中无边，所见均属白头大浪，汹涌而来……午后风浪猛于虎将。船吹近澎湖岛，距半米就岩石岸。"这是一个极其危急的时刻，一旦货船触岩，后果难以设想。苏联船主立即动员全船工友投入抢险。杨奇在《见证两大历史壮举》一书中记述："蔡廷锴奋起参加，和船员一起，分别手持铁条木棍等工具，合力顶住岩石，终于使货船得以脱险。蔡廷锴同众船员一样，全身湿透，冷得发抖。"蔡廷锴当天在日记中写道："入夜，风仍未减，我终夜不眠，须与风浪奋斗。至12时，风已稍刹。"到了凌晨，风浪退去，海面恢复了平静，但蔡廷锴因过于兴奋而不能入睡，在船上溜达了半宿，而同伴"均与周公良晤"，至日上三竿，才陆续起来，"神色怡然，口笑颜开"，全然忘了昨天的险况。

钱之光事后听说，轮船在遭遇台风的紧急时刻，"当时在船上的几位老先生镇定自若，还像平时一样，做着健身体操"。秦福铨也记述了当时的感受："我被那排山倒海般的风浪吓住了，海水像一堵墙似的站了起来朝船首猛扣下来，我真担心这艘老式货船能不能经受住。由于船晃摇得人站不住，坐不稳，我赶忙爬上二层铺，两手紧紧抓住床沿和墙上一只挂衣帽的挂钩，以防把我从二层铺上翻下来，胃也晃荡得难受起来。"而小他一岁的堂弟秦钢则"像没事似的，睡得那么安稳"。

《红色华润》还提供了一段来自香港的同期插曲：

那一夜，华润公司参与此项工作的人员彻夜不眠。钱之光一直在住地走廊里走来走去。西柏坡的中央领导也彻夜未眠，他们担心轮船的安全，一直等电报。据日本报纸记载，那次台风造成 2 000 余人伤亡……华润公司接到"波德瓦尔"（即"波尔塔瓦号"——作者注）平安的电报后，马上向中央作了汇报。那天，华润人特别高兴，他们完成了这样一个伟大的任务。为了表示庆祝，钱之光和杨琳决定：晚餐加一个红烧肉。

"波尔塔瓦号"在海上航行了 15 天。如此长途的海上旅程，枯燥和乏味可想而知。船上的伙食也千篇一律，秦福铨回忆："早上一杯用炼乳冲成的牛奶或一杯咖啡，两片面包，一个煎鸡蛋或两片酸黄瓜。中午是一盘放了西红柿酱的清汤，里面有几颗青豆，还有面包和香肠或牛肉片，加上一点黄油，饭后一杯放了糖的茶。晚餐是红菜汤或苏勃汤，其实都一样，前者加了西红柿酱，后者以莲花白菜叶为主加土豆，汤里有一块牛肉，主食仍是烤面包。"秦福铨没有提到中秋节的改善伙食。如此三餐而不变，就不免显得单调了。但船客并没因此影响兴致，他们不甘寂寞，除了"神侃"，各显身手，航行中不乏欢声笑语。

先是章汉夫发起一次"紧急会议"，决议成立"十二仙团"，将 12 位不同年龄段的乘客重新命名，"团内仙的种类有长髯仙、白髯仙、奇仙、怪仙、妖仙、童仙……"长髯仙想必属于船中最年长者沈钧儒，白髯仙是谭平山，章汉夫自领怪仙，童仙自然属于两个不到 20 岁的年轻人……蔡廷锴说："奇形怪状。谈笑风生，无聊苦闷当中已度过几个钟头。"

蔡廷锴在 9 月 17 日的日记中写道："八时半早餐，张〔章〕、祝临时动议，彼说：'明日是九一八，又是中秋。双重纪念日，我们海上仙人应有娱乐，请大家议节目。'决议：1. 赏月；2. 京粤鲜日剧；3. 国术、各种跳舞。是日，行船由每小时 3 海里已时至 6 海里。各仙人吐气扬眉，心绪尤为愉快。"蔡廷锴没有对第二天的晚会留下日记，杨奇的书中则提到这件事：章汉夫在甲板上举行了一个"神仙晚会"，"他要求每个仙人都献上一个特别节目。于是有人唱民歌，有人唱粤曲，有人学猫狗叫，沈老则打太极拳，动作十分娴熟，博得一阵阵喝彩之声"。当年沈钧儒因"七君子事件"入狱，就坚持在狱中打太极拳。"打太极"看来是沈钧儒雷打不动且能用来应付各种环境的爱好。杨奇还讲了一件趣事：9 月 18 日那一天，适逢中秋节，苏联船主决定杀猪加菜。蔡廷锴、林一元自告奋勇，下厨帮工。他们把苏联人准备抛入大海的猪肚肠捡起，洗得干干净净，红烧出两盘地道的粤菜来。大家边吃边赞，有人还请他们传授厨艺。

航行中，"波尔塔瓦号"基本没有遇到人为的有目的的阻挠，这应该归功于香港分局的保密工作。但海上长途旅行，难免会出现一些这样或那样的不便和麻烦。9 月 19 日是个风和日丽的晴天，一大早，"日出紫红"的晨景吸引了蔡廷锴，他脱去上衣，在货仓顶惬意地享受了一场日光浴，没想到随后就被来了个"霹雳一声"。祝华奉苏联船主令突然向大家宣布：自本日起，实行用水管制。蔡廷锴在日记中发了几句牢骚："我们屈指计算航程，只行半数，又无意外发生，此时制水，不合情理。本拟提出抗议，但为息事宁人，唯有忍耐而达目的地。又可谓俗语说：'渡过海就是神。'我们十二人就是神仙了。可惜三日来风平浪静，过日容易，想不到真是好景不长，令我们又不愉快了。"所谓"制水"，从蔡廷锴的描述看，大体是除了吃喝，船上就基本不再供水了。这应该是北上旅行生活中美中不足的一面。9 月 20 日，蔡廷锴在日记中写道：

起来无水洗面，我即韩人厨夫洗米，将其洗米水用毛巾湿湿，稍刷面油；各人饮残余茶，倒作一盅来漱口，乃确可怜了。我曾记得在童子时，听我母亲说，"有柴米不可烧尽，有水不可用尽"。的的确确分毫不错。但往目的地仍有最快一星期，内衣无替换，不知如何是好……

　　轮船在航行后期，遭到过一次美国飞机的骚扰。《红色华润》提到了这件事："有一天，美国的飞机飞到轮船上空侦察，飞机飞得很低，很久不肯离去，苏联船员拿出苏联国旗，在两个孩子的帮助下，把旗子铺在甲板上，飞机看到苏联国旗，大概也拍了照片，就飞走了。"蔡廷锴日记也提到了这件事，9月24日记："下午，船驶近南韩，距釜山埠甚近。此海乃美帝国主义势力范围，派两架侦察机故意低飞侦探。但船在公海航行，船上亦不挂国籍旗号，依旧驶船。"

　　9月26日是"波尔塔瓦号"靠岸的前一天，轮船已航行至罗津海域附近。苏联船主宣布：解除用水管制，自当天中午起，开放洗澡用水。对于已一个星期无水可用的乘客来说，这无疑是一个令人开心的消息。蔡廷锴在日记中写道："但洗身房仅得一个，我们同伴友十余人及船员数人，乃粥少僧多。由午后开放至夜12时始能洗完。"当天深夜，祝华又向大家报告了一则令人开心的消息，蔡廷锴日记记："11时，各友齐集于客厅。祝华收得播音：解放军已攻陷济南，俘获蒋〔军〕10万，吴化文战地起义。得此捷音，各友欢喜若狂，料想蒋军总崩溃当在不远矣……"蔡廷锴作为一员久经沙场的战将，想必会以他的风格，对济南战役大捷向"各友"作一番内行的解读。

抵达哈尔滨

　　经过15天的漫长航行，"波尔塔瓦号"货轮在9月27日上午平安抵达朝鲜罗津港。东北局负责人李富春专程前往迎接，东北局驻朝鲜全权代表朱理治也到码头迎接。中共中央原本安排张闻天、高崇民和朱学范前往朝鲜迎接民主人士。早在9月18日,"波尔塔瓦号"还航行在北上的途中,中共中央就致电东北局,对迎接民主人士作了这样的指示:"香港民主人士经北朝鲜罗津来解放区事已见昨电。现中央经考虑,认为招待这批人士至哈尔滨较来华北更为机动和安全,因此,决定洛甫代表东北局并约高崇民代表东北行政委员会、朱学范代表全国总工会立即赶往罗津,欢迎他们。"东北局经过研究,回电建议改派离罗津较近的李富春和朱理治前往迎接,得到中共中央同意。

李富春登上轮船,与远道而来的特殊客人一一行握手礼,这个场面也意味着,中共领导人与民主人士面对面讨论召开新政协、建立新中国的时刻,即将到来了。

罗津港位于朝鲜的东北部,在咸镜北道东北角,是一个与中国吉林省接壤的不冻港。由于此前东北局已通过外交方式与朝鲜政府取得沟通,货轮入关没有遇到任何麻烦。民主人士一行出关后,被小汽车接送到利民公司休息。午餐后,其他民主人士在室内休息,蔡廷锴和林一元则放弃休息,利用几个小时的间歇上街闲逛。蔡廷锴记下了对罗津港的观感:

> 午饭后,与林一元即往街市游玩。到此,气候完全转变,东北风吹来甚猛,人行路几乎被吹倒地。抵达街市,规模甚小,但街道清洁。日寇占领开辟该韩20余年,风景甚美,海水深能驶一万吨船。埠背靠倚高山,前面港口有山护围,入口甚窄,可能为小型军港,为北韩东边屏障。闻该埠人口约有二万余,华侨有二三百人(山东人居多)……

晚饭后,民主人士一行乘专列出发,前往哈尔滨。朝鲜在中国的东北方向,时已入秋,天色转短,专列晚6点启程,已是"沿途漆黑一团"了,这与十几天前民主人士出发时的香港不可同日而语。火车很快进入中国境内的吉林省图们市,民主人士一行在车中过夜。

第二天（9月28日）早饭后，民主人士一行乘车到中朝交界的图们江参观。蔡廷锴又在日记中写下一则图们江"所见"：

　　所见中韩各桥头站岗监视往来行人。江水甚浅，亦无特别产物。该市人口不多，中韩参半。所见韩人，普通穿白布长衣服，男女都以头顶箩，装载什物，100斤以下都是如此，各种动作与南洋各群岛人无异。但北韩现在系金日成执政，实行社会主义，所有人民均受普通训练，甚有进步。参观桥头等处，即回办事处。午餐后，再往参观蚬场、纸厂。该厂每日出纸十余吨，规模虽小，但机器乃近代化……

　　火车在东北平原穿行两天。时值秋收，土改后的农民正在田间紧张劳作，一派繁忙的场面。这是蔡廷锴隔着车窗的印象。9月29日上午，民主人士一行乘坐的专列抵达目的地——哈尔滨。东北局领导人高岗、陈云、林枫、蔡畅等在火车站迎候。

→ 原来的哈尔滨火车站

→ 沈钧儒下火车时的留影

　　沈钧儒应该是第一个走出车厢的民主人士。他步下火车时，有人用照相机拍下了这个历史性的镜头。主人先把客人接到东北局俱乐部，享用茶点后，民主人士一行入住哈尔滨马迭尔宾馆。蔡廷锴说："招待甚周，无微不至。"蔡廷锴的秘书林一元则有"离巢别燕，久别归来"的感受。当晚，东北行政委员会主席林枫设宴为民主人士一行洗尘。

　　到达哈尔滨后，沈钧儒等在10月2日联名致电毛泽东、周恩来和朱德："愿竭所能，借效绵薄；今后一切，伫待明教。"毛泽东、周恩来、朱德于次日联名回电："诸先生平安抵哈，极为欣慰，弟等正在邀请国内及海外华侨、各民主党派、各民主团体及无党派民主人士的代表人物来解放区，准备在明年适当时机举行政治协商会议，尚希随时指教，使会议准备工作臻于完善。"

　　一场历史大戏的序幕，就此拉开。

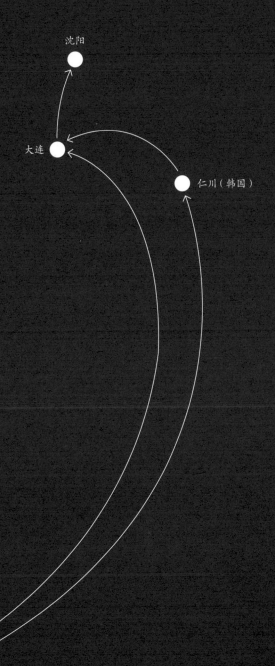

沈阳

大连

仁川（韩国）

香港

第一批北上的民主人士平安抵达哈尔滨后，方方、潘汉年等香港分局负责人和钱之光都松了一口气。他们随后启动第二批民主人士北上的准备工作。钱之光回忆："刘昂同志等在大连又租了苏联的货轮，装上解放区出口的物资和一些黄金来香港，以便接回第二批民主人士，并带回解放区所需的物资。"这艘苏联货轮名"阿尔丹号"。按计划，第二批北上的民主人士应该在1948年10月底前后动身。但"阿尔丹号"货轮在进入香港时发生了一个意外，与一艘英国商船相撞，搁浅在海湾，不得不入船坞修理。民主人士启程的时间也不得不随之延宕。钱之光说："我们只好另租一艘挂挪威旗的船回解放区。"这艘货轮就是"华中号"。11月23日，第二批北上的民主人士登船离开香港。

『万里赴鹏程』

第四章

"华中轮"的乘客

第二批北上的民主人士在人数上比第一批明显增多。其中有民进领导人马叙伦和无党派民主人士的代表人物郭沫若，还有沈志远、丘哲、陈其尤、侯外庐、翦伯赞、冯裕芳、曹孟君、许宝驹、宦乡、韩练成、许广平及其子周海婴等，一名叫黄振声的国统区学生代表与他们同船。此外，香港分局统战委书记连贯同船北上，钱之光派华润公司的王华生随船护送。

→ 部分"华中轮"乘客
（从左到右、从上到下依次为马叙伦、郭沫若、沈志远、丘哲、陈其尤、侯外庐、翦伯赞、曹孟君、许宝驹、许广平）

郭沫若，1892 年出生于四川省乐山县一个地主兼商人家庭，早年留学日本，曾入九州帝国大学医科学习。后放弃医学，投身文学创作，与成仿吾、田汉、郁达夫等发起成立创造社。回国后，郭沫若定居上海，专注于历史剧、历史小说、诗歌和散文的创作。1926年经瞿秋白推荐，南下任广东大学（中山大学前身）文学院院长。同年7月，郭沫若参加北伐，任国民革命军总政治部宣传科科长兼行营秘书长，后任北伐军总政治部主任。1927年8月参加南昌起义，并经周恩来、李一氓介绍加入中国共产党。起义失败后，郭沫若经香港回到上海，1928年2月流亡日本，开始历史学、考古学和古文字学的研究。全面抗战爆发后，郭沫若回国投身抗战，并恢复组织关系。周恩来建议郭沫若作为中共特别党员，对外以无党派人士的面目公开参加抗日民主活动。此后郭沫若担任国民政府军事委员会政治部第三厅厅长，负责抗战宣传和文化工作。1940年后，任文化工作委员会副主任、主任。此期间，郭沫若创作了《棠棣之花》《屈原》等大量以古喻今的历史剧，并写下长篇名作《甲申三百年祭》。抗战胜利后，郭沫若以社会贤达的身份出席了在重庆召开的政治协商会议，在2月10日发生的"校场口事件"中被国民党特务打伤。随后，郭沫若表示，要为中国和平民主而流血。

1946年5月，郭沫若举家离开重庆前往上海。此后，他拒不承认国民党当局单方面指定的"国大代表"身份，拒绝参加伪国大，并利用各种场合从事民主活动，与国民党当局的独裁统治做斗争。1947年11月，郭沫若在上海地下党组织的安排下秘密出走香港。这次出行让他在海上经历了一场意想不到的生与死的考验。郭沫若的女儿郭庶英后来回忆：

为了安全，为了遮人耳目，全家分两批去香港。父亲带着汉英、世英两个孩子乘英国巨型油轮先行，妈妈带着我、身体还未痊愈的民英及一岁的妹妹平英第二批走。约定在香港会合。

爸爸一行在途中遇到了大台风，天昏地黑，海浪滔天，他们乘坐的这艘巨型油船在大风浪中好像飘在海上的一片叶子，被浪打得忽上忽下，左倾右摆，完全没有了自我。汉英说：我们都穿上救生衣了，紧抱着船上的固定物，真以为活不了了。正在大家失去生存希望的时候，出乎意料地，天气转晴好，一天多过去后，大海又风平浪静，好像什么都没有发生过似的。爸爸说：几次来往于日本和上海之间，乘过那么多次船，从来也没有遇到这么大的风浪，这么危险的情景。真没想到还能和你们见面。

郭沫若到香港后，立即加入民主阵营的活动，成为旅港无党派民主人士的代表人物。

马叙伦，1885年出生在杭州一个知识分子家庭，早年就读于杭州府中学堂。1902年去上海，入报馆做编辑，并开始发表文章。1910年加入南社。1911年东渡日本，经章太炎介绍加入同盟会。辛亥革命后，马叙伦回国，曾任北京大学教授、浙江省民政厅厅长等职。卢沟桥事变后，马叙伦困守"孤岛"上海，埋头著书立说，不与敌伪政权有任何合作。抗战胜利后，马叙伦投身爱国民主运动，担任1945年12月成立的中国民主促进会主席。1946年6月23日，马叙伦率和平代表团赴南京请愿，在下关车站被国民党当局操纵的暴徒殴打致头部等多处受伤，是"下关惨案"的主要当事人和受害者。当时正在南京与国民党当局谈判的中共代表周恩来、董必武闻讯赶到医院慰问。周恩来对马叙伦等人说："你们的血是不会白流的。"此后，马叙伦坚持在国统区从事反对国民党独裁统治的民主斗争。1947年年底，在周恩来的指示下，上海地下党组织护送马叙伦乘船秘密离开上海，前往香港。

马叙伦在海上没有遇到郭沫若遭遇的险情，一路风平浪静。1948年元旦，他在船上写了一首五言诗以为纪念：

开年之始日，一叶在南溟。

海与天争阔，心和水共清。

人民此世纪，宇宙向安停。

四海皆兄弟，如何匕鬯惊。

玄丝剩几茎，努力争前程。

溺为儒冠误，生须短褐耕。

此时当极否，吾辈自全贞。

朝气含光彩，坐看红日生。

红日已高照，整衣一凭栏。

此风还吹发，南海不知寒。

鸥狎浪花喜，人思绿绮弹。

两年真尽瘁，次日一盘桓。

1948年1月2日上午，马叙伦到达香港。他出了码头便马不停蹄地赶往金陵大酒家，参加旅港各民主党派和文化界人士的新年团拜会，并应邀即席发言。前一天民革刚宣告成立，民进领导人马叙伦的到来，使民主力量形成团聚的阵势。民革秘书长柳亚子现场欣然赋诗："国共同盟成鼎足，致公民进亦千秋。"此后，马叙伦在香港停留11个月，成为香港民主力量阵营中的代表人物之一。

鲁迅夫人许广平长期生活在上海。抗战胜利后，许广平加入民进，投身民主运动。这期间，她经常参加民进及有民主人士参加的各类集会和聚餐会，在《民主》周刊、《文汇报》等报刊发表推动民主运动、追求光明的文章。1946年10月19日，许广平在鲁迅逝世十周年纪念会上发言："我们今天纪念鲁迅，应该打倒黑暗，推开黑暗，寻求光明！"中共代表团团长周恩来也特地从南京来到了会场。两天后，周恩来在马思南路107号"周公馆"邀请郭沫若、马叙伦、马寅初、许广平等民主人士座谈并与他们告别。周恩来向民主人士表示："中共代表团将要撤回延安，不论是南京还是上海，我们一定要回来的。回来无非是两种可能：一种是请回来，再继续谈判，另一种是打回来，就是我们胜利以后再回来。后一种可能比前一种大。"许广平积极参与民主活动，甚至有时在自己家中召开座谈会，自然会引起国民党特务的警觉。许广平之子周海婴当时不过十七八岁，是个爱好无线电的青年。他回忆说："曾经有两次，便衣一敲门就直冲我家三楼亭子间，来查看我的无线电设备……地下党的徐迈进同志为此告诉我母亲，要我再也不能玩无线电了，赶紧收摊。"

马叙伦到达香港后，方方、潘汉年、连贯等香港分局负责人便与马叙伦商谈许广平母子秘密离开上海的方案。根据当时的形势，经过反复斟酌，最后由上海地下党和民进作出决定，许广平母子走陆路去香港，并由民进成员吴企尧负责护送。周海婴曾回忆这段经历：

> 他（吴企尧）对这条路线很熟悉，沿途的人际关系也多，外貌神态又像个公馆里的"大管家"，因此他扮作母亲的随从不会有破绽。他还找了同行的伙伴，是一位真正的纺织界商人，与我们可说"五百年前同一家"，也姓周，我们称他周先生……我们就装作一起到南方去做生意。吴企尧还关照母亲，沿途要多谈生意经，比如"买进卖出"美钞银圆，还可以谈些烧香拜佛求菩萨显灵保佑大家这一趟发财那类话题。文字书本一概不带，免受注意。我们离沪的日期定在父亲忌日的前一天。按习俗，这一天家里总是要去上坟祭扫，监视方面自然会放松些。

从这段回忆可见，上海地下党组织和民进为许广平母子设计了一套周密的出行方案。鲁迅的忌日是 10 月 19 日。那么，按照这个方案，许广平母子是 1948 年 10 月 18 日动身的。周海婴直到晚年对那天的情景依然有清晰的印象：

> 走的那天，吴先生嘱咐母亲要化妆，打扮成一个阔妇人的模样。母亲向来不施脂粉，这回嘴上搽了厚厚的红唇膏，还拿着手袋。当日气温不低，却穿上了薄大衣。我穿上半截西装，手提简单衣物。好在目的地是香港，已属亚热带地区，估计那里的冬天不会很冷。到了下午，一辆出租汽车直接开到前门口（霞飞坊的居民一般都不启用前门，从厨房间的后门出入），就这样，我们悄悄地走了。

许广平一行当天乘火车到杭州，次日转车前往南昌，从南昌又绕到长沙；再从长沙坐长途汽车到广州，从广州坐飞机到九龙，而后抵达香港。旅途中的颠簸和劳顿自然是难免的，到香港时已经是10月下旬了。所幸一路平安，没有遇到大的麻烦。一个月后，许广平母子再出发，登船北上。

值得一提的是，"华中轮"的十几位乘客中，郭沫若、翦伯赞和侯外庐除了民主人士这一身份，还享有一个共同的学术称号——马克思主义史学家。他们和范文澜、吕振羽等学者一道，开创了我国马克思主义史学研究的流派。此外，"华中轮"的乘客并非都是纯粹的民主人士，如韩练成作为中共特工，目的地是华北解放区的中共中央社会部；宦乡尽管名列中共中央的77人邀请名单内，但不久前已加入中国共产党；翦伯赞更是一位在抗战初期就已入党的秘密党员。严格说，这几位乘客有别于其他民主人士。他们此行的使命和目的地也与其他民主人士不一样。连贯此前既是中共香港分局的负责人，又是"五人小组"成员，直接参与前两批"北上"行动计划的制定与实施。他作为中共方面派出的负责同志与民主人士同船，显见香港分局对这次北上行动的重视程度。

出行之前——心态与动态

郭沫若和马叙伦都参加了香港分局1948年八九月间在李济深寓所召开的两次北上准备会，应该属于原计划第一批北上者。离开香港前，他们的出行准备，包括心理准备，比起其他民主人士，要更加充分一些。

在第一批北上的民主人士启程之前，郭沫若就给于立群写了这样一封家书：

立群：

你是我精神上和肉体上有力的支柱，我这十几年来可以说是完全靠着你的支持和鼓励而维持到现在的。五人的小儿女在你的爱护和教育下，我相信一定都能够坚强地成长，但可太累赘你了。希望要保重你的身体，不要过于忧劳，将来需要你做的事情还很多。我暂时离开了你，也一定要更加保重我自己，除作革命工作的努力外，不作任何无意义的消耗。我相信我们不久又会团圆的，而且能过着更自由、更幸福的生活。望你保重，千万保重。

你的贞

一九四八年九月二日

这封信是 9 月 2 日写的，可见郭沫若当时已经在准备北上。郭沫若的这封家书，没有交代北上行程以及其他具体事情，但从中能感受到他在与爱人即将分别时内心的缠绵和不舍。他在短短不足 200 字的信中，用了四个"保重"，这大概也是郭沫若写这封信的用意。信的落款"你的贞"，用的是郭沫若本名"开贞"的最后一字，也可见一种郭沫若式的亲情流露。郭沫若对这次离别看得越重，内心越缠绵，越劝妻子保重，就越显得北上的意义非同寻常。事实上，对所有参加北上的民主人士来说，这是一次会在一生中打下深刻烙印的旅程。

此前，于立群也在为郭沫若的出行作准备。肖玫（郭沫若的女儿郭平英）在《郭沫若在中共"五一口号"发布前后》中披露："8 月正是天气最溽热的时候，夫人于立群却在抓紧为郭沫若准备冬装，织毛衣，缝棉袍，并按照港工委的嘱咐定制了金戒指，以备途中不测。郭沫若和夫人商量好，不出意外的话，一到东北，就把戒指'慰劳寄前线，欲以表寸忠'。"中共方面"嘱咐"北上人士定制戒指，显然是对各种风险作了最坏的打算。

因为是秘密行动，郭沫若为遮人耳目，行前放出了一个烟幕弹。从 1948 年 8 月 25 日起，郭沫若在《华商报·茶亭副刊》连载《抗日战争

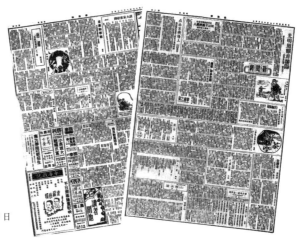

— 1948 年 8 月 25 日、12 月 5 日
《华商报·茶亭副刊》

回忆录》(后取名《洪波曲》成书出版),每天一篇。本来是随写随发,得到北上的确切日期后,郭沫若赶写了七八篇文稿,预先交给报馆,在文末"后记"上落笔为"1948 年 11 月 21 日于香港"。两天后,郭沫若离港北上,但《抗日战争回忆录》照常发表,给人以自己没有离开香港的假象。《抗日战争回忆录》于 12 月 5 日连载完毕,回忆录的"后记"发表时,郭沫若已经进入东北解放区。当时在《华商报》任职的杨奇一语中的:"这件事,表面看来只是日期差别的问题,实际上却是关系到北上民主人士的安全大事。"

与蔡廷锴不一样的是,郭沫若没有向夫人于立群隐瞒北上的实情。临行前,郭沫若又给于立群写了一首题为《赴解放区留别立群》的诗:"此身非我身,乃是君所有,慷慨付人民,谢君许我走……中华全解放,无用待一年,毛公已宣告,瞬息即团圆。"郭沫若还与全家拍了一张合影,这也是他暂别家人时的一个习惯。但于立群起初没有向孩子们说明实情。郭沫若行前还给他的孩子们写了一首诗,后来由于立群读给子女:

寄语小儿女,光荣中长大,无须念远人,须念我中华。
中华全解放,无用待一年,毛公已宣告,瞬息即团圆。

→ 郭沫若北上前与全家在香港的合影

郭庶英后来回忆：

> 那时我们几天见不到父亲，便问妈妈父亲到哪去了，妈妈说去达德
> 学院演讲了。过了七天，妈妈认为父亲已安全到达后，才告诉我们爸爸
> 到解放区去了。原来妈妈怕我们人小嘴不严，当有人问起后说走了嘴。
> 在妈妈告诉我们爸爸的行程后，我们好像长大了许多，也懂得了不能随
> 便乱说爸爸的去向。

马叙伦在香港的住址是马宝道 77 号，距离香港分局夏衍和乔冠华在
英皇道的公寓只有一站地。"五一口号"发布不久，马叙伦就写出《读了
中共"五一"口号以后》，抒发感慨，期盼和畅想新时代的到来。在随后
兴起的香港"新政协运动"中，马叙伦主张尽快召开新政协，他甚至在
1948 年 6 月的一次座谈会上给出两个时间建议：1948 年"双十节"和

1949 年元旦。可见马叙伦是随时准备北上解放区的。他虽然没有在第一批北上，但一直关注和新政协相关的一切动向，也就是一直在做这方面的准备。马叙伦抵达香港后，与在上海的老朋友陈叔通时有信函往还，每信必谈及时局和与新政协相关的话题。陈叔通在 1948 年 10 月 16 日写给马叙伦的信中提到："最紧要之事，即弟（指马叙伦——作者注）离后，如须通消息，与何人通？"可见在北上前一个多月，马叙伦就将大致行期写信告诉了陈叔通。两人的通信已涉及与此相关的敏感话题。

马叙伦动身前，最大的牵挂是尚在台湾的两个儿子。临行的前一天深夜，他迟迟不能入睡，写了一张留条，并嘱咐女儿龙环："在台湾的二哥和小弟，一定要通知他们快快出来。来香港后，带着我留下的条子去找中共联系人，设法北上。"后来，马叙伦的女儿以"母病"为由，电召兄弟俩到香港。他们先后抵达香港，由中共香港分局安排转赴解放区。

许广平母子 1948 年 10 月下旬到香港后，由中共方面安排住进跑马地附近的一个居民楼。到香港的当晚，香港分局负责人方方、潘汉年、连贯即前来看望。周海婴后来回忆："从谈话中我们才知道，此行并不是暂居香港，而是要等机会北上。至于需要等多久，是几个月或许半年，他们没有透露，母亲也不便询问。"可见许广平母子一到香港，就进入了再出发的准备阶段。

许广平母子北上的一些日常准备，大多由当时刚满 19 岁的周海婴操持。连贯送去一些港币，供他们购买衣物和旅行箱等用品。周海婴说："也没有详细说明该买什么，一切由我们自己安排。"周海婴采购他和母亲的冬衣的方式是自己先上街逛一圈，回来再向母亲一一汇报。这时候，他们已经接到了即将出发的通知。周海婴还和将与他们同行的连贯在街上不期而遇，他晚年回忆：

在路上突然见到一位熟人，衣着鲜亮，一身本色纺绸短衬衫，神态飘逸，像煞广东的公子哥儿，原来他是连贯同志。我们边走边聊。这回他比较详细地告诉我还有几天离开香港和一些要做准备的事。母亲和我这才心里有些底。第二天便去打预防针、种牛痘苗,另外还需要准备照片,用于制作证件。

周海婴在采购北上用品时,动了一个心思,即缩减棉衣等方面的开支,用省下的钱买了一架照相机。后来的事实说明,周海婴的这个举措意义重大。正是这架照相机为记录这段历史作出了不可替代的贡献。周海婴回忆:

> 为购买相机我真是动足了脑筋。我花费很多时间,跑了不少店询问价格,尽量选择质量合意而又价钿适宜的品牌。最后我选了低价"禄莱"相机,后来使用结果、成像的清晰度差了很多,放大后的相片比较"软",这也是无可奈何的事。

丘哲是农工民主党和民盟的创始人之一,一直活跃在第二条战线。作为著名民主人士,他被安排与郭沫若、马叙伦等一道,于第二批北上。罗培元曾忆及丘哲得悉将要北上时的心情:"和其他先后北上解放区的高层民主人士所表现的一样,当党中央在 1948 年秋间决定先后护送在港的党外民主人士到东北转华北解放区,进一步筹备召开新政协会议时,丘老高兴得好像个小孩子遇上过春节那样,欣喜溢于言表。"此前,罗培元作为香港分局统战委的专职委员,一直与丘哲单线联系,因而熟悉丘哲北上时的主流心态,当然也熟悉他的心态的另一面。罗培元回忆说:

> 丘老二三十年代就已足迹半天下,离别的况味岂曾少尝?漂洋过海的风险经历又何其多?但这次离别和以前的情况大不相同。丘老是特别富于感情的人,他盛年游欧之前要"拜别慈母",这次北上,他要离开年轻的夫人梁淑钊女士和幼子组成的美满家庭,难舍难分的情状可想而知。他到了北平后的《寄内》诗有"每怀离绪倍伤神"之句,也证明了这一点。我当时告诉丘哲和他的夫人,我们同北方常有电讯联络,一有

情况便可得到消息，我当随时到府上相告；丘夫人有信或带点什么"小心"给丘老也可以办到，有什么困难，我们也会协助解决，请他们一切放心，他们完全相信党组织有这个办法。后来丘老有诗句表达了他这种情感："离情都带欢怡感，高卧船中黑到明。"

民主人士在启程北上前，心情大体都如丘哲那样，也就是方方在接受这项任务时写下的那句话："兴奋与担心交并。"只不过丘哲是广东人，从香港北上，相当于从家乡北上。与家人离别时，感怀的心绪更浓一些。

"华中轮"上的几道景致

1948年11月23日深夜，第二批北上的民主人士乘坐的"华中号"货轮起航。

据周海婴回忆，第二批北上的民主人士也是分头行动。11月23日傍晚，一辆汽车将许广平母子接走，但这辆车并没有直奔码头，而是绕到九龙的某个工人家中，他们在这里见到了茅盾夫妇及沈志远、侯外庐等友人。茅盾夫妇不在此批北上之列，如果周海婴记忆没错的话，他们是来送行的。周海婴没有提及马叙伦、郭沫若等民主人士，他们显然是另行前往码头的。而且就是在这户人家集中的民主人士，去码头时也分别前往。周海婴对上船经过有一段回忆：

→ 从香港驶向东北解放区的"华中轮"

我们在那家陌生人的屋里，一直等到夜色来临，才通知大家分头离开。各自乘坐小汽车向不同方向驶去。母亲和我的车绕着街转到一个小码头，那里已有一条小舢板等候着。连贯换了土布衣裤，俨然工人打扮。招呼我们登上船后，小舢板随即驶离码头，靠到一艘轮船边。我们爬上去，先在大厅休息，同行的人也陆续上来了，晚餐八人一桌，坐满八人便开饭。这船上的桌子很特别，桌沿边都镶有一条木档，我估计那是为防止遇风浪时船身摆动盆碗滑落。

郭沫若则另走一路。当天下午，郭沫若夫妇先到冯裕芳家，再同冯裕芳一起到侯外庐家集合，然后一同前往码头。肖玫这样记述郭沫若等人的出行经过：

> 11月23日，一切准备就绪，行李按约定提前送上货轮。下午，郭沫若、于立群信步如常，去民盟港九支部主任委员冯裕芳的寓中做客。冯裕芳将和郭沫若同船离港……冯老家里养了一池金鱼，平时没少博得朋友们的称赞。今天观赏着金鱼的郭沫若，却心生别样的感触："平生作金鱼，惯供人玩味。今夕变蛟龙，破空且飞去。"冯老年事高，血压也高，郭沫若夫妇陪着他一起去侯外庐家集合。天黑后，郭沫若告别于立群，和冯老、侯外庐乘小船出海，登上一艘挂着挪威国旗的轮船。

冯裕芳当时已年近七旬，体弱多病，但毅然强撑病体与郭沫若等同路北上。到沈阳不久，冯裕芳便于1949年1月27日不幸病故，是唯一一个没能看到新政协和新中国到来的北上民主人士。中共中央东北局为他举行了隆重的追悼活动。郭沫若赋诗将冯裕芳与冯玉祥并赞：

> 等是在疆场，一死正堂堂。
> 后有冯裕芳，前有冯玉祥。
> 献身无保留，不用待协商。

历史开新页，领导要坚强。

视死咸如归，百万苦国殇。

何为学儿女，泪落沾襟裳。

死贵得其时，二冯有耿光。

不忘人民者，人民永不忘。

郭沫若和许广平前往码头时并不同路，但上列记述两人出行的文字都出现了侯外庐的名字，显然两者必有一讹。比较两段文字，尽管周海婴是当事人，但肖玫的叙述从逻辑上似更可信。

罗培元曾将第一批北上的民主人士护送上船，也参与护送第二批北上的上船工作。第二批由于人数较多，由工作人员分别护送。罗培元护送的是丘哲等人。他回忆说："我先期到他（丘哲——作者注）家把行李运出，和由我负责联系的、同船的民主人士的行李一起，送上船，人则在轮船启航之前两三点钟才上船。"

"华中轮"究竟挂的是哪个国家的国旗，当事人之间出现不同说法。钱之光等多人都说挂挪威国旗，周海婴则坚持认为挂葡萄牙国旗："因为当时在船上的连贯、宦乡两位就告诉我过，为了悬挂这幅旗帜，所付代价相当于租一趟船的费用。"当然，周海婴晚年的记忆也未必准确，因为据连贯自己回忆，"租用的是一条挪威货船"。

"华中轮"航行至台湾海峡时，也遭遇了强台风。好在船长富有应付风浪的经验，沉着指挥轮船航行，有惊无险地闯过了这一关。事后周海婴听船长说，其实最危险的还不是风浪："他说如果那晚的风力再增强一级，这船必须靠岸躲避，硬顶是绝对顶不住的。而这时我们的船正行驶在台湾岛的边缘，即是说只能靠拢到'虎口'上去。幸而半夜过后，台风转移，风浪逐渐减弱，船才得以恢复正常航行，否则结局会怎样，谁也难以预测。"此类不可预知也无法防范的风险，正是北上秘密行动最大的隐患。"华中轮"幸运地躲了过去，其他批次北上的民主人士也幸运地没有再摊上。

　　"华中轮"的乘客中不乏能诗者，而且海上长途旅行，写诗及相互唱和，大概是一种比较适宜的打发时间的方式。郭沫若自不必说，一路留下几十首诗作。在他的提议下，"华中轮"上还办起一个"波浪壁报"，"以俾诗词传阅"。在 10 天的航行中，不断有新的诗作张贴在"波浪壁报"上。马叙伦、丘哲等也不甘落后，三人频频唱和，构成了这趟旅程中的一道景致。此后北上的民主人士，如朱蕴山、彭泽民、黄炎培、柳亚子、叶圣陶、陈叔通、宋云彬、臧克家等，也都在各自所乘的船上赋诗唱和。诗言志，诗也寄情。这些船中诗作的主题，大体无非两类，或思念家人，或憧憬未来。

　　马叙伦上船后，正是出于这两种心思的萦绕，写了两首五言诗：

南来岁将晚，北去夜登程。

知妇垂泪离，闻儿索父声。

戎马怜人苦，风涛壮我行。

何来此汲汲，有凤在歧鸣。

人民争解放，血汗岂无酬。

耕者亡秦族，商人断荠头。

百郭传书定，千猷借箸筹。

群贤非易聚，庄重达神州。

　　这两首诗，前者倾诉与家人别离的思念之情，后者一改笔锋，抒发为新中国奔走的壮志。郭沫若读到马诗的当晚即奉和两首：

栖栖今圣者，万里赴鹏程。

暂远天伦乐，期平路哭声。

取材桴有所，浮海道将行。

好勇情知过，能容瑟共鸣。

揽辔澄清志，才疏苦未酬。

重遭党锢祸，终负少年头。

北伐空投策，抗倭愧运筹。

新民欣有庆，指顾定中州。

丘哲也写了一首七言诗——《十一月廿三日自香港乘轮赴东北口占留别亲友》：

愿抱澄清酬故友，拼将生死任扶倾。

关山极目风云急，剑匣长鸣起执鞭。

当中"拼将生死任扶倾"一句，一般人会理解为北上旅途的各种外在风险，这只是事情的一方面。实际情况还有另一方面：丘哲患有严重的高血压病，这是一种来自自身的隐患。丘哲上船后，果然血压上升。郭沫若还写了一首题为《血压行》的诗安慰他：

君苦高血压，我苦血压低；

高低之相悬，百度尚有奇。

想见君心忧民切，而我颠顶无如之。

请君多睡觉，尤宜寡所思。

献身为三反，努力共良时。

君不见鹤胫长凫胫短。

长者不必断，短者不必展。

一身之事听其自然，人民解放不可缓。

关于这首诗，还有一段后续故事。罗培元在半个世纪后写了这样一段回忆：

20 世纪 60 年代初郭沫若对我谈起佚诗之事，我说我在丘哲的《断金零雁》集《引夫剩稿》中见到他有一首慰丘诗是有他亲笔书写为证的。郭老说他全忘了，我念给他听，郭老说确像是他的"打油"诗。当我取出《断》集给他看时，他对自己的字却自赞不置，说现在写不到那水平了。

郭沫若和丘哲在船上同住一间客舱，因而诗词唱和更频繁和便利一些。"华中轮"过了台湾海峡，在 11 月 29 日航行至浙江宁波一带，已接近长江入海口。这一天恰好是郭沫若和丘哲共同的友人邓演达在南京汤山遇难 17 周年的日子。丘哲遥望长江口，写了一首怀念亡友的诗，当中两句为："惘惘凭栏望江口，每怀奇士则兴悲。"郭沫若步丘哲原韵，也写了一首怀念和追思邓演达的诗，当中有这样几句："当年谈笑曾相许，共扫东南民族悲。""献职〔馘〕汤山先告墓，艰难建国暗中扶。"

11 月 29 日是"华中轮"起航后的第六天。这一天行船并不顺利，郭沫若也以诗的形式作了记录。肖玫的文章记述了当天的情景：

29 日这天的船速慢得让人心焦，起初不知什么原因，后来才明白这天海上会有二级飓风，船长为避险有意滞留在宁波附近。尽管如此，飓风袭来时船体仍然险些失控，海上浪涛汹涌，风速每小时 166 公里（89 海里）。船上的民主人士面对风浪，镇定自若，令人敬佩。郭沫若的组诗《舟行阻风》记录了这幕险情。所幸飓风持续时间较短，"华中轮"奋力驶过长江口后，化险为夷，海面顿时大放光明。

许广平离开香港前买了两磅毛线带到船上，给周海婴织毛衣，这是女士消磨时光的一种常见方式。许广平在船上赶织毛衣，自有应急的一面——马上就要到天寒地冻的东北了。郭沫若从许广平母子的舱门口路过时，常看到许广平埋头编织的情景，便向周海婴要了本小册子，在上面题写一首诗：

团团毛冷线，船头日夜编。

北行日以远，线编日以短。

化作身上衣，大雪失其寒。

乃知慈母心，胜彼春晖暖。

郭沫若还在诗后写了这样一段附言：

1948年11月月杪，由香港乘"华中轮"北上，同行者十余人。广平大姊在舟中日夕为海婴织毛线衣，无一刻稍辍，急成之以备登陆时着用也。因此成章，书奉海婴世兄以为纪念。

郭沫若

11月28日

在民主人士北上的若干重要批次中，这是我们唯一没有看到有人留下日记的一批，但郭沫若一路写了几十首诗，也不失为一种历史记录。特别是《北上纪行》，由十首五言诗组成，是典型的纪事诗，从香港一直写到沈阳，每首诗一个主题。最后一句都用了"我今真解放"，突出了整个组诗的主题。无论写实还是感怀，从中不难看到和感悟郭沫若这一路的所见所闻所想：

北上夜登舟，从军万里游。

波涛失惊险，灯光看沉浮。

意逐鱼龙舞，心忘虫鹤忧。

我今真解放，何以答民麻。

破浪人三十，乘风路八千。

音机收捷报，钢笔写诗篇。

扑克投机巧，咖啡笑语喧。
我今真解放，仿佛又同年。

人海翻身日，宏涛天际来。
才欣克辽沈，又听下徐淮。
指顾中原定，绸缪新政开。
我今真解放，自愧乏长才。

八日波臣乐，难忘是石城。
涟漪青胜靛，岛屿列如屏。
锋镝域中远，云霞海上明。
我今真解放，倍觉一身轻。

卅五年前事，安东一度过。
彼时来负笈，远道去游倭。
弹指人将老，回头憾苦多。
我今真解放，矢不再蹉跎。

鸭绿江头望，烟筒浑似林。
两番罹浩劫，一旦扫阴沉。
东北人民血，春秋内外心。
我今真解放，旧迹渺难寻。

翼翼五龙背，溶溶涌沸泉。
伤痍愈战士，憔悴润莲田。
树待春光发，人期凯唱旋。
我今真解放，尘垢蜕如蝉。

百万雄师旅，浩荡入榆关。
傅阎成瓮鳖，蒋李待刀环。
战犯宣头等，政权见一斑。
我今真解放，赤裸入人寰。

革命无容赦，挖根是所期。
和平见攻势，摧毁不低眉。
三反如鼎足，新民为准规。
我今真解放，快乐何如之。

元旦开新岁，春风如沈阳。
大军威岳岳，群众喜洋洋。
凯唱争全面，秧歌扭满堂。
我今真解放，莫怪太癫狂。

→ 郭沫若《北上纪行》十首

　　这组《北上纪行》组诗，涵盖了很多内容，诸如军事进程、时局展望、解放区观感、故地感怀等，也写了航行中的感受和船上的消遣，如收听解放区广播，用钢笔作诗，打扑克，喝咖啡加欢声笑语式的闲谈……寥寥数句，"华中轮"的生活情景跃然诗中，这当然也是郭沫若的拿手绝活。

　　记录这次旅行的，除了郭沫若等人的诗歌，还有周海婴用那架"禄莱"相机拍摄的系列照片。周海婴晚年曾从中选出近百张图片，举办了一个专题摄影展。这些摄影作品中有不少摄于"华中轮"上，郭沫若、马叙伦、许广平、丘哲、陈其尤、侯外庐、沈志远等民主人士都留下了身影。登陆后，"华中轮"的乘客还拍了一张"全家福"。周海婴当时不过是一个18岁的摄影爱好者，他可能想不到，到了晚年，他的这些当初也许是随意拍摄的照片，都成了记录一段重要历史进程的珍贵史料。周海婴曾忆及给民主人士照相时的情景：

> 此时大概船已过了山东，气温渐渐下降，站在甲板上，只觉寒风阵阵，耳朵刺痛。年纪大的，纷纷棉衣上身。也有几位没有穿厚冬衣，或许耐寒力强吧。我提着照相机，许多老先生见了互相招呼，让我替他们在船上留念。

→ 周海婴拍摄的郭沫若、许广平、侯外庐（左起）

→ "华中轮"上的马叙伦、郭沫若、许广平、周海婴、
曹孟君、侯外庐（左起）

→ 周海婴拍摄的丘哲

→ "华中轮"上的宦乡、沈志远、周海婴（左起）

→ "华中轮"上的沈志远、郭沫若、侯外庐（左起）

周海婴出行前在香港买了个纪念册，一上船，他就请郭沫若写字留念。郭沫若为周海婴题写了其父鲁迅的诗句："横眉冷对千夫指，俯首甘为孺子牛。"并附言："鲁迅先生这两句诗即新民主主义人生哲学，毛周诸公均服膺之，愿与海婴世兄共同悬为座右铭，不必求远矣。"郭沫若确有不俗的政治眼光。鲁迅的这两句诗在新中国成立后被广为书写和吟诵，大概是鲁迅诗作中"使用率"最高的两句，也是最广为人知和脍炙人口的两句。

周海婴后来一直从事与无线电相关的职业，这也是他年轻时的爱好。"华中轮"上恰好有一台"国际"牌收音机，摆弄这台收音机就成了周海婴的日常工作。诸多民主人士也经常围在收音机旁，随着周海婴的摆弄，收听解放区的广播。郭沫若《北上纪行》中"音机收捷报"一句，说的就是这个场景。连贯晚年的回忆也提到："记得船正驶在黄海途中，许广平先生的公子周海婴那时还是一位十几岁的孩子，忽然从收音机里听到了沈阳解放的消息，全船为之欢跃起来。"事实上，在第二批北上的民主人士从香港启程前，沈阳已经解放。当时的战局是解放军捷报频传，连贯应该是记错了战场。淮海战役中徐州解放时，"华中轮"大概正航行在黄海一带，或许是这个消息引起的全船"欢跃"。肖玫的记述也提供了一个佐证："一天，广播里传来人民解放军于 11 月 30 日占领徐州、杜聿明集团 30 万人陷入重重包围的消息，同船老少欢欣鼓舞，在娱乐室里开了庆祝会，唱歌、跳舞、朗诵，各显身手，郭沫若也表演了节目。"周海婴是船上收听广播的直接当事人，他晚年有一段回忆：

> 每天由我开机，把频率对准到延安新华广播电台。它的开始曲很容易辨别，是一首《兄妹开荒》，只要听见"雄鸡、雄鸡，高呀高声叫……"就找对了……新华台的电力小，讯号不强却极清晰，句句可闻。每日的新闻发播时间，大家准会自动聚拢来听。由于每天都听到解放军节节胜利的好消息，大家都显得那么欢欣鼓舞，有的还计算着什么时候过长江，几年可以解放全中国。

韩练成不是民主人士，却是每天"热议"时局的一分子。除了连贯，"华中轮"上没有人知道韩练成的真实姓名，也没有人知道他的真实身份。韩练成本是身居国民党军中要职的"红色特工"，曾任国民党第四十六军军长，后因向解放军秘密提供大量关键情报，引起白崇禧等人的怀疑，只身避走香港。杨奇回忆说："经过港工委'五人小组'潘汉年、连贯等研究，认为韩练成的出走，无异于向国民党摊牌，而香港也不是安全之地，所以建议他尽快前往华北解放区。"于是韩练成就成了"华中轮"上的一个特殊乘客，化名"老张"。韩练成每天与大家一起收听解放区广播、议论战事时，显得格外内行。杨奇说：韩练成十分健谈，"从国际形势到国内战场，滔滔不绝，而且很有见地。特别是讲了不少国共打仗的秘闻，把国民党如何进攻，解放军如何回击，讲得有声有色，非常生动"。大概是被解放军节节胜利的战况感染，韩练成一时忘了自己的隐蔽身份。如此"爆料"，自然会有"自我暴露"之嫌，难免引起诸民主人士对他身份的种种猜想。

　　船上还自发地举办过几场晚会，以打发晚饭后的空闲。张罗晚会的是沈志远等人。周海婴回忆：

　　有时晚餐之后，睡觉尚早，大家并不急于回舱，这时便有沈志远、黄振声等几位较年轻又活跃的组织文娱晚会。可惜这批人里没有演艺界的成员，只配当个观众，谁也出不了节目。无奈之下，只能搞些大众化的内容不外乎唱些解放区的歌，讲些笑话。这当中，唯独许宝驹先生的京剧清唱很精彩，最受大家欢迎。他身材并不高，但嗓音洪亮，唱的是老生，"秦琼卖马"之类，韵味十足，唱了一段又一段，欲罢难休。直到他的压轴戏结束，大家才回舱休息。

　　第二批民主人士出发时，东北已全境解放。除平津等地和部分沿海岛屿外，环渤海地区解放区已连成一片。大连成为香港直航解放区的理想登陆地点。马叙伦一行原计划在大连登陆，然后前往哈尔滨。但由于原定的苏联货船"阿尔丹号"出事故，民主人士一行临时更换轮船后，又因由苏军管辖的大连港不准外国货船进港，只好继续乘坐"华中轮"航行。"华中轮"曾在王家岛海面避风，并于1948年12月3日夜在安东（今丹东）大东沟附近抛锚，次日登陆。前两年经辽宁省丹东市政协考证，登陆点应为旧浪头港上端二道沟。民主人士在锚地换乘小船在此靠岸。当时沈阳已解放，东北局机关也从哈尔滨迁至沈阳，辽东省主席刘澜波及有关负责人前往安东迎接民主人士。他们告诉客人，由于解放战争进展神速，不必去哈尔滨了，可以直接前往沈阳待命。

新沈阳的第一批贵客

民主人士一行登陆后，在安东"兵分两路"。翦伯赞、韩练成、宦乡和连贯四人前往大连，与胡绳会合，然后跨海经山东前往华北解放区。郭沫若、马叙伦等"大队人马"则乘汽车前往沈阳。

郭沫若和翦伯赞同为马克思主义历史学家，自然应该没少利用这段同船旅行的机会探讨和交流。分手时，郭沫若当场赋五律一首——《送别伯赞兄》，写在随身携带的一个小本子上，然后撕下来交给翦伯赞。据说两位当事人含泪交接，依依惜别，在场者也无不动容。诗云：

> 又是别中别，转觉更依依。
>
> 中原树桃李，木铎振旌旗。
>
> 瞬间干戈定，还看槌钰挥。
>
> 天涯原咫尺，北砚共良时。

民主人士一行在路上走了两天。此时的东北早已入冬，民主人士在香港准备的御寒棉衣也难免有所疏漏。周海婴后来在回忆中提到去沈阳途中发生在郭沫若身上的一段趣事：

→第二批北上民主人士登陆后合影

（左起：翦伯赞、马叙伦、宦乡、郭沫若、陈其尤、许广平、冯裕芳、侯外庐、许宝驹、沈志远、连贯、曹孟君、丘哲、安东时任市委书记吕其恩）

由于气温很低，中途在一家中式皮帽店停车买帽子，每位男士一顶，式样任凭个人喜爱自选，价格不同。不一会，大家挑选结束，各人头上都戴上了新帽子，而店主还在忙碌着，并向郭沫若再三表示歉意。原来这店里竟找不到他能戴的帽子。最后郭老勉强挑了一顶尺码最大的，头的顶部还套不进去，顶在头上明显高出一截。大家不由感叹郭老才学过人，原来他有个硕大的脑袋。

1948年12月6日，第二批北上的民主人士抵达沈阳，入住铁路宾馆。沈阳铁路宾馆即现在的辽宁宾馆，建于1927年，抗战胜利前名叫大和旅馆，在当时的沈阳数一数二了。沈阳在一个月前刚解放，东北局和东北行政委员会都已搬到沈阳，铁路宾馆成为东北行政委员会交际处的接待宾馆。民主人士一行便成为这里的第一拨客人。

周海婴对铁路宾馆有一段细致的描述：

宾馆才腾空不久，是俄式建筑，内部开间较大，其设施条件之好在当时该是首屈一指了。只是室内暖气太热，大约有二十七八度，我们这批江南生长的人，对于这种干燥天气的环境不适应，一个个热得脸红耳赤流鼻血，只好经常敞开气窗，放些冷湿空气进来。幸而街上也有冻梨、冻柿子卖，吃了可以去火。宾馆的客房仅有我们这十几个人，许多客房关着，说是某某、某某某将要来，需留给他们住的。还听说尚有更多的民主人士即将抵沈，大伙都翘首盼着。

第二批北上的民主人士安抵解放区后，远在香港的罗培元负责登门向各位民主人士的亲属报平安。通报到陈其尤家时，陈夫人正在病中。罗培元后来回忆："当分局要我把这好消息分头上门告他们的家人时，陈其尤夫人患病躺在沙发上，听到好消息，马上坐起，连说好消息使她的病都好了。"如此心态和体态的反弹，可见民主人士北上，家人承受了相当大的压力。

—→ 沈阳铁路宾馆

郭沫若等第二批北上的民主人士到达沈阳时，沈钧儒等第一批北上的民主人士以及朱学范、李德全、王绍鏊等还在从哈尔滨去沈阳的路上，李济深等第三批北上的民主人士仍没有离开香港。因而郭沫若一行是最早到达沈阳的民主人士。不久，沈钧儒一行和李济深一行相继来到沈阳，从而形成了一个三批从香港北上的民主人士在沈阳铁路宾馆重逢相聚的热闹局面。

一段插曲

"华中轮"上原本还应该有两位乘客，一位是沙千里，另一位是胡绳。沙千里是著名的救国会"七君子"之一，当时在香港参与民盟的工作；胡绳时任香港生活书店总编辑。两人都是中共党员，但沙千里公开参加活动的身份是民主人士。

胡绳在 1948 年 10 月接到党组织的通知，要他立即离开香港，到在华北解放区的中央宣传部报到。沙千里也接到了尽快去解放区的通知。香港分局负责安排沙千里和胡绳行程的是连贯。连贯告诉胡绳，近期将为郭沫若等一批民主人士租赁一艘苏联轮船前往大连，他和沙千里可以搭乘这艘轮船。恰在此时，原本准备运送郭沫若等民主人士的那艘"阿尔丹号"轮船出了事故，无法如期启程，而且也不知道何时能启程。胡绳和沙千里则希望尽快动身。情急之下，连贯想到了地下交通员曹达开辟的另一条路线：从韩国的仁川转到大连。胡绳称之为一个"怪招"，其实这是香港通往解放区的一条交通通道。此前，胡愈之夫妇就是通过这条路线到达大连，而后转赴华北解放区。胡绳和沙千里按照连贯的意思化装成商人从香港到达韩国仁川，但一些意料之外的事情发生了。胡绳后来回忆：

> 连贯的"怪招"是，让我们二人以商人面貌由香港到韩国的仁川。
> 当时在仁川有很多中国商人，可以利用仁川中国商人的关系，找船漂洋

过海到大连……我们走这条路，实际上不但没有加快，反而大大推迟，用了将近两个月，几乎陷在韩国汉城、仁川，无法离开。那时，香港到韩国之间有正式船运关系，但韩国和中国已解放的东北和华北各口岸之间当然没有这种关系。要从韩国的仁川港到大连只能靠私人商船。我和沙千里同志顺利地到了仁川，因为有连贯介绍的商人关系，在仁川住下来也没有问题，但是下一步找走私商船去大连却不是预料中那么容易的。简单一句话，这时已几乎没有商人敢于冒险走私，因为怕国民党兵船在海上打劫。我们在仁川寻找大连去的私人商船，费了一个多月的时间……

在等船的一个多月里，胡绳和沙千里去韩国首都汉城逛了几天，参观了韩国的故宫等景点。他们其实也没什么游兴。胡绳说："我们心中的焦急可想而知，国内正进行着壮阔的淮海战役，而我们却在参观韩国的故宫，而且还不知何时能脱身。"

后来，胡绳和沙千里总算找到了一艘走私布匹的机帆船。这艘船在韩国的仁川海关登记记录是驶往天津，它在大海中转舵开到了大连。这只是这段插曲的前奏，而正题是胡绳下面这段他称为"最可笑"的回忆：

现在回想当时的情况，最可笑的是我和沙千里搭乘的船离开仁川漂流了几天之后，却还在躲避我们自己的船！那一天，船老板告诉我们，当天晚上可以到大连，不过他发现前方左侧有一艘大船，估计这可能是国民党的船只，它正在大连附近监视。他主张今夜不要向大连靠岸，先把情况搞清楚了再说……我们当然同意船老板的主张。当夜我们的船就找了一个荒岛躲藏起来，并观察那只大船的动向。到第二天，看到大船已经移动，对我们没有什么危险，才离开荒岛，驶往大连。

胡绳他们躲避的大船，正是载有郭沫若等第二批北上民主人士的"华中轮"，而一个多月前到码头送胡绳和沙千里上船的连贯，也在这条船上。

胡绳后来写了一首诗记录这段"离奇"的经历：

> 鱼龙浩漫水无穷，一叶扁舟天地空。
>
> 荒岛繁星霄夜泊，明朝破浪到辽东。

在大连登陆后，沙千里前往沈阳，与第二批北上的民主人士在铁路宾馆会合。胡绳则与乘"华中轮"在安东一带登陆转到大连的连贯、翦伯赞、宦乡、韩练成四人会合，继续漂洋过海，经山东前往华北解放区。他们在济南度过了 1949 年元旦。到达河北省平山县后，五人分别向不同的部门报到。胡绳去了中央宣传部，韩练成去了中央社会部。翦伯赞、宦乡和连贯则去了李家庄的中央统战部。连贯后来就任中央统战部二室副主任，主任是在他之前陪同第一批民主人士北上的章汉夫。翦伯赞和宦乡虽已入党，但属于秘密党员，仍以民主人士的身份公开活动。因而他们也成为从香港北上，既进入东北解放区又到了华北解放区的民主人士。这大概可以算作这段插曲中的一个值得记一笔的收尾。

沈阳

大连

香港

"为了一件大事"——这是 1949 年元旦，李济深于乘船北上途中，在茅盾的记事本上写下的一句话。李济深等人乘坐的苏联"阿尔丹号"货轮是成批次接送民主人士从香港到解放区的第三条船。作为香港民主阵营中的旗帜性人物，李济深本该在第一批北上，却因这样或那样的情况，一再推迟行期。直到 1948 年年底，李济深才在圣诞节当日以"金蝉脱壳"的方式秘密离开香港。与李济深同船北上的，还有朱蕴山、彭泽民、章乃器、邓初民、茅盾等二十多位民主人士及随行乘客。他们到达大连港时，时间已经来到了 1949 年。

「为了一件大事」

第五章

一个焦点人物

李济深是国民党革命委员会主席，也是国共双方都在争取的政治人物。他的何去何从，必然对时局产生相当重要的影响。那么，李济深是否愿意北上，何时北上，如何北上，都是中共中央极为关注和一再提到的事情。

"五一口号"发布当天，毛泽东就致函李济深、沈钧儒，与他们商量召开新政协的一些具体事宜。这封信是潘汉年登门送到李济深公馆的。毛泽东在信中向李济深和沈钧儒提议，由民革中央、民盟中央和中共中央就召开新政协发表一个三党联合声明，"以为号召"。这足见中共中央从"五一口号"发布时起，就对李济深及其担任主席的民革在筹备和召开新政协中所起的作用和产生的影响寄予厚望。同一天，

→ 1948 年 6 月，李济深在香港的家中

中共中央还就邀请各民主党派代表来解放区协商召开新政协问题向上海局和香港分局作出指示，其中提到："首先征询李济深、沈钧儒二先生意见电告。"这个指示中提出了一份包括 29 位民主人士的邀请名单，也可称为中共中央的第一份邀请名单，李济深的名字列在第一位。

1948 年 8 月 1 日，毛泽东一一列名复电 5 月 5 日从香港联名通电给他和响应中共中央"五一口号"的 12 位民主人士，排在第一位的是李济深。9 月 20 日，中共中央致电香港分局和上海局，提出一个 77 人的邀请名单，涉及各民主党派和各个界别具有代表性的民主人士，李济深

同样列第一位。这份指示电报特别提到："国民党革命委员会如李济深能来最好。"前两批民主人士启程北上后，中共中央在1948年10月30日电示香港分局："请尽快邀请民革（李济深能来最好）。"11月5日，中共中央再电香港分局，部署和指示邀请民主人士北上事宜，在列出的15条事项中，第一条即是关于李济深的北上："民革如李济深在看到我们关于新政协诸问题的提案后，有北上意，望即电告，以便再由毛主席去电相邀。"也就是说，对李济深的北上意向，中共中央不仅高度关注，而且作了细致周全的考虑。同一电报还提到："港分局与钱之光，必须在11、12两个月，将上述各单位代表送来解放区，其中最重要者为李济深、郭沫若、马叙伦、彭泽民、李章达、马寅初、孙起孟、茅盾、张絅伯、陈嘉庚等十人。"李济深在这十位"最重要者"中，依然列第一位。从中共中央发出的一系列电文指示和措辞可见，李济深在中共中央邀请来解放区的民主人士中，是重中之重的人物，也是难以替代的人物。

国民党当局也没少在李济深身上打算盘。国民党虽然开除了李济深的党籍，但肯定不愿意看到李济深去解放区，并且千方百计地加以阻挠。

美国政府出于自身利益，也插进来一手，想利用李济深的地位和影响与中共抗衡周旋，而且先于国共两党付诸行动。全面内战爆发后，美国政府并不看好蒋介石政权，甚至料到了蒋政权的垮台。早在民革成立前的1947年夏秋之间，国内一些既反共又反蒋的右翼人士，就在美国政府的支持下，鼓动李济深组织一个国共两党之外的"第三政府"，取代蒋介石的统治。一年后，美国驻华大使司徒雷登向国务卿报告说：李济深作为代替蒋介石的新领导人出现，将会在国民党中受到广泛欢迎，"因为李济深被普遍承认是称职的行政官员，他的爱国精神和个人品格也无懈可击"。曾任国民党政府招商局局长的蔡增基还作为美国副总统华莱士的说客，到香港劝李组织新政府，替代蒋政权与中共谈判，以达到"划江而治"的目的。这个提议遭到李济深的拒绝。蔡增基去拜访李济深，是由马万祺引见的。马万祺后来回忆："任公听过蔡先生的传达之后，向他分析了当前局势。他认为中国应该统一，划江而治是将中国分裂，内战永无宁日。"李济深还对蔡增基说:"作为朋友,欢迎以后有往来,但如谈此类事,则不必来了。"

宋子文1947年10月出任广东省主席后,也开始打李济深的主意。宋子文派办实业起家的立法委员刘航琛到香港游说,请李济深出面组织一个所谓"和平统一大同盟"的组织。后来又亲往香港罗便臣道92号李济深寓所拜访。李济深的女儿李筱桐说:"宋子文是国民党内最大的亲美派,他一见我父亲就说,我当广东省主席,不是老蒋的意思,而是'老美'的意思。"宋子文希望通过李济深,疏通李的老部下张发奎、薛岳、蒋光鼐等人,并联络桂系的李宗仁、白崇禧、黄绍竑,在广州建立新政府,与中共进行和谈。李济深为了试探宋子文,提出先在广东释放政治犯,以示和谈的诚意。宋子文口头答应可以考虑,回到广东后却没了下文。

华中"剿总"司令白崇禧也想到了李济深。白曾派黄绍竑携亲笔信到香港,"敦请任公到武汉主持大计"。当黄绍竑在1949年年初带着白崇禧的亲笔信及大笔钱款飞抵香港时,李济深已于数日前动身北上,黄绍竑没有联系上李济深。但桂系并不死心,后来又托桂系派往香港工作的立法委员黄启汉给李济深带信:"尤望大驾及革委会诸公早日莅临武汉或南京,指导一切。"李济深即便当时还在香港,也不会应允桂系的邀请,因而桂系的如意算盘是注定要落空的。何况李济深已经北上,此事就更无从谈起了。

面对接二连三别有用心的游说,李济深始终未为所动,一一拒绝,坚守了一个民主人士应该坚守的立场。同时也表明,李济深虽已去职,但作为一个有重要影响的军政人物,他的何去何从,意义是非同寻常的。

李济深为什么推迟行期

李济深1885年出生在广西苍梧县一个富农家庭,幼年就读私塾,后进入梧州中西学堂读书。18岁后,入黄埔陆军中学、保定陆军大学等军校就读，毕业后留保定陆军大学任教。1920年后，李济深出任广州护法军政府粤军第一师参谋长、师长，国民革命军第四军军长等职。1926年，李济深任北伐军总参谋长，留守广东，并兼任广东省主席。

蒋介石发动四一二政变后，李济深曾追随蒋介石，在广州进行所谓"清党"活动。南昌起义时，李济深被蒋任命为国民革命军第八军总指挥，奉命堵截起义军。1929年，李济深一度被蒋介石扣留于南京，失去人身自由。九一八事变后，李济深获得自由，从此走上反蒋的道路。1933年11月20日，李济深与陈铭枢、蒋光鼐、蔡廷锴等人率领十九路军在福建发动反蒋军事政变，成立"中华共和国人民革命政府"，史称"福建事变"。不久，福建事变失败，李济深逃亡香港，组建"中华民族革命同盟"。

全面抗战爆发后，李济深任国民政府军事委员会委员，主张国共合作，一致抗日。1940年调任军事委员会桂林办公厅主任。此期间，李济深利用第三、第四、第九战区司令长官顾祝同、张发奎、薛岳都曾是其部下的便利，保护了一批共产党员和进步人士，开展抗日民主运动。后蒋介石撤销军事委员会桂林办公厅，调李济深到重庆任军事参议院院长，被李拒绝。此后李仍留在桂林进行抗日民主活动。抗战胜利后，李济深与何香凝、陈铭枢、蔡廷锴等发起成立国民党民主组织——中国国民党民主促进会。

李济深是较早到达香港的民主人士。1947年2月23日，李济深以回乡扫墓为名，在三北轮船公司老板虞顺懋的帮助下，乘坐"永生号"班轮悄悄离开上海转赴香港。2月26日，李济深抵达香港，此后一直居住在罗便臣道92号的一幢三层小楼。李济深抵达香港后，发表了反对蒋介石政权发动内战的《对时局意见》，在国统区引起强烈的社会反响。蒋介石恼羞成怒，第三次宣布开除李济深的国民党党籍，并登报通缉。李济深对此一笑置之："我所需要的不是一块招牌，我需要的是真正的'三民主义'。"1948年1月1日，中国国民党革命委员会宣布成立，李济深当选主席。

中共"五一口号"发布后,李济深作为民革主席,多次牵头组织响应"五一口号"的活动,如召集各民主党派和无党派民主人士的代表人物到寓所座谈,联名致电中共中央和毛泽东,在寓所召开讨论新政协的"双周座谈会",等等。此外,李济深还以个人名义对外界发表看法,认为新政协会议将为中国未来的联合政府奠定基础。1948年9月7日,李济深在《华商报》发表《目前时局观感》,最后一段用三个惊叹号坚定地表示:"我们有必胜的信心!我们认定任何花样,都说明美蒋之'心劳日拙'!但我们仍愿意向全国人民指出美蒋的阴谋而加紧我们结束卖国独裁政权的努力!"

1948年夏秋间,香港分局接到中共中央的电示,开始筹划组织运送民主人士北上解放区的秘密行动,李济深参与了这个行动计划的一些前期工作,甚至两次北上预备会都是在李家召开的。第一批民主人士北上的人选、行动时间和行动方案的确定,他自然了如指掌。李济深本该早日成行,最终却没有出现在第一批甚至第二批北上人士的名单中,行期一再推迟。

李济深没有先期北上的原因之一,是他自身尚在犹疑和观望。尽管李济深深得中共中央的看重和信任,但他心里清楚,他与其他一些曾经或未曾加入中共的著名民主人士有所不同,甚至与一些国民党政权中的大员也有所不同。这就是在此之前,几乎所有民主人士中的头面人物,包括蔡廷锴等,都与中共领导人有过或多或少,或深或浅的接触,哪怕是一面之缘。李济深则不仅没有和任何中共领导人有过任何来往,甚至对以往那些对不起共产党的历史"前科",也很难说彻底释怀。因而李济深不可能像沈钧儒、郭沫若、马叙伦、章伯钧等人那样,通过对中国共产党及其领导人的观察和认识,从而产生发自内心的信任和崇敬,将中国的未来和希望寄托在共产党人身上,做到说走就走。

民主人士同属一个阵营,但他们之间并非铁板一块。在响应中共"五一口号"中关于召开新政协、成立民主联合政府的号召等方面,几乎没有出现什么异议;但对于成立一个什么样的联合政府,是否接受中国共产党的领导，则一度各持己见。

"五一口号"发布后，李济深在积极响应的同时，对即将成立的联合政府的构想，仍有一些不切实际的想法，乃至对寻求美国支持抱有幻想。1948年9月10日，李济深在写给已在哈尔滨的朱学范的信中提出："此联合政府中共占重要成分，其他各党派与中共占平等地位。"李济深在信中还委托朱学范向中共提出瓦解蒋介石政权的若干具体策略。李济深在写这封信时，第一批北上的民主人士正准备动身，可见他并无即刻北上的意思。10月14日，美国驻中国大使司徒雷登致电美国国务卿，上报了这样一则信息：

李济深将军正从香港送交我一封私人信件，其内容已由我们总领馆转达。要言之，他声言一个新的联合政府将于未来数月内宣告成立，由他出任总统而毛泽东任副总统。已故之冯玉祥将军（冯玉祥适于不久前去世）会担任军队总司令。据报告，李将军要求我们将此消息转告你，并建议美国政府与蒋介石政府脱离关系并准备支持即将成立之政府。

李济深通过司徒雷登向美国政府传递的这个信息，与后来的实际情况并不相符。但李济深为求得所谓"平等"地位而寻求美国支持的用意是显而易见的。他在其他一些场合如接受记者采访等，也一再表达了对联合政府的"平等"要求。李济深的这些想法，与不久后确立的中国共产党领导的多党合作和政治协商这一基本政治制度的理念，显然并不合拍。

构成李济深犹疑和观望心态的因素，也许是复杂的和多方面的，对所谓各党派"平等"的要求只是其中之一。当然李济深很快就转变了政治立场，用北上解放区的实际行动表明了自己的政治态度。

此外，李济深推迟北上行期，还因为一些具体事情需要处理和安顿。首先就是家事。当时战争的进程、新政协召开的日程尚不完全明朗化。蔡廷锴找林一元征询北上意见时，也说有可能在解放区停留四五年。那么，李济深一旦独自北上，家里会留下一大摊子不能不顾的事情。根据李济深的女儿李筱桐和李筱薇回忆：

> 两个孩子远在美国求学，不能归来照顾亲人；时任岭南农学院院长的大儿子因李济深反蒋而遭监禁；抗日时送去参军的两个孩子，一个在杭州空军军官学校就读，已被国民党扣押当人质，另一个在成都幼年空军学校就读的也已被监视，这些远在外的亲人使他日夜挂念。而且，当时李济深夫人因生活劳累及思念一双在外的儿子重病住院，肝癌已到晚期，腹部已出现腹水，他北上就是生离死别。

及至李济深终于决定动身北上后，家事依然是他的一个后顾之忧。李济深在香港与原配周月卿、第二位夫人双秀清及多个子女共同生活，日常开支并不宽裕。李筱桐回忆：

> 我们家在香港的生活非常困难，把香港的房子出租。阳台上都是人，我和我妈妈睡，三个孩子挤在一个房间里睡上下铺，就为了把最大的房间给我爸，要留一个靠海的最好的房间作为客厅。有一次，在这房间里，父亲接受美国《时代周刊》的采访，我父亲上身穿得挺不错的，可是脚上穿的鞋，大脚趾都露出来了。《时代周刊》就把露着大脚趾的照片登出来了，这张相片美国人民看到了，我在美国的哥哥也看到了。

杨奇回忆说："到了 1948 年 12 月中旬安排第三批民主人士北上前，李济深虽然表示想早点离港，但又说家属人多，往后的生活还未安顿好。为此，方方专程上门拜访，恳谈之中，李济深透露尚差 2 万现钞安家，方方当即表示帮助，这才使他全无后顾之忧，确定在第三批北上。"

后来，李济深的家属于 1949 年 9 月从香港抵达天津塘沽，此时双秀清已病故。李筱桐回忆："上岸的时候父亲看着我们都戴黑纱，人群里我最小，当时我看起来就像三四岁的孩子，其实我已经 6 岁了。父亲特别心疼，他抱起了我，老泪纵横，我从来也没见过父亲眼睛充满泪水……"

　　家事之外，李济深在香港还负有一项特殊使命——在国民党军队中开展策反活动。此事起自 1946 年年初，李济深曾将其每年出租房子所得的 1 亿元租金拿出来作为活动经费。民革成立后，李济深认为，策反工作也是民革应起到的特殊作用之一，"民革应努力争取这些从国民党中分化出来的军政人员让他们转而为人民服务"。"五一口号"发布后，在随之而来的轰轰烈烈的香港"新政协运动"中，民革还不忘在 1948 年 6 月发布一份《告前南京国民党系统党员书》，呼吁他们立即脱离蒋介石集团，投到人民的阵营中来。李济深的女儿回忆："他在港的两年，曾发出无数的亲笔信（有的写在白绸条上），给国民党军政人员。采取其他方式接触的人，为数更多。"收到他的密信的人中，包括国民党政权中的实力派人物李宗仁、白崇禧、阎锡山、傅作义、程潜等。李济深赞同中共中央组织民主人士北上的决策，同时又认为，军事策反是推翻蒋介石政权的一项当务之急的工作，也是推动和促进新政协召开、成立民主联合政府的一项必要和重要的工作。因而尽管中共中央一再催促他北上，他都以"瓦解蒋军工作为重""在国民党将领纷纷与他联系之际……期待有所作为"等为由推迟行期。大量事实也表明，李济深和民革所做的策反工作，确实收到了实效。

　　李济深的这些策反活动，必然引起蒋介石政权的忌恨，并伺机报复，以致他在香港的处境越来越危险。不仅中共中央多次催促李济深北上，民革的一些领导人也劝他早日离开香港，何香凝就曾对他说"还是早走得好"。何香凝还告诉李济深，周恩来对李在桂林主政时对中共提供的帮助念念不忘。这也从侧面起到了打消李济深某些顾虑的作用。当然在李济深周围，劝阻他北上的也大有人在。例如有人向他进言："千万不要去解放区，否则易进难出，身不由己。"

　　到了 1948 年冬天，不论战争形势还是个人处境，都使李济深的北上日益迫在眉睫。李济深的女儿回忆："1948 年底，李济深决定结束他在香港的活动，接受中共中央和毛主席的多次邀请，离港北上。"

圣诞节上演"金蝉脱壳"

李济深的北上，无疑是整个北上行动中的一场重头戏。

当时的李济深，正处于国民党特务和港英当局的"双管"监控下，安全出走的难度要大于此前北上的所有民主人士。事实上，沈钧儒等第一批北上的民主人士抵达哈尔滨后，香港的媒体即刊登出相关消息，这无形中也增加了李济深北上的敏感度。国民党保密局和港英当局都加强了对李济深的监视，国民党当局甚至有派特务在香港暗杀他的打算。

李济深决定北上后，如何安全地送他离港，就成为中共香港分局和"五人小组"面对的一个伤脑筋的难题。李济深在罗便臣道的寓所位于香港中环半山区，港英政府政治部的华人买办黄翠微在马路对面租了一层楼房，派多名特工人员守在那里，24小时轮流值班，名为"保护"，实则严密监视。李济深的女儿回忆："在我们家的周围，随时都有港英当局的警察，还有国民党的特务在监视，在我家楼对面的一个旧库里，国民党的特务时时刻刻监视我们。在门口，有香港雇佣的印度籍警察走来走去。""五人小组"根据李家的情况和出行时间，经过反复研究，为李济深设计了一个利用圣诞节"金蝉脱壳"的出走计划。这个计划的主要执行者，便是时为《华商报》经理的杨奇。

李济深出走前三天，即1948年12月23日，"五人小组"成员潘汉年和饶彰风约杨奇到皇后大道中华百货公司的寰翠阁咖啡厅碰面。饶彰风向杨奇详细介绍了接送方案，并要杨奇牢记时间、地点和程序。潘汉年则再三叮嘱杨奇：

→ 2017年4月，95岁高龄的杨奇老人接受笔者采访

不能有任何闪失。杨奇晚年在撰写回忆文章和接受采访时，多次提到他参与护送李济深上船的经过。2017年4月，已95岁高龄的杨奇老人在广州又一次向笔者讲述了他亲历并执行李济深出走计划的整个过程，也就是"金蝉脱壳"这一幕的剧情。

杨奇接受任务后，花120港元买了一件英国制造的燕子牌"干湿裱"，把自己打扮成一个采购货物的"小开"，出入乘坐"的士"，还时不时从后窗留意有无小车跟踪。

1948年圣诞节，香港按惯例放假三天。12月24日平安夜，杨奇赶到跑马地凤辉台一位朋友家里。此前"五人小组"成员饶彰风以及吴荻舟等已将李济深离开香港时所带的行李（两个皮箱），暂存这位朋友家。杨奇从朋友家提取出这两个皮箱，作为自己的行李，带到湾仔海旁的六国饭店，租了一个房间住下。

两天后，即12月26日晚上，香港太平山仍然沉浸在节日的气氛中。李济深这天晚上在寓所大宴宾客。罗便臣道92号李公馆灯火通明，热闹异常，宾主谈笑甚欢，一切都无异于李济深平时的习惯。此时的李济深身穿一件小夹袄，外衣则挂在墙角的衣架上。这一切，都被李宅对面的几个持望远镜的特工看得一清二楚，他们也就放松警惕，安心享用自己的晚餐去了。特工们没有料到，晚宴开始不久，李济深离席去洗手间，随即悄悄出了家门，步行至距寓所20米远的地方，而杨奇乘坐华商报社董事长邓文钊的小轿车也刚好依照约定时间到达。李济深迅速上了车，直奔坚尼地道126号被称为"红屋"的邓文钊寓所。方方、潘汉年、饶彰风等中共香港分局负责人早已在此等候，与李济深同船北上的民革成员朱蕴山、吴茂荪、梅龚彬、李民欣均已到达，何香凝老人和陈此生也来送行。这时，为李济深饯行的晚宴才真正开始，大家济济一堂，纵论时局，展望国事。

晚9点过后，杨奇这个"小老板"起身向主人告辞，先行回到六国饭店打点一切。杨奇看到岸边和海面平静如常，便通知服务台结账退房，由侍应生将行李搬到他雇用的小汽船上；与此同时，杨奇打电话到邓文

钊家，按照约定的暗语通知饶彰风："货物已经照单买齐了。"于是，饶
彰风借用邓文钊的两辆轿车，将李济深等五位"大老板"送到六国饭店
对面停泊小汽船的岸边。此时，另一位参与执行任务的周而复负责接送
的彭泽民等三位民主人士也按时来到。会合之后，杨奇和周而复便引领
他们沿着岸边的石级走下小汽船，朝停泊在维多利亚港内的"阿尔丹号"
货船驶去……

　　李济深一行上了"阿尔丹号"货轮，看到章乃器、茅盾、邓初民、
施复亮等十多人已由其他护送人员陪同先行到来，甚为快慰。船长和海
员们都非常热情，李济深、朱蕴山等被安顿在船长卧室，其余人士也分
别住进船上条件较好的海员房间。

　　李济深的"金蝉脱壳"计划中还有一个环节，杨奇没有提到，但它
与李济深12月26日晚上的秘密出走形成一环扣一环的密不可分的链条。
李济深为转移港英当局的注意力，事先约请港英政府的华人买办黄翠微
27日到自己的寓所吃饭。李济深请客的时间定在27日晚上，黄翠微自
然不会想到他在此前离开香港。李济深的儿子李沛金后来回忆：

　　　　27日傍晚，黄翠微携夫人带了一些罐头食品作为礼物来赴宴。父亲
　　的三个密友舒宗鎏、叶少华、吕方子受邀出席宴会，表面上是陪同赴宴
　　的客人。然而，父亲早已不在家，他已于前一天晚上午夜时分登上了苏
　　联货轮。在父亲的寓所里，黄翠微被告知父亲去看牙医了。到了晚上6
　　点钟，父亲还没有出现。到了晚上7点钟，当然，父亲还是没有出现。
　　叶少华和舒宗鎏说父亲可能还有别的事要做，他们最好还是开始就餐吧。
　　到了晚上8点钟，黄翠微满怀疑惑、焦虑地离开了。

　　李济深在当天日记中所记，与杨奇后来的回忆大体吻合："晚上到邓
文钊家晚膳。十时，分车各行。陈此生与月卿同车回家。我则同行人到
六国饭店附近上小电艇，驶开'昂船舟'附近，海面上一货船，为苏联船，
到时已有章乃器、茅盾、彭老（即彭泽民——作者注）、邓老（即邓初民——

作者注）、施复亮、洪深等先生在船上矣。"

华润公司董事长钱之光也是李济深一行北上的当事人和知情者。他晚年的回忆提到一个李济深和杨奇都没有提到的细节：

当时要直接上苏联的货船，也是易于惹人注目的。为了掩人耳目，他们还带了酒菜，装着泛舟游览的样子，乘着小船在水面上游弋于外轮之间，一个多小时后才靠拢要上的苏联货船。上船后，李济深看到船上的熟人很多，有点惊异，我们特地把他和朱蕴山、李民欣安排在船长室，让他们不露面，以避免海关检查。

"阿尔丹号"货轮的乘客照例化装并改变了身份。钱之光回忆："这一次走的人，有的西装革履，扮成经理模样；有的则是长袍马褂或普通衣着，装成商人，当作坐船到东北做生意的，所以口袋里还装一套货单。大家并事先准备了一套话，以便应付检查。"李济深也在日记中写道："晚上为避检查，十二人当作货主，七老人，二女人，坐于靠近机器房之一房间。"

李济深上船后"坐了一夜，不寝"。这一宿他"三次出船傍，望罗便臣道的家，依稀莫辨，不无惆怅"。李济深这种含有离愁的心态多时挥之不去，开船的第二天，他还"二度梦家"。

从钱之光的回忆可见，中共方面对此次秘密行动的周密布置，并不限于李济深本人的"金蝉脱壳"。事实上，组织者在李济深之外，还对通过其他路线上船的民主人士也同样做了缜密安排。整个行动过程确如潘汉年向杨奇再三强调的那样——没有出现任何闪失。所有参与这个秘密行动的人，都为李济深一行能否顺利出行捏了一把汗。当时的"五人小组"成员夏衍后来回忆，他们整整一晚上都十分紧张地在一家旅馆守着一部电话机听消息，"直到听到'船开了，货放在大副房间里，英姑娘没有来送行'这个谜语一般的电话，才松了一口气"。

舟中杂谈与杂记

1948 年 12 月 27 日一早，"阿尔丹号"货轮离开香港。李济深记下了出行时的情景："晨七时领港人上船，又紧张了一度。船出口自西南经玛丽医院西南行，并认出廖恩德之家焉。一直俟出尽口，不见有山，始得外出舷行。"

第三批北上的民主人士在人数上超过了前两批。茅盾随身带了一个记事的手册，请同船人士题名留作纪念。在这个本子上签名的除李济深外，还有朱蕴山、茅盾、梅龚彬、邓初民、龚饮冰、吴茂荪、彭泽民、章乃器、洪深、施复亮、孙起孟、李民欣、卢绪章、王一知、魏振东、徐明、董晨、李海、徐德明。其中，后来参与接管上海的卢绪章和龚饮冰作为中共随行人员，陪同李济深一行北上。茅盾夫人孔德沚以及受华润公司派遣、参与护送李济深一行北上的李嘉人没有在上面签名。

李济深与朱蕴山、李民欣被安排在船长室。他在当天的日记中写道："船出口后，船位分定，余与泽霖、蕴山同住船主房，内有二床位，加一帆布床，即行睡卧。"这显然是一种破例的待遇。

朱蕴山长期随李济深工作，或许是出于对此行前景的向往，上船后，他即兴赋七律一首——《夜出港口》：

环海早无干净土，百年阶级怆同仇。

神州解放从今始，风雨难忘共一周。

中山事业付殷顽，豺狼纵横局已残。

一页展开新历史，天旋地转望延安。

朱蕴山，1887 年 9 月 18 日出生于安徽省六安县嵩寮崖，5 岁入私塾。1906 年考入徐锡麟主持的安徽巡警学堂，并经徐锡麟介绍加入光复会，走上革命之路。1908 年，朱蕴山加入孙中山领导的同盟会，投身民主革命的大潮。辛亥革命后，朱蕴山参加了"倒袁"运动和新文化运动，并出席1924年1月在广州召开的中国国民党第一次全国代表大会。次年，朱蕴山经陈延年批准加入中国共产党。

1927年，朱蕴山参加南昌起义。起义失败后脱离共产党，但继续参加并推动反蒋斗争。1934年7月，朱蕴山与李济深、陈铭枢、蔡廷锴、蒋光鼐、冯玉祥等在香港发起成立中华民族革命大同盟，响应中共建立抗日民族统一战线的号召。

七七事变后，朱蕴山向第五战区司令长官兼安徽省主席李宗仁提出组织安徽省民众动员委员会的建议，得到李宗仁的支持。后到时任国民党中央战地党政委员会副主任委员的李济深身边工作。李济深就职军事委员会桂林办公厅主任时，朱蕴山随李赴桂林。中国民主政团同盟成立后，朱蕴山任常务委员。

抗战胜利后，朱蕴山于1947年7月从上海到达香港，协助李济深参与民革的筹备，做了大量工作。柳亚子到香港后，对李济深出任民革主席一度持异议，对谭平山也有些成见。朱蕴山多次做柳亚子的工作。柳是诗人，朱便以诗相劝。当时在香港与朱蕴山共事的张克明回忆："朱蕴老与谭平山、柳亚子的私交是很厚的，他们对李济深也是私交很厚的，尽管他们的政治目的相同，可是诗人、军人、政治活动家的看法、想法、做法总是有差异的，有时，也可能引起某些不愉快。要沟通思想，消除私见，这份工作就落在朱蕴老身上了。在朱蕴老的说服调停下，同志之间，和好如初，团结得更亲密了。"民革成立后，朱蕴山被选为民革常委兼组织部部长，并暂时代理冯玉祥的政治委员会主任一职。

从朱蕴山的这些履历可见，他自抗战时起便追随李济深，深得信任和器重。他与李济深同船北上，显然是事先商定的事情。李济深登船后，如钱之光所说，遇见不少意想不到的熟人，朱蕴山却是与李济深一同在邓文钊家用餐后步行到六国饭店附近码头的。朱蕴山一路上写了三首旧体诗，结为《赴东北解放区舟中杂写》。

"阿尔丹号"货轮驶离香港后，虽然没有像前两批民主人士北上时那样在台湾海峡遭遇强台风，但航行也谈不上顺畅。行至台湾海峡时，朱蕴山写下他此行的第二首诗——《过台湾海峡》："台北台南浪花汹，衣带盈盈一水通。寇去哪堪重陷落，海天恨望郑成功。"轮船在这一带行驶缓慢，李济深日记屡有"船行甚慢，每小时三浬，三日二百余浬""船每小时行二浬而已。因船老遇顶头风，船身倾侧，舵入水不深，推进无力故也""日走不过百浬"等记录。

船上的民主人士多为年纪在五六十岁以上的名流，因而打发时间的一项主要活动，是各自讲一段自己的经历。李济深理所当然地被推举打头阵，他便"将粤军第一师及国民党改组后与蒋3月20日事变一切，杂说了一顿"。此后，还介绍了自己求学、从军、北伐、反蒋等方面的经历。彭泽民、邓初民、洪深、朱蕴山、李民欣、茅盾也讲了各自经历过并值得一说的故事。李济深在日记中都作了笔录：

> 彭泽民先生讲说兴中会、同盟会的成立与南洋吉隆坡革命会成立经过与发展，及辛亥后国民党之腐化，孙先生另组中华革命党情形，到后更组中国国民党；后蒋介石叛党，宁汉分裂，汪［精卫］动摇，后被汪开除党籍情形。

> 邓初民讲述家庭贫苦及修学经过，只在高小毕业，后到日本挂名法政大学。回国在家二年，后到山西教国文二年。到汉后，参加革命，任土豪劣绅审判委员长及汉口市党部委员。后到上海，到粤任教，到桂任教，任政治部设计委员。

> 洪深先生谈其去美，任南洋烟草公司英文秘书及对外购料事的经过。后简照南死，辞该公司事，去复旦大学任教几十年。

> 朱蕴山兄谈其祖参加太平天国革命……朱参加徐锡麟刺恩铭，在其所办之警官学校。原来徐在东京已加入同盟会，与黄约同在长江起义。刺恩铭后，即攻军械库，库中军火不能用。后受余大鸿围攻，三日无救兵至，徐不屈死之。

> 后得孙夫人、邓择生（即邓演达——作者注）及陈友仁函（从欧洲来函——作者注）组中华革命党，后改行动委员会。择生被捕后，［第

三党无人主持，因之停顿。伯钧后改为农工民主党，故未参加。本人一本国民党改组精神与共合作，始终如一。

李泽霖（即李民欣——作者注）谈民国二年二次革命经过，因第一师及第五旅官兵受袁世凯派梁士诒及黄士龙运动，均不革命而反革命。又因陈炯明先将北伐军姚雨平部解散，故军中有人怨恨，炮兵发难，即因此故。其实革命过程屈［曲］折，中国数千年封建意识深入人心，而领导革命的党人，仍在所不免有妥协，认识不够，故缺乏革命性，失败必然也。

这个以"忆往"为主题的杂谈活动始于开船两三天后，一直持续到轮船靠岸的前一天，差不多贯穿这次航行的始终。按李济深所记，最后一个发言的是作家茅盾。

茅盾本名沈雁冰，1896 年 7 月出生于浙江省桐乡县乌镇一个书香世家。1910 年考入湖州府中学堂，后转入杭州安定中学。1913 年，茅盾考入北京大学预科一类（文科）。毕业后因家中经济困难，没有继续就读。经友人介绍，茅盾进入商务印书馆编译所，任文学编辑，从此开始了文学创作生涯。1921 年 1 月，茅盾与郑振铎、叶圣陶、周作人等共同发起成立中国新文学史上第一个重要文学社团——文学研究会。此后主持改革《小说月报》，汇集了五四时期一批以现实主义流派为主的重要作家。

1920 年 7 月，茅盾经李汉俊介绍加入上海共产主义小组，次年转为中共正式党员。第一次国共合作时期，茅盾出席了在广州召开的国民党第二次全国代表大会，会后留任国民党中宣部秘书。在毛泽东担任国民党中宣部代理部长时，茅盾代理部务。北伐军占领武汉后，茅盾前往武汉，任中央军事学校政治教官等职，并主编《民国日报》。

大革命失败后，茅盾在前往参加南昌起义途中受困于庐山牯岭，后潜回上海，与中共党组织失去联系。此后开始以茅盾为笔名创作小说。此期间一度去日本养病。1930 年茅盾加入"左联"，1933 年出版在中国现代文学史上产生重要影响的长篇小说《子夜》。

全面抗战爆发后，茅盾曾去香港主编《文艺阵地》。后前往新疆，1939年3月到达乌鲁木齐，任新疆学院教育系主任等职。1940年春天离开新疆。新疆之行虽不过一年，却给茅盾留下了深刻印记。他后来在重庆创作的脍炙人口的散文《白杨礼赞》，即取自离开新疆时路上所见。

离开新疆后，茅盾在1940年5月到达延安。在延安，毛泽东对茅盾说："鲁艺需要一面旗帜，你去当这面旗帜吧。"茅盾笑道："旗帜我不够资格，搬去住我乐意，因为我是搞文学的。"茅盾在延安停留了半年，给鲁艺的学生讲授"中国市民文学概论"。后来在周恩来邀请下，他离开延安前往重庆，担任文化工作委员会常务委员，活跃于进步文化界。抗战胜利后，茅盾回到上海，不久应邀访问苏联，出版了《苏联见闻录》和《杂谈苏联》。1947年底，茅盾经上海地下党组织安排秘密前往香港从事民主活动，并担任《文汇报·文艺周刊》主编。

在船上，茅盾所谈的，正是他西行期间所认识的盛世才以及盛统治下的新疆。李济深在日记中对他人的谈话只记个梗概，对自己的谈话也不过如此，但对茅盾的口述则用了很多笔墨，记下很多细节和实质性内容。茅盾的口才并不出众，但在李济深看来，茅盾的谈话不仅内容精彩，而且确有价值，称得上是一场"压轴戏"。李济深的记录如下：

> 茅盾先生谈到新疆经过及杜重远先生获咎之因。云因杜与盛世才不但为同乡，且有金兰之谊。杜任新疆学院院长，因沈先生临时组织了一个话剧队，借用了新疆学院学生数人参加演出，极得好评。某次开会，杜有话剧队出尽风头之语，因之盛世才以为杜不忠于己。杜因腿有关节病，请假，盛又以为杜故意。后竟出言谓杜如何不忠实。杜得闻知，因上了万言书，语多愤激；不报。又上书自云前书一时冲动，请原谅，亦不报。只得辞学院职，盛许之。后杜请离新，不报。适有飞机东行，盛马弁告（杜）云，盛督办说你要离新，明日有机东行，请即行。杜答以时间过促，实际盛或未有真意准杜行也。深知盛忌刻特甚，故十分警惕。托故母老，拟往沪一省视，久未有交通工具。后以母去世故，友人来电告知，即在

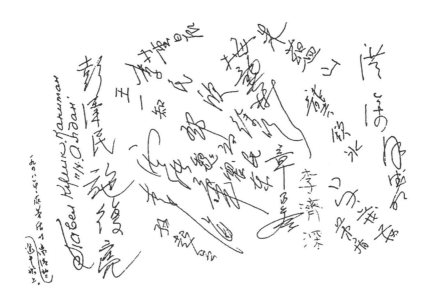

→ 民主人士集体签名留念

→ 此行部分成员
（从左到右、从上到下依次为李济深、朱蕴山、沈雁冰、梅龚彬、邓初民、吴茂荪、彭泽民、章乃器、洪深、施复亮、
孙起孟、李民欣）

新开吊。吊后，仍请盛许假回籍料理家人；得许，乘机返重庆。后闻盛将杜扣留，且以严刑逼供为与汪精卫有关，派来新工作者。迫盛以苏被德攻击，节节东退，以为苏失败，遂反共反苏，因又刑迫杜改供为中共主使来新工作者云云。总之，盛人极忌刻残忍，与其工作者即干部，分三套：甲套得势时，即使乙套人秘密侦查其行动。乙套人为求有工作能力，多方撷拾甲套人过失报盛，因之甲套人次第入狱被杀，乙套人重用。然而有丙套人侦探乙套人如故，因之乙套人亦如甲覆辙，故在盛处任事之人，不到两年，必遭祸害。闻盛治新疆杀戮人至六万多。其亲胞弟较进步，当其反苏反共时，即将其弟枪杀，因而立即使人杀其弟妇，云其弟为弟妇所杀，故杀之云云。是其人残酷可知。盛投蒋后，曾献金六万两云。后盛下台到重庆，开党代表大会，有不少人在会场攻击盛杀戮无辜，应处以罪，而蒋竟为之掩护，云盛以比浙江大三倍之土地及黄金六万两献中央为有大功云。

船上多位民主人士的杂谈，若还原并流传至今，都是珍贵的文史资料，甚至构成了中国近现代史的某些章节，足以填补某些学术研究的空白。可惜李济深所记过于简略，这些史料没有被完整地笔录并保存下来，这不能不说是一种"缺憾"。

"阿尔丹号"货船驶过舟山群岛时，即将迎来 1949 年元旦。当夜，船上聚餐"守岁"。李济深记："31 日晚 10 时后聚餐。将各人所有食物取出，请船主及船员一律同席。菜有鱼子、腊鸭、牛肉、沙律、饺子、水果等，甚盛也。"彭泽民以当夜为"除夕"，赋诗一首《戊子除夕在舟行中》：

> 航行三日逢除夕，客思悠悠薄送年。
> 海面狂涛姑且渡，春风将近到吾船。

第二天，即 1949 年元旦，李济深应茅盾请求，在他的那本手册上写下这样一段新年献词：

同舟共濟。
一心一意。
為了一件大事。
一件為着參與共同建立
但獨立民主和平統一康
樂的新中國的大事。
同舟共濟。恭喜恭喜。
一心一意。來做一件大事。
前進，前進。
努力，努力。

公曆一九四九年元旦在北行
船中

茅盾先生囑寫　李濟深

1949 年元旦，李济深题写的"新年献词"

同舟共济。一心一意。为了一件大事。一件为着参与共同建立一个独立、民主、和平、统一、康乐的新中国的大事。同舟共济。恭喜恭喜。一心一意。来做一件大事。前进，前进。努力，努力。

无论是李济深的元旦题词，还是彭泽民的诗句"春风将近到吾船"、朱蕴山的诗句"一页展开新历史"，都能让人真切感到他们对即将到来的新的时代的憧憬和向往。这也是民主人士的共同心声。茅盾说："李任公这段话道出了我们共同的心愿。"

李济深在离开香港前，还另外写过一个新年献词，取名《团结建国》，交给《华商报》于 1949 年 1 月 1 日发表。开篇一段是这样写的：

人民革命已获得决定性的胜利，中华民国的第三十八年，全国同胞必然走尽了黑暗的历程，而踏进了光明的大道。因而我们是以空前的兴奋与愉快来迎接这一元旦的。一切民主阵线的朋友，爱国的人士，到今天，应该各个准备以其知识能力，为建立一个民族独立、民主自由、民生幸福的新中国而奋斗。

李济深在这篇新年献词中还提到："最近的将来，包括各民主党派、各人民团体和无党无派的民主人士的新政协一定召开，从而订一个照顾各阶层利益，促进各阶层合作的共同纲领，全国同胞就在这一共同纲领下埋头苦干，努力建国。"这也是李济深这次克服种种困难、排除重重阻碍毅然北上的动力所在。

在海上长途航行，难免遇到风浪以及其他麻烦。李济深一行的生活大体是安稳的。此状况对于这个以中老年人为主的团队来说，已属相当不易。李济深在 1 月 3 日的日记里罗列了一天的起居，可以作为他们此行的日常生活的缩影：

一、晨起，风浪极大，前夜船主已将桌上各物收置停妥，而朝来在架上之装药小瓶、日记簿等均落地上，昨夜风浪之大可知。

二、因浪大，整日未起下餐室食饭，不想食故。徐君将饼干一纸盒、水果六枚送来，各人小食饼干水果而已。

三、下午七时许，催食饭，朱先行，我亦勉起床下餐室，勉食烤面包二三片，猪排一块，大头菜几片。

四、食后玩勃里奇纸牌二小时，十时睡。

五、据船伙伴老李云，因风浪大，船每小时行二海浬而已。因船老遇顶头风，船身倾侧，舵入水不深，推进无力故也。

六、晚上，渴甚，因饭后得水果一枚，想食之，香如甘露也。

船抵大连港

李济深的秘密离港，在香港掀起一场不小的波澜。他走后没几天，消息传递出去，立刻引起香港各界的反应。香港当局的政治部主任亲自找到民革的副秘书长吕集义，责问说：李济深先生的安全，我们是要负责的。他走了，你们为何事先不告诉我们？这样一个有影响的人离开香港，连我们都不知道，叫我们怎样交代？香港《大公报》1949年1月4日登了这么一则消息："美联社香港3日讯：据可靠人士告本报记者：李济深已离港赴华北中共区。据说……经北韩赴哈尔滨。这是以前北上开新政协的其他民主人士所采取的途径。"钱之光回忆说："李离港之所以被发现，是因为人家去找他，问他对蒋总统元旦文告有什么批评。于是香港的空气顿时紧张起来。事情又很不凑巧，这趟船航行不太顺利。启航后的第十天，船还没有到大连。我们都十分着急，通过苏联办事机构，才知道船到青岛海面时遇到逆风，加上坏了一个引擎，每小时只能走六浬。一连几天，我们焦急不安，直到轮船过了青岛海域才放心。"

经过12天航行，"阿尔丹号"货轮于1949年1月7日抵达大连港。东北局负责人李富春、张闻天，民革代表朱学范，大连市委负责人欧阳钦、

→ 大连码头旧照

韩光、李一氓等齐集码头迎接李济深一行。李富春、张闻天和朱学范是专程从沈阳赶来的。张闻天是茅盾的弟弟沈泽民的同学，和茅盾自年轻时便相识。1940年，茅盾与张闻天曾在延安相会。这是时隔近十年后的重逢。茅盾晚年记录了这个场面：

1949年元月7日，轮船驶进了大连港。大家蜂拥到甲板上贪婪地眺望着这片神圣的自由的土地。啊，我们来到了！我们终于胜利地来到了！

码头上欢迎的人群中，我看见了张闻天顾长的身影，他正挥舞着双手在向我们致意！

登陆大连后，朱蕴山写下他此行的第三首诗——《到大连》：

解放声中到大连，自由乐土话翩翩。

狼烟净扫疮痍复，回首分明两地天。

李济深当天在日记中对大连方面的接待活动作了一个流水账式的记录：

一、早八时，船舶大连港，而中共已有代表多人在码头迎接。朱学范同志亦由沈阳来接船。

二、登陆后，即入大连最大的苏联人所开之大酒店。进点心后即请午宴，地点在关东酒楼，席为宴席，极其丰盛也。

三、日间去大连市市场买了皮鞋一对（一万二千五百元关东券），约合港币四十余元。

四、晚请在火车头俱乐部观苏联海军歌舞团跳舞、唱歌。唱舞，大致不错也。

五、十余日不洗澡，旅店房内有浴缸，洗了一次澡，甚清爽。

　　李济深所谓"大连最大苏联人所开之大酒店"，指大连大和旅馆，即今天的大连宾馆。它原是一家日本人开的连锁高档酒店，沈阳、长春、哈尔滨等东北地区的大城市都有大和旅馆；"进点心后即请午餐"，指李富春以中共中央的名义在关东酒楼（今大连饭店）举行隆重的欢迎宴会，为民主人士一行接风洗尘，这也是周恩来事先亲自去电交代和安排的；"晚请在火车头俱乐部（今大连铁路文化宫——作者注）观看苏联海军歌舞团跳舞、唱歌"，是指驻大连苏军负责人当天下午请李济深一行到其司令部作客，适逢苏联海军歌舞团在大连劳军，便请民主人士一同观看。

　　此前，周恩来亲电东北局社会部副部长冯铉和大连中华贸易总公司负责人刘昂，就接待李济深一行作出具体部署。刘昂他们按照指示，在大连市委协助下一一予以落实：与苏联驻大连的有关部门交涉，协调轮船在大连港靠岸；安排最好的旅馆，民主党派负责人住单间，确保安全；举行欢迎宴会（周恩来具体指定了座位席次）；准备好皮大衣、皮帽子、皮靴等御寒衣物。

　　民主人士对大连方面的热情接待颇多感慨。刘昂回忆："他们收到这些物品，十分感动，有的人要付款。我们解释说：解放区实行供给制，衣帽鞋都是送的，这是周恩来同志指示我们办的。他们连声说：恩来先生想得真周到，吃穿住行都给我们安排这样好，真是太感谢了。"

　　李济深一行在大连停留三天，期间游览了市区，参观了工厂，后乘专列前往沈阳。中共方面的随行人员龚饮冰和卢绪章没有随民主人士去沈阳，而是在大连住了一段时间，经天津前往华北解放区。

　　李济深一行于1949年1月10日抵达沈阳，在沈阳铁路宾馆与沈钧儒、郭沫若等前两批从香港北上的民主人士重逢。李济深到沈阳后，拜会了中共中央东北局负责人高岗，看望了冯玉祥夫人李德全，并与谭平山、蔡廷锴、朱学范等民革领导人进行了深入交谈。1949年1月12日，李济深从沈阳致电毛泽东、周恩来："贵党领导中国革命，路线正确，措施允当，洽符全国人民大众之需要，乃获今日伟大之成就，无比钦佩。济

→ 李济深等民主人士下榻的大和旅馆

→ 大连关东酒楼内景

——民主人士观看苏联海军歌舞团演出的大连火车头俱乐部

深当秉承中山先生遗志，勉尽绵薄，为争取中国革命之彻底胜利而努力。"毛泽东、周恩来当晚即复电李济深："先生来电诵悉，极感盛意。北平解放在即，晤教非远，诸容面叙。"

至此，从香港北上的前三批民主人士共聚沈阳铁路宾馆，开始了一段并肩为新政协和新中国呐喊、努力、奔走的难忘时光。

李济深将北上解放区视作"为了一件大事"。事实上，李济深的离港北上，本身也是一件意义非同寻常的大事。有学者指出："李济深的北上，其意义不只是他本人积极参加新政协筹备，而且代表了在国民党内的民主派，从此与蒋介石分道扬镳，彻底决裂。从这个意义上说，李济深北上，是中国共产党团结一切民主力量的重大胜利。"

北平

天津

烟台

香港

1949 年年初，平津战役结束后，新政协召开的地点越来越指向刚刚解放的北平。当时，开通香港到天津的直航，再由天津前往北平，成为护送民主人士北上最便捷的路线考虑。但在天津登陆面临内外两重困难。一方面，天津解放时，天津港遭受了严重破坏，不但港口设施被毁，航道也布满了水雷，亟待修复和清理。另一方面，扼守进出渤海的长山列岛要塞仍然控制在国民党军队手中，国民党舰队也牢牢控制着渤海、黄海附近的制海权。作为进出北平最便捷的港口天津港，来往船只的动向势必被国民党严密监视、封锁，此时冒险直航天津危险很大。烟台已于 1948 年 10 月第二次解放，这为从海上进入解放区提供了条件。中共党组织随即开辟了一条从烟台登陆、经山东交通线前往华北解放区的新路线。当中最著名，也最有故事的一批，是 1949 年 2 月最后一天成行的"知北游"。

「知北游」

"华中轮"再起航

1949 年 2 月 28 日，香港的气温在 24 摄氏度上下，是一个暖洋洋的春日。当天中午，"知北游"一行乘坐挂葡萄牙国旗的"华中轮"离开香港，驶向北方。

"华中轮"并不是第一次送民主人士北上。三个月前，它曾将郭沫若、马叙伦、许广平等十余人载往东北解放区。但此行与那一次比，乘客人数翻了近一倍，而且海陆并举，登陆后又走了十多天，显得更热闹，更有滋有味，更具戏剧性。乘客叶圣陶在开船次日的晚会上出了个谜语，谜面为"我们一批人乘此轮赶路"，打《庄子》一篇名。另一位乘客宋云彬猜中谜底，是为《知北游》。叶圣陶当天在日记中写道："'知'，盖指知识分子之简称也。"

与之前各批北上的阵容相比，"知北游"一行是相对"庞大"的一队。叶圣陶在日记中说："历次载运北上之人，以此次为最多。"宋云彬、徐铸成和刘尊棋都在日记或回忆文字中记为"二十余人"；叶圣陶所记"总计男女老幼 27 人"，可谓精确。宋云彬后来在一次船中座谈会上担任记录，将同行者一一列名："出席者陈叔通、王芸生、马寅初、包达三、傅彬然、张絅伯、赵超构、柳亚子、徐铸成、曹禺、郑佩宜、郑振铎、郭绣莹、冯光灌、叶圣陶、邓裕志、胡墨林、刘尊棋、沈体兰、张志让，吴全衡及余凡 22 人。此次同舟者仅郑振铎之女公子郑小箴、曹禺夫人方瑞及包小姐未出席耳。"这几乎是一个完整名单，但与叶圣陶"总计男女老幼 27 人"的说法尚有出入。查叶圣陶日记，有"吴全衡携其二子"的记载。吴全衡时年 31 岁，两个孩子尚幼，故为宋云彬忽略，叶所谓"男女老幼"之"幼"，显然也是指这两个孩子。

→ "知北游"部分成员

（从左到右、从上到下依次为柳亚子、陈叔通、马寅初、叶圣陶、郑振铎、宋云彬、包达三、张絅伯、曹禺、徐铸成、张志让、刘尊棋、沈体兰、赵超构、邓裕志、王芸生）

　　"华中轮"的乘客年纪参差，名气不一，职业各异，但从某种意义上说，具有共同的社会身份——民主人士及其家眷，唯一例外者即吴全衡。宋云彬在日记中用逗号将她与其他乘客作区别，不是没有缘由的。吴全衡系胡绳夫人，也是这条船上唯一的中共党员，负有护送和照管民主人士的职责。

　　宋云彬开列的乘客名单，让人感到"知北游"阵容的壮观，不仅表现在人数上，还体现在这些人的分量上。他们分属多个领域，不乏业内外享有盛名的人物。

　　柳亚子，1887年出生于江苏吴江，是著名的爱国诗人和国民党左派，早年加入同盟会，后发起组织革命文学团体——南社，一生创作了大量诗歌。柳亚子个性鲜明，郭沫若曾这样评价他："是一位典型的诗人，有热烈的感情，豪华的才气，卓越的器识，随着时代的进步而进步。"抗战胜利后，柳亚子坚定地投身反对蒋介石政权独裁统治的民主活动，曾在民革筹备期间担任秘书长一职，执笔起草了由他和彭泽民、何香凝、李章达、陈其瑗、李济深六人联合署名的《上孙夫人书》以及《中国国民党民主派联合代表大会宣言》等文稿。柳亚子是1947年10月从上海飞抵香港的。此前，李济深、何香凝等从香港捎信促柳离沪赴港，共商大计。柳和许多活跃在国统区的民主人士一样，当时已处于特务的监视下，只能伺机秘密出走。柳亚子的女婿陈麟瑞时任国际劳工局中国分局秘书。适逢国际劳动局在菲律宾召开年会，陈征得局长同意，柳亚子化名作为随行人员，由上海劳动局购买机票，于10月18日抵达香港。在中共中央1948年5月1日和9月20日发出的邀请名单中，都有柳亚子，但前三批北上的团队里并无他的身影。柳亚子当时患严重的神经衰弱症，这应该是影响他先期成行的主要因素。加入"知北游"后，柳亚子有如下记述："余由香岛北行入解放区，初以病脑颇踌躇，佩妹实为借箸代筹决定大计者。""佩妹"即柳亚子夫人郑佩宜。

　　陈叔通，1876年出生于浙江杭州的一个书香世家，青年时期曾支持戊戌变法，1904年东渡日本求学，辛亥革命后当选第一届国会议员，不久离开政界，先后在商务印书馆和浙江兴业银行任职。抗战胜利后，陈叔通投入反内战、争和平，反独裁、争民主的洪流当中。他利用工商界人士在包达三私宅定期举行双周聚餐会的时机，与同道讨论时局，交流看法。"五一口号"发布后，陈叔通积极响应。正是在此后的一次双周聚餐会上，中共地下党组织邀请他到解放区参加新政协，陈叔通欣然接受。有人劝他："你已年过古稀，向不做官，现在何必冒险远行呢？"陈叔通答："七十三前不计年，生命今日才开始。"陈叔通还与在香港的老朋友马叙伦频频信函往复，讨论和新政协相关的话题，提出很多有见地的意见和建议，等于远程参加了"新政协运动"。例如他在1948年7月23日写给马叙伦的信中说："新协商为一种号召，不可轻易摊牌，摊牌即不值钱，更易惹纠纷，总须与军事配合。军事至相当程度，地点尤须有全国性……"1949年1月，陈叔通在中共上海地下党的安排下抵达香港，成为"知北游"团队中最年长的一位。离开上海前，他对浙江兴业银行总经理项叔翔说："你要把银行保护好，并联络同业，为解放军进城后接收工作做好准备。"

"知北游"中的其他一些人物，如包达三、张絅伯、马寅初、宋云彬、叶圣陶、郑振铎等，也都是在上海中共地下组织安排下，秘密离沪赴港的。马寅初离开上海前，曾回杭州家中稍作安排，但出于保密，并没有向家人透露实情。返回上海后，按照地下党的布置，他多次更换住处，最后在包达三家中化妆成厨师，避开国民党特务的视线，登上了开往香港的轮船。

叶圣陶夫妇1949年1月11日从上海抵达香港。在等候北上的一个多月里，叶在日记中不时流露一些迹象，虽皆寥寥数笔，已不难从中推想组织者为这次旅行所费的工夫和心思。2月2日，叶圣陶到香港医务处种牛痘，注射霍乱、伤寒、鼠疫的疫苗，并"取得其证明书"。叶在日记中写道："此系北上之准备，如在北朝鲜登陆，即需用此证明书。"可见至2月初，叶圣陶等人北上的目的地尚不明确。当时北平和平解放刚一两天，消息多半尚未传到香港，而前几批北上人士都在东北或朝鲜登陆。徐铸成晚年撰写的回忆录甚至有这样一句话："我们从上船后，只知船昼夜向北行驶，不知将在何码头登陆（在港时，闻第一批在南朝鲜登岸，辗转到沈阳），也不知何日可到埠。"此后近一个月里，叶圣陶的心境因行期不定而时有起伏，如：（2月4日）"到港已二十五日，尚留滞寓舍，墨（叶圣陶夫人胡墨林——作者注）渐有厌倦之意矣。"（2月13日）"九时归。李君在相候，言我侪之行期又须延后，大约尚须留十余日。居此已月余，竟日坐候，至感无聊，不禁起怅然之感。"李君为中共香港分局负责联系民主人士北上具体事宜的罗理实，又名李实、罗雁子。及至2月23日，"得通知，我人行期已近，为之欣然"。柳亚子日记当天也记："赴五十号开会，晤云彬诸人。"议题当为此事。

　　与前几批相同，"知北游"众人也是秘密出行。2月25日，叶圣陶夫妇、郑振铎及其女儿郑小箴，以及傅彬然等人被集中安置于大中华旅馆——名为"大中华"，实则"房间极局促"。叶圣陶次日记："除晨出购物外，竟日未出。以此行略带秘密性，防为人注意。"26日，宋云彬来大中华旅馆与叶圣陶等会合。当晚搬行李上船时，因件数过多动静较大，以致目标有所暴露，叶圣陶一行再转移至大同旅馆，"其陈设益简陋"。好在这是他们登船前在香港停留的最后一个晚上，行李已上船，倒计时可用小时计了。是晚，曹禺夫妇入住旅馆。27日中午，王芸生、徐铸成、赵超构、刘尊棋等四人也来旅馆与叶圣陶等会合。宋云彬因家眷留港，对这套"地下"活动有些不适应，在日记中写道："昨在大中华，剑行（宋云彬之子——作者注）伴余一整天，盖欲知余于何时登轮，归报乃母也，及余等匆匆他迁，彼乃怅然而返，亦不知余等迁居何处矣。今日大可返九龙寓所一转，而李实坚嘱不必外出，即通一电话亦觉未便……"从"坚嘱"一词，可知组织者行事之谨慎。

　　自2月27日下午起，"华中轮"的乘客分批登船，除叶圣陶一行12人外，另外15人也相继到港口。柳亚子等是从新亚酒店过去的。他当天的日记记："夜，雁子偕赵沨来，赵伴至新亚酒店，晤寅老、达三、絧伯、季龙、体兰，同进晚餐。十时后，雁子又来，伴送上船。"因"华中轮"

系货船，又须隐秘行事，为避免麻烦，且遮人耳目，所有乘客都乔装打扮一番。陈叔通、马寅初、包达三、柳亚子等年长者扮作商人，女士扮作搭客，其余乘客则以船员身份上船，叶圣陶、郑振铎、宋云彬、张志让等虽年过半百，也概不例外。宋云彬扮作庶务员，张志让扮作副会计员，郑振铎和傅彬然扮作押货员，叶圣陶、曹禺、刘尊棋扮作管舱员，徐铸成等人也都扮作各种名目的船员。本来叶圣陶一行除他和宋云彬穿长衫外，男客平时一律西装革履，此时身份一变，穿着也须跟着变化。"庶务员"宋云彬仍穿长衫，其他"船员"一概中式对襟"短打扮"，不免显得有几分滑稽。宋云彬日记说："彼等皆改服短装，殊不相称。"叶圣陶也记："此时皆改装，相视而笑。"

当天下午3点，叶圣陶夫人、曹禺夫人和郑振铎的女儿先行上船。晚9点，叶圣陶一行在罗理实导引下上船，虽已入夜，还是遇上点麻烦，所幸有惊无险。宋云彬日记记录了这个过程：

余与彬然、尊棋、家宝、超构先下汽艇，则有两警士跃下，以手电筒照余面者再，余衔烟斗徐吸之，故示镇定。警士指余身旁之帆布袋问是中为何物，余谓汝可检视之，彼等遂逐一检视而去。盖警士视余等服装不称，神色慌张，疑为走私或别有图谋者。圣陶、振铎、芸生、铸成在后，见有警士下船，则趑趄不敢前，尊棋复登岸觅之，未几相率下艇。

徐铸成1998年出版的回忆录所记时间、地点等，与叶、宋两人日记有些出入："27日傍晚，即携大小两皮箱，出发至海滨一小旅社——东山饭店等候。旋知当晚不开船，即开一房间住宿。""晚饭后无事，忽忆口袋尚有几十元港币，乃至附近德铺道金店，购一戒指纪念。"据叶、宋日记所载，27日晚上，包括徐铸成在内的所有乘客悉已登船，且徐一直与王芸生、赵超构、刘尊棋搭伴，四人于27日上午到大同旅馆与叶圣陶一行会合。刘尊棋的回忆也说："在这里（大同旅馆）与王芸生、徐铸成、赵超构等同志会面。"叶、宋所述系即时日记，徐则是几十年之后的回忆，相对另几人的说法又属孤证，且徐对自己的记忆也并不十分自信，曾就柳亚子记其说豆皮笑话一事感叹："我回想再三，想不出这笑话的内容，可见老年人的记忆力日益衰退了。"记忆力衰退的表现，不仅是遗漏，也包括错忆。徐铸成回忆录中"东山饭店等候"一句，大概是后来看了柳亚子日记有在东山旅馆逗留的记载，而想当然地化为自身经历，实则徐与柳并未伴行，当以叶、宋日记为可信。

至当晚11时，最后一批乘客登船。或许是几经折腾，上船后心情终于平静下来，大家虽客居轮上，却睡眠不错，鼾声四起。叶圣陶日记记："余夜眠甚酣。"宋云彬日记也记："昨宵睡颇酣畅。"第二天一早，罗理实又上船，"一一告以应对之说词，搭客宜如何说，船员宜如何说，恐海关人员查问"。这应该也包括前几批北上人士的经验之谈。但马寅初仍险因一个闪失而遭意外，众乘客的心又提了起来。徐铸成后来回忆：

> 九时半，海关人员来检查，翻看颇细，忽在马寅老手提箱里，检出一照片，乃寅老抗战前与朋友之合影，当然大都西装楚楚，或袍褂俨然。海关人员指为搭有重要客人，扣船不放。经再三交涉，大概暗中塞予港币几十元，始盖印签字，算是"检讫"。

2月28日中午11时50分，"华中轮"启锚离港……

畅饮、和诗、开晚会

"华中轮"在海上航行六天。照常理，这类海上长途旅行，多少有些乏味，对乘客来说是一种心理折磨。"知北游"此行却一反常态。从几位乘客的日记或回忆文字的字里行间，能看到不少有意思的实况记录，大家的心情自然也以悠然、愉悦和对未来的憧憬为基调。

徐铸成晚年在回忆录及其他文章中多次提到"知北游"，可见这是一

→ "知北游"一行在"华中轮"上合影
（二排左起：包达三、柳亚子、陈叔通、马寅初；三排左起：傅彬然、沈体兰、宋云彬、张纲伯、郑振铎、叶圣陶、王芸生）

次给他带来人生转折的旅程。他这样描述"华中轮"："这艘大约不过两千吨排水量的货轮，舱位不过三四十个，而且只有一个等级；在卧铺上层，有一个可摆四五个圆桌的餐厅和一个不大的甲板。这是我们临时小集体的活动中心。"开船后，喝酒、搓麻、下棋、打扑克、赋诗、拍照，各种"忙活"都在第一时间启动。叶圣陶、宋云彬、郑振铎等素享"能饮"之名，又是几十年的酒友，此时自然更不能闲着。叶圣陶甚至还担心酒带少了，他当天在日记中写道：

此行大可纪念，而航行须五六日，亦云长途。全系熟人，如乘专轮，尤为不易得。开行历一小时，传言已出香港水警巡查之区域，可以不必戒备。于是登楼而观之。餐厅颇宽敞，其上层为吸烟室与燕坐间。午餐晚餐四菜一汤，尚可口。余等皆饮洋酒少许，恐所携不多，不够消费。

　　大概是依所谓"四人成席"的不成文规矩，徐铸成被三个"酒徒"拉去凑成"四仙"。他后来回忆："叶、郑、云彬诸先生每餐必杯酌，预购白兰地一打，我则毫无准备，陪饮揩油而已。相与每餐尽一瓶为止。亚子先生早年诗酒风流，是时已少沾唇，每喜谓我等为'四大酒仙'，郑、包两小姐亟附和之。"

　　宋云彬猜中叶圣陶"知北游"的谜底后，向叶索诗以代奖品。叶当晚即成七律一首，题为"应云彬命赋一律兼呈同舟诸公"，随后"传观于众，颇承缪［谬］赞"，并引发多人前来唱和。叶圣陶诗曰：

> 南运经时又北游，最欣同气与同舟。
>
> 翻身民众开新史，立国规模俟共谋。
>
> 篑土为山宁肯后，涓泉归海复何求。
>
> 不贤识小原其分，言志奚须故自羞。

　　第二天，柳亚子、陈叔通、张志让纷纷写成和诗。

柳亚子诗云：

> 栖息经年快壮游，敢言李郭附同舟。
>
> 万夫联臂成新国，一士哦诗见远谋。
>
> 渊默能持君自圣，光明在望我奚求。
>
> 卅年匡齐惭无补，镜里头颅只自羞。

陈叔通诗云：

> 奔赴新邦未是游，涉川惭说用为舟。
>
> 纵横扫荡妖氛靖，黾勉艰难国事谋。
>
> 总冀丛生能解放，岂容小己各营求。

青年有责今方始，如我终蒙落后羞。

张志让诗云：

开浪长风此壮游，八方贤俊喜同舟。

经纶首作三年计，衣食须为万众谋。

学运文潮黉沼起，奇才异技野田求。

衔泥聚土成丘陆，回顾平生不自羞。

最初提议叶圣陶作诗的宋云彬的和诗，两天后才写成：

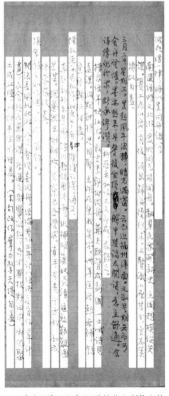

→ 《叶圣陶日记》记录的北上所作七律
　　以及张志让、陈叔通和诗

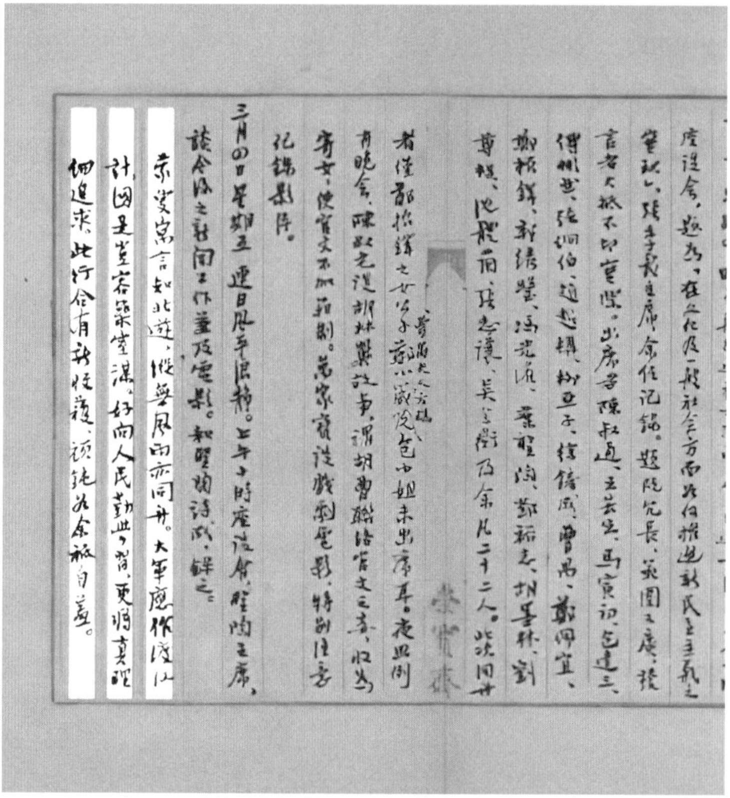

《宋云彬日记》记载的在“华中轮”上的和诗

蒙叟寓言知北游，纵无风雨亦同舟。

大军应作渡江计，国是岂容筑室谋。

好向人民勤学习，更将真理细追求。

此行合有新收获，顽钝如余只自羞。

　　诗言志。从上列诗句可以看出，这几位尚未踏上解放区的民主人士，几乎异口同声地对将要建立的新中国抒发感慨，憧憬之情跃然纸上。当中一些诗句，几十年后再看，似也不算过时，用毛泽东后来的词句"心潮逐浪高"来形容他们的精神状态，是很恰当的。柳亚子更不愧为南社先驱，连篇赋诗，一路畅吟，尤以开船当天所作最能代表他及同舟人士的心境："六十三龄万里程，前途真喜向光明。乘风破浪平生意，席卷南溟下北溟。"

　　从开船的第二天起，"华中轮"上每天开一场晚会。据徐铸成回忆，晚会由吴全衡发起，"每隔一日晚餐后，即杯茶举行晚会，各显所能，举座轰然，极为热烈"。"每隔一日"显亦误记，仍应以叶圣陶日记为准："诸君谋每夕开晚会，亦庄亦谐，讨论与娱乐相兼。"柳亚子、宋云彬的日记也呼应了叶圣陶的说法。柳亚子3月2日的日记这样描述晚会情景：

　　黄昏开晚会，陈叔老讲古，述民元议和秘史、英帝国主义者代表朱尔典操纵甚烈，闻所未闻也。邓女士唱民歌及昆曲，郑小姐和包小姐唱西洋歌。云彬、圣陶唱昆曲。徐铸成讲豆皮笑话，有趣之至。王芸生讲宋子文，完全洋奴态度，荒唐不成体统了。

　　由此可见，"华中轮"上的晚会是一种不拘形式、不拘内容的即席即兴式的活动，恰如叶圣陶所言："亦庄亦谐，讨论与娱乐相兼。"因同舟者不乏民初以来的各界名流，晚会上的述往和漫谈颇引人入胜，至今听上去仍不失"诱惑力"，像柳亚子闻所未闻的"陈叔老讲古，述民元议和秘史"。叶圣陶则记下更多的话题，如"包达老谈蒋介石琐事""陈叔老谈民国成立时掌故""柳亚老谈民初革命""家宝（即曹禺——作者注）则谈戏剧而推及其他""包达老谈上海掌故""云彬谈民十六后,杨皙子（即杨度——作者注）曾赞助中共"……宋云彬曝料杨度一事,引举座哗然。宋曾为早期中共党员,因知杨度一直与中共有联系,并于 1929 年秘密入党。叶圣陶和柳亚子一样,也用了诸如"前所未闻"一类词句。可惜的是,日记作者对这些话题仅仅一笔带过,没能给后人留下实质性的史料。倒是报人徐铸成凭着敏锐的职业嗅觉,在与几位长者的闲聊中积攒了不少"料",例如包达三所谈亲历蒋介石刺杀光复会创始人陶成章等事,后来被陆续写进《旧闻杂记》一书。

晚会的另一主题是即兴表演,即柳亚子日记记"邓女士唱民歌及昆曲,郑小姐和包小姐唱西洋歌。云彬、圣陶唱昆曲。徐铸成讲豆皮笑话"一类节目。叶圣陶所记更为细致,尤其是前两场晚会,有罗列节目单的意思,如 3 月 1 日记:"曹禺唱《李陵碑》《打渔杀家》,邓小姐唱《贵妃醉酒》,张季龙（即张志让——作者注）唱青衣,徐铸成唱老生。"3 月 2 日记:"余与云彬合唱'天淡云间',此在余为破天荒,自然不合腔拍。邓小姐唱《刺虎》,颇不恶。"叶又记,当日晚会结束时,"谋全体合唱,无他歌可唱,仍唱《义勇军进行曲》,此犹是抗战时间之作也"。提议唱《义勇军进行曲》的是沈体兰。淞沪抗战时,沈体兰任上海麦伦中学校长,他在晚会上谈及当年麦伦中学的学生常聚在一起合唱《义勇军进行曲》。此提议得到大家一致的响应。半年后,这首歌曲被第一届政协全体会议确定为代国歌,船上出席政协会议的十几位民主人士想必都投了赞成票。3 月 4 日是"华中轮"靠岸前的最后一晚,晚会照常,叶圣陶在日记中写道:"七时起开晚会,至十时而止。船上人员均来参加,兼以志别,兴致极好,甚为难得。歌唱甚多,不悉记。墨亦唱《唱春调》四句,则破天荒也。"至此,叶圣陶夫妇都"破天荒"地表演了节目,也可见船上晚会的气氛和感染力。叶圣陶还在日记中感慨:"今夕晚会,人各自忘,情已交融,良不可多得。"言语间含着几分不舍。

晚会之外,"华中轮"的乘客还在 3 月 3 日和 4 日上午开了两次座谈会。

第一次座谈会由张志让主持，议题为"文化及一般社会如何推进新民主主义之实现"。叶圣陶日记记："在座诸人各发言，多有所见，惟皆不甚具体，亦无法作共通结论。"担任会议记录的宋云彬也在日记中认为："题既冗长，范围又广，发言者大抵不切实际。"第二次座谈会由叶圣陶主持，议题据宋云彬记为"今后之新闻工作兼及电影"。这个题目相对具有现实感及针对性，船中有多位业内名家，如王芸生、徐铸成、刘尊棋、赵超构、曹禺、吴全衡等，发言应该不至于像前一天那样"不切实际"。

集体活动之外，乘客间免不了还有不少私下交流。叶圣陶日记3月2日记："早餐后坐顶舱中与诸友闲谈，意至舒适。"3月3日："叔老为余谈袁世凯称帝，英国公使朱尔典实怂恿之。"此事陈叔通在前一天晚会上已经述及，大约叶尚有深究之意，私下再细讨教，并在日记中写道："余因谓叔老，此等事宜笔记之，流传于世，以见其真。"而陈叔通所述如真"笔记之"，倒很适合刊登在全国政协十年后创办的《文史资料选辑》上。"〔午〕饭罢，与亚老闲谈颇久……"3月4日记："叔老录示旧作二首，皆极浑成……"

宋云彬除了好酒，似乎还有牌瘾，航行中几乎天天打麻将，有时一天两场，如2月28日记："微有风浪，船颠荡，余与徐铸成、柳亚老、王芸生作雀战，两圈未毕，芸生已不支，张季龙代之，未几，余亦头昏昏思睡，则由彬然代之。"3月1日记："〔晚〕会后复与徐铸成等作雀战，至十一时方罢。"3月2日记："午后雀战消遣。""散会后复与彬然等雀战，十二时许方散局。"

徐铸成是报人，离港前任香港《文汇报》总主笔，喜与名家交游，船上诸名流自然多不陌生。他也没少从他们身上套料。徐铸成晚年回忆：

"华中轮"驶至东海及黄海南部时，风浪平静，天朗气清。我常在甲板上找叔老、亚老、包达老等谈往，叔老年事最高（当时七十四岁，我今年已过八十有一，超过叔老当年了），而极健谈，他絮絮谈青年时坐大车（铁路未修）入京，及晋京后拜客故事。达老则详谈他早年与蒋介石先生交往详情。亚老大都谈南社创立及初期过程。有时，我也找马寅老谈天，他说起他幼年多病，后长期坚持爬山及冷水浴。并说，他家乡嵊县多匪，因此，在上海住旅舍，履历总填绍兴。这些有历史资料的宝贵琐闻，都已分记于拙著《旧闻杂忆》正、续、补三编中。

"华中轮"航行数日，基本风平浪静，但接近目的地时，却遇到一些自然的和人为的波澜，还因此多兜了一圈。宋云彬日记3月5日记：

> 昨夜风浪渐大，晚会时振铎已感震眩，先退席。今晨起床时发现衣被皆有水渍，其色深黄，盖海水泼上甲板，铁锈漏入舱中也。船主西人某言，昨夜遇国民党军舰盘问，告以系开往南韩者，船遂改道向南韩行，以避国民党军舰注意，迨复转向烟台开行，则已延缓一小时余矣。

这一幕虽说发生在深夜，"华中轮"的乘客都在梦中，是第二天听船主讲述后才知道，但依然可以作为他们此次航行中的一个花絮——最后的花絮。

穿行山东解放区（一）

1949年3月5日下午，"华中轮"在烟台靠岸。

此前，中共中央、华东局和山东军区先后发出指示，要求胶东军区全力接待好民主人士。胶东军区参谋长贾若瑜和烟台市长徐中夫到码头迎接客人。60年后，贾若瑜仍能清晰地回忆"知北游"一行登陆烟台时的一幕：

> 记得这天的天气非常好，晴空万里，碧海蓝天，一望无垠，好像天公也和我们一样怀着喜悦的心情欢迎从香港归来的贵客一样。不多时，

烟台码头的上空传来阵阵的汽笛声，"华中号"客轮（应为货轮——作者注）终于进港了，船上船下一片欢腾，远望船舷上站满人群，他们频频向我们挥手，我们知道是贵宾们安全到达了，也激动地高挥着手，相互呼应。贵宾们沿着扶梯鱼贯而下，我们立即迎上去同他们一一握手、频频问好，连连祝贺他们平安到达解放区。

　　"知北游"一行的到来，距烟台第二次解放不过数月，战争遗痕仍随处可见。民主人士一行登陆后，即分乘汽车进入烟台市区。徐中夫和贾若瑜都在学生时代投身革命。徐中夫在新中国成立后调外交部工作，20世纪 70 年代曾任中国驻智利、阿根廷、巴西等国大使；贾若瑜 1955 年被授予少将军衔，是军事博物馆第一任馆长，90 岁后尚能熟背《论语》。民主人士一入解放区，便受到两位党内"文化人"的接待。这也许是凑巧，但无疑给他们留下了一个相当不错的第一印象。叶圣陶记："晤徐市长及贾参谋长……徐贾二君态度极自然，无官僚风，初入解放区，即觉印象甚佳。"后来他们又陆续遇到党内学人匡亚明、吴仲超和恽逸群等。两位

→　"知北游"一行走下"华中轮"

　　　　　　　　　　　　　　　　　　→　第六章　"知北游"

"军政首脑"当日设晚宴,并用当地特产张裕葡萄酒待客。宋云彬一句"余饮十余觞",不仅展示了他的豪饮做派,也道出了酒桌的热烈气氛。当晚,民主人士一行入住烟台郊外原德国内地会别墅。叶圣陶是一位有心的社会生活观察者,他在当天日记中写道:"此屋近旁之别墅俱拆毁,颓垣断壁,战事之象显然。"

第二天(3月6日),中共华东局和华东军区举行正式宴会和晚会,欢迎民主人士一行。当天一早,华东局秘书长郭子化和宣传部副部长匡亚明专程从青州赶到烟台。匡亚明是学者出身,十多年前曾与叶圣陶在上海景云里比邻而居,此刻算是他乡遇故知。徐铸成回忆:"正式欢宴,席设合记贸易公司,菜肴丰盛,佐以烟台美酒,宾主尽欢。"晚6点,烟台党政军民"欢迎来烟民主人士大会"在丹桂戏院(后更名胜利剧院)举行,这是民主人士参加的头一场欢迎仪式,叶圣陶记下了这个场面:

> 全院满座。我辈居池座,为被欢迎者。先由徐中夫市长郭子化秘书长致词,我人由叔老、亚老、绸老三位演说。于是开戏,演《四杰村》《群英会》两出,唱做皆不恶。演员一部为戏班中人,一部为部队中战士,有此成绩,可称难得。

当天下午是自由活动,民主人士大多上街闲逛。徐铸成后来回忆:"下午,赴市区巡礼,烟台相当繁庶,各行业中,以孟家(即在北京开瑞蚨祥绸缎业之孟家富商)财力最大,不仅绸布业,钱庄、南货等均在经营范围。"他还在一家书铺买到一本东北出版的《毛泽东选集》,"暇时详读,如获至宝"。宋云彬和叶圣陶看到的,则是与徐铸成所见大相径庭的街景。宋云彬记:"[午]饭后与圣陶、振铎等游街市,商店十有九闭,萧条甚。"叶圣陶与宋云彬同路,所见自然略同:"店家大多闭门,如元旦景象。询之则谓消费者多离去,故市况未能遽尔恢复。"烟台系二次解放,且不过数月,国民党飞机时有袭扰,这种情景一时难免。

自3月7日起,民主人士一行开始陆路之旅,并临时自发组团,柳亚子日记记:"在客厅开会,推定叔老为临时团长,云彬为秘书长,体兰、尊棋、郭秀莹女士为干事。"午饭后成行,行李装卡车,人则分乘不同汽车,由郭子化派定。叶圣陶夫妇起初与郑振铎同乘一辆吉普车,后包达三所乘小轿车出现故障,改坐吉普车,郑振铎不得不换乘他车。叶记:"公路颇不佳,车颠簸殊甚。"又记:"所经村落皆瓦屋,骡车运输时时可见。"

当晚9点,民主人士一行抵达距莱阳三十里的三李庄,进村后先吃晚饭。叶圣陶记:"皆先派人在此准备,农村风味,亦自有致。"用今天的话说,应该是吃了一顿可口的农家饭。饭后,一行人分别被安排到村民家借宿。此行人士中除王芸生和曹禺外,都是南方人,以江浙一带为多。在山东解放区的老乡家过夜,他们自然别有一番新鲜感。柳亚子记:"宿于三里[李]庄军属马大姐家,其夫李正滋,参军已五载矣。马略识字,能言拥护毛主席八项条件,打倒国民党反动派,文化水准之高,可以想见。"宋云彬记:"余与刘尊棋同睡一土炕,被褥已铺,解衣欲睡矣,忽招待员又来,谓顷悉此间屋主系一肺病患者,故已为另觅借宿处,请

→ 莱西市三李庄村接待过柳亚子的马俊英老人旧居遗迹

即迁往云云,足见招待之周到也。"徐铸成与傅彬然同屋:"入晚油灯昏黄,爬虫悉索。而彬然易睡,睡则鼾声大作,至纸窗发出簌簌声。余每至深夜,蒙被后始能安睡四五小时。"叶圣陶还因一农村青年的谈吐而发感慨:"晤一青年姜汝,25岁,小学毕业程度,从事青年工作将十年,聆其所谈,颇头头是道。余思共党从生活中教育人,实深得教育之精意。他日当将此意发挥之。"

2017年春天,笔者在三李庄村委会的一间会议室见到了马大姐——马俊英老人。当年的马大姐已96岁高龄,但身体硬朗,思路清楚,一眼便认出用手机搜索出的柳亚子照片,并在孙女的协助下,用浓重的胶东口音回忆出当年接待柳亚子夫妇的情景。

→ 2017年4月,马俊英老人(左)与叶圣陶孙女叶小沫在三李庄

马俊英老人说,柳亚子一行离开三李庄后,还从济南给她写过一封信,并题赠两首诗。后来出版的《柳亚子诗词选》收入了这两首七绝《赠军属马大姐》:

人民救主推毛氏,蠹国元凶恨蒋酋。
漫道陌头杨柳绿,参军原不为封侯。

不修云鬟不梳妆,英绝眉痕表健康。
但愿大军驰捷报,夫君早日返莱阳。

第二天是三八节,叶圣陶参加了两场集会。中午,他和刘尊棋、沈体兰及此行人士中的女性被邀至一里外的另一村庄出席"三八节妇女大

会"。叶在日记中记下会场情景及观感：

十二时半开会，在一院子中，妇女二百多人，多数为公务员，皆席地而坐。男子参加者不过十之一。余被拉致辞，略述蒋管区妇女近况。同来之邓女士亦发言，较余切实多多。继之为出席华东妇女大会之代表作报告，甚长，运用新词语已颇纯熟。察听众神色有兴者不少，皆疾书作笔记。但木然枯坐者亦多。解放区开会多，闻一般人颇苦之，不知当前诸妇女中有以为苦者否。

晚上，当地党政军民集会欢迎民主人士一行，这是"知北游"一行出席的第二场欢迎大会。会场设在田间，前列摆着炕桌，有烟茶瓜子之类招待，民主人士就地坐褥子上。对于长期在大城市生活的知识分子，如此仪式显得别开生面。"欢迎会仅郭老（即郭子化——作者注）略说数语，无他噜苏。"（《叶圣陶日记》）随后演了四出反映解放区生活及军队优良传统的节目。柳亚子观后甚为感慨，主动申请登台发言，宋云彬记："柳亚老自请讲话，颇慷慨而得体。"柳亚子则自感"兴奋至于极度矣"。柳亚子平时说话有口吃的毛病，按照宋云彬的评述，这显然是一次一反常态的发言。叶圣陶亦有感想，只不过是表达在文字中："余亦以为如此之戏，与实生活打成一片，有教育价值而不乏娱乐价值，实为别开途径之佳绩。而场中蓝天为幕，星月交辉，群坐其中，有如在戏场之感，此从未有之经验也。且风势已弱，并不甚寒，尤为舒适。"3月初的北方，并不适于夜晚户外活动，但民主人士们为解放区的气氛所感染，已不觉冷。徐铸成也有同感："连日所见、所闻，意识到我们已由旧世界、旧时代开始走进一新天地、新社会矣。"

第二天一早，宋云彬和刘尊棋借宿的农家上演了一幕温情剧。房东高富顺给两人送来八个煮鸡蛋，以备路上食用。宋云彬在日记中写道："情意甚殷，未便坚却，遂受之，与尊棋谋，封北海币二千元，封面书'贺仪'二字，并署余等二人姓名，置一肥皂缸中，借作答谢。"双方都用各自的

→ 叶圣陶在莱阳"三八节妇女大会"上致辞

→ 柳亚子在三李庄欢迎大会上讲话

→ "知北游"一行离开三李庄前的合影

→ "知北游"一行在穿行山东解放区途中

处世方式礼遇对方，却不显得不合拍。行前，"先在车旁全体照相，我侪与郭老等及当地人员皆在内"（《叶圣陶日记》）。这张合影连同另一张在船上的合影，如今都已成为见证"知北游"珍贵的一手史料。

3月9日，"知北游"一行整天都在路上。早8点发车，从三李庄到潍坊不过240里，如今一两个小时的车程，他们当年却走了11个小时。"公路较前益坏，颠簸殊甚。"（《叶圣陶日记》）叶圣陶等所乘汽车路上还抛锚修理，耽搁一个多小时。年迈多病的包达三"铺厚褥于车中，卧而乘载，颠簸竟日，自云尚可"（《叶圣陶日记》），确属不易。一行人晚上9点终于抵达潍坊市的一个四合院式的招待所，吃完晚饭已是后半夜了。接待他们的副市长姓臧，是此行不少人的熟人臧克家的本家。

第二天（3月10日）下午，"知北游"一行将乘火车前往青州，在潍坊有大半天闲暇。叶圣陶日记记："晨与墨往访叔老数人之居，在彼合影，进早餐。小米粥、大馒头，菜肴甚丰。"市政府招待客人到电影院看了场苏联电影，叶圣陶感觉"殊不见佳"，宋云彬则直言"自始至终余不知其演为何本事，询之万家宝，亦摇头答不知"。散场后众分两路，一路登城墙，听解放军实地介绍攻城经过；另一路由臧副市长导引，去参观十笏园内一所新建的图书馆，藏书家郑振铎以及叶圣陶、宋云彬等都在此路。

　　十笏园始建于明代。园中的砚香楼原为嘉靖时期刑部郎中胡邦佐的住宅。1885年，潍坊首富丁善宝用重金买下此楼，并扩建成一所袖珍型的北方古典园林建筑。因占地较小，用十个板笏相比喻，得名十笏园，又称丁家花园。整座建筑坐北向南，青砖灰瓦，主体是砖木结构。据在苏州长大的叶圣陶观察，十笏园内"假山结构不恶，唯其石不类江浙所用之湖石"。叶圣陶又说：这家新建成的图书馆"藏书颇多，多数为丁氏所捐赠。新书则寥寥。铜器、瓷器数量不多，然尚精"。

　　下午3点后，一行人抵潍坊火车站，当地铁路部门专门加挂两节车厢，一节卧车，一节头等车。晚6点10分，车发潍坊，宋云彬、叶圣陶、徐铸成等在车中大谈京剧与昆曲，宋云彬日记亦载当日众人"兴致甚好"。

→ 潍坊十笏园

穿行山东解放区（二）

3月10日早8点，"知北游"一行抵达青州。当时渡江战役尚未打响，南京、上海等大城市还在国民党手中，青州便成为中共华东局和华东军区所在地。党政军不少负责人都到车站迎候民主人士。康生、黎玉等华东局主要负责人因到西柏坡出席中共七届二中全会，无缘与民主人士在此相会。"知北游"一行出站后，驱车前往城里两个教堂改成的招待所住宿，一为（原）基督教堂，一为（原）天主教堂。叶圣陶记："屋颇宽畅，作憩之顷，有如归之感。"民主人士一行在青州停留三天，这也是他们此行陆路逗留时间最长的地方。不必匆忙赶路，他们可以腾出精力，细品解放区的面貌与风情。

叶圣陶当天写了千把字日记，除回顾烟台、潍坊的经历见闻外，也涉及一些对解放区人和事的观感，如："余不喜向人多所问询，听吴仲超君谈收藏保管文物之情形，头头是道，至为心折。诬共党者往往谓不要旧文化，安知其胜于笃旧文人多多耶。"吴仲超1928年入党，毕业于上海法科大学，时任山东文管会主任，新中国成立后曾任故宫博物院院长，是一位造诣极深的文物专家。又如："即以招待客人而言，秩序以有计划而井然。应侍员之服务亲切而周到，亦非以往所能想象。若在腐败环境之中，招待客人即为作弊自肥之好机会，决不能使客人心感至此也。"

在青州的三天，民主人士一行出席了中共华东局的欢迎宴会和晚会，参观了当地的托儿所和解放军官教导团，还与羁押于此的杜聿明进行了谈话。柳亚子还抽空诗书一体地摆开架势创作，遍送华东局负责人。他12日记："下午，写字九幅，分赠舒同、彭康、袁仲贤、刘贯一、宋裕和、郑文卿、郭子化、匡亚明及康生，人系一诗，构思尚捷，康不在坐，他人转请，余则均朝夕见面之首长也。"柳亚子漏记了许世友的名字。他题赠许世友七绝诗的一句是"绝似燕人张翼德，一声喝断灞陵桥"，可谓形象。

3月11日上午，宋云彬等在招待所院里遇见住隔壁的老熟人金满成和朱蕴山之子。两人先于他们自香港到此，应属"小股"北上人员。金满成早年曾与陈毅同学，又一道赴法勤工俭学并同宿一室，后来成为翻译家和作家。宋与金都是围棋迷，免不了对弈一番。柳亚子记："观云彬、尊棋与金满成弈，金君连胜六局，甚为钦佩。"陈毅喜好围棋，想必也曾是金满成当年的棋友。叶圣陶则与傅彬然上街漫游。叶仍随笔记下在青州城的所见：

> 房屋多坍塌毁坏，街上行人极少，此地经拉锯战多次，损坏重矣。城内多麦田，麦苗尚短。出南门，城墙厚实，门框高而深，过于吾苏。反身而行，见一天主堂，钟楼两座高耸，建构颇好。其中已无教士，现居军队。

下午，民主人士一行驱车二十五里，来到华东党政军机关所在地——孟家庄，先开了一个简短的茶话会。柳亚子记："与舒同先生倾谈极畅。"下午4点开宴，宋云彬记："有白酒，余饮五六杯，微有醉意矣。"晚6点，一行人被带入由十间草屋改成的带舞台的大会堂，出席中共华东局和华东军区为他们举行的正式欢迎大会。华东军区政治部主任舒同主持大会，山东军区司令员许世友致欢迎辞。宋云彬在日记中写道："有一司令官名许世友者，发声宏大，措辞简捷〔洁〕，余笑语同座者，此莽张飞也。"这印象与柳亚子赠许世友的诗句不谋而合。民主人士一行中的陈叔通、柳亚子、曹禺、叶圣陶等八人应邀登台发言。叶圣陶当天日记记："余致词〔辞〕谓来解放区后，始见具有伟大力量之人民，始见尽职奉公之军人与官吏。其所以致此，则由此次解放战争实为最大规模之教育功课，所有之人皆从其中改变气质，翻身过来，获得新的人生观也。"叶既然把这段话写进日记，显系真实感言，而非表面的客套。宾主致辞后，照例演戏——评剧四出：《空城计》《三岔口》《御碑亭》《芦花荡》。柳亚子、叶圣陶、宋云彬、徐铸成都给予"唱做俱佳"的评价，马寅初则中途退场。

→青州天主教堂，民主人士曾在此下榻

　　　　　　　　　　　　　　　　　　　→　第六章　"知北游"

→ 青州孟家庄中共华东局旧址

叶圣陶记："马寅老见王有道休妻，恶其思想荒谬，不尊重女性，不欲复观，先行返寓。此老看戏而认真，亦复有趣。"待众人散场后回到住处，已是第二天凌晨2点。

　　3月12日下午，民主人士一行由舒同陪同，来到青州城北四十里外的萧庄，参观解放军官教导团——收容国民党被俘高级军官的场所。《徐铸成回忆录》所记甚详，尤其是穿插忆及抗战期间，徐铸成作为记者在桂林与王耀武有过几次接触，并曾是王公馆的座上客，也算有旧；几年后再见面，王却成了阶下囚，这多少有几分戏剧性。以下是徐氏对萧庄之行的回忆：

　　　　大门悬有一联，系沈阳外围所俘之廖耀湘所作："早解放，迟解放，迟早要解放，迟解放不如早解放。"下联已记不清了。
　　　　团占地甚大，我们由舒同引导前往。至则被"解放"者列队欢迎。我们则站立对面。先由舒同一一介绍双方姓名。团员为首者为前山东省主席王耀武（济南战役被俘），其次为廖耀湘、陈金城（潍坊被俘）、牟中珩（集团军司令）等。

六年前，我在桂林工作时，与王耀武曾见过两三面。那时，他驻防湘西常德一带。他在桂林建干路建有一幢相当阔气的公馆，以便不时回桂度假。他和《大公报》桂馆副经理王文彬熟识。有一次，文彬告我："王耀武想见见你，后天特在其公馆宴请。"届时，我与诚夫、李侠文、马廷栋、黎秀石等赴约。室内外陈设和那天宴会的丰盛，在那时的桂林，都属罕见。最有趣的，主人曾不断问我们："照外国规矩，此时应酌什么酒？照国际惯例，此时是否应递上手巾？"可以说，主人很谦虚，"每事问"。也可见那时他已有雄心，抗战胜利后升任方面大员了（那时，他已是蒋的王牌军之一，1945年奉派接收山东，被任山东省主席兼绥靖区司令，直至济南围城被俘）。

这次我去"军官团"时，身着一件旧棉袍。他大概俯首未加注意。等到舒同依次介绍到我时，他抬头注视，并对我微笑点头。舒同在旁边看得清楚，轻声问我："你和王耀武认识？""是的，六年前在桂林交往过。""那好，等一会儿参观他们宿舍时，你找他个别谈谈，了解他目前的思想情况。"会晤后，柳亚老对他们"训话"，劝他们"回头是岸"。

以后，我们鱼贯参观他们的宿舍。一般是一室一个大炕，团员们排列睡在炕头，被枕清洁、温厚，整齐叠好。室内有桌椅，供休息、学习。只有王耀武单独一间，有衣橱及桌椅。我和他略致寒暄后，问他生活习惯否，有无不舒畅的感觉。他颇为感动地答道："从我被俘到入团以来，他们从没有对我们责骂或侮辱，只是劝导我们好好学习。像我这样地位的共产党，要被我们捉住了，早没有命了。现在，人家如此对待我们，自己心中只有愧感。你问我生活是否吃得消，像我们这类人，过去饭来张口，衣来伸手，寸草不拈的人，现在要自己劳动，自己铺床、洗衣，自己扫地，自己去打饭，当然不习惯。但细想想，人生的目的是什么？只为了剥削别人的劳动，自己享福么？想到这些，心地坦然，安心学习了。"

后来，我把和王谈话的经过，告诉舒同先生，舒同笑着说："他的思想倒开始通了。"在闲谈中，舒同先生还告诉我，王耀武在济南攻破前潜逃过青州，被解放军识破因而被俘的经过，真像一篇传奇式小说一样。

这段回忆大体不错，也不失生动，但仍有几处漏误，最大的硬伤是把廖耀湘搁进这个教导团。廖耀湘在辽沈战役中国民党第九兵团司令官任上被俘，后辗转关押在沈阳、哈尔滨、抚顺、绥化等地，但都没出东北地区，1956 年到北京功德林监狱改造学习。文中提到的对联，既非廖所撰，也已走样，难怪徐本人也忘了下联。据宋云彬当天日记："王耀武被俘后送入军官团，忽有所悟，自撰一联云：'早进来，晚进来，早晚要进来。先出去，后出去，先后都出去。'又写一横额：'你也来了！'"两相对照，宋的日记自然更可信。宋云彬日记还提到"王谓已读小册子及哲学书凡二十余种"。叶圣陶日记与宋互为呼应："王耀武先发言，自谓始臻光明正路，知忠于一人之非。又谓在此学习，读书讨论，大有兴味。"

3 月 13 日下午，在淮海战役中被俘的国民党原徐州"剿总"副司令杜聿明被解放军用卡车送至招待所，诸民主人士与其谈话。杜因是战犯，加戴脚镣，与王耀武等不同。据叶圣陶观察，杜"颜色红润，服装整洁，殊不类阶下囚"。民主人士纷纷历数并质问其罪，杜则"皆言不知其详"，一副死猪不怕开水烫的架势。这种态度激怒了柳亚子和张絅伯，两人将其"叱骂"一顿，杜仍"笑而受之"。叶圣陶在日记中分析："一般印象，渠或亦知必将判罪，故态度与王耀武不同，王因希望能得安然释放也。"民主人士中有多位职业报人，随身携带相机者或不只一两人，与杜聿明谈话的情景也被相机记录下来。他们到北平后的 4 月 11 日，宋云彬日记记："尊棋送来相片两张，一为杜聿明被质问时的情状，一为在船与亚老等合摄者。"那张在船上的合影，后来出现在不少书刊和画册里。

十年后，上列被俘将领如杜聿明、王耀武、牟中珩等，包括徐铸成错记的廖耀湘，都陆续成为全国政协文史专员，余生以整编文史资料为职业，后来又陆续成为全国政协委员，与此行民主人士中的许多人同堂开会，共商国是。这自然是双方当时都没有料到的后话。

3月13日下午，中共华东局和华东军区为"知北游"一行饯行。随后一行人驰车至火车站——下一站是济南。华东局秘书长郭子化陪同民主人士从烟台到青州，一直把客人送上火车，就此道别。叶圣陶记："郭老直至此时下车，握手而别，共道大军渡江在即，江南相见。"从这句话似可推断，叶圣陶当时并无久居北方的打算，那么此行应该只有一个目的——出席新政治协商会议。到北平一个多月后，宋云彬也在日记中流露："圣陶谓余言，教科书编审工作难做好，在此生活不习惯，上海解放后，必须南返。余亦早作此打算，圣陶可谓同志矣。"后来宋云彬确实一度南返杭州，而叶圣陶则有违初衷，新中国成立后，就任中央人民政府出版总署副署长等职，后半生没有离开过北京。

3月14日一早，"知北游"一行抵达济南，市委书记刘顺元、市长姚仲明等到车站迎接。他们在济南游览了大明湖、趵突泉、千佛山诸景，参观了图书馆、博物馆、华东大学（原齐鲁大学），并与当地党政负责人座谈。叶圣陶记："饭后开座谈会，各人问攻下济南经过，及接收济南后之处理方法，由党政各位答复甚详。"宋云彬在座谈会上问时任济南新民主报社长兼总编辑恽逸群：以目前的情况，"能容许私人办报纸否？"恽逸群答："甚为困难。"叶圣陶、郑振铎等还在歇脚的招待所与学者赵俪生相遇。叶圣陶日记记：

初晤赵俪生，渠在华北大学作研究工作，近将回开封中原大学。承告北平解放后，对知识分子之教育颇感困难。余与铎兄闻教员俱拟令受政治训练，以为殊可不必。此前数日，叔老曾谈及，凡国民党之所为，令人头疼者，皆宜反其道而行之，否则即引人反感。而令人受训，正是国民党令人头疼者也。

"知北游"一行未在济南过夜，座谈会后直奔火车站，行前宋云彬

→ 上起依次为民主人士参观过的华东大学（原齐鲁大学）、博物馆、图书馆

还不忘买了一瓶白酒。下午 4 点车发济南，但这恐怕是他们近二十天旅程中最难忘的一宿。一行人先乘火车到桑梓店，时天已擦黑，然后是一夜的苦乐兼程，途中还遇见南下参加渡江战役的四野部队。叶圣陶所记甚细：

四时登火车，徐徐开行，经数小站而至桑梓店，已入暮矣。自此至沧州四百余里，铁路尚未修复，须至下月初方能通车。一路见路旁积储粮秣甚多，又见南行火车载炮车及马匹，云是东北方面入关者。此皆渡江之准备也。我人火车上所携汽车悉落地，分配乘载，夜八时始开行。一路颠簸殊甚，手足并须用力，乃大疲劳。初尝迷路，找不到公路，走冤枉路不少。然月色甚佳，空气不太寒，夜行经验亦复有趣。在临邑打尖，已过十二时。复开车到德州，天方微明。

德州是出扒鸡的地方，诸"酒仙"自不会错过用这道美味佐酒。当天（15 日）中午，叶圣陶于招待所一觉醒来时，郑振铎、宋云彬等已上街逛了一圈，买回扒鸡和酱肉，正待开饮。叶随即应邀加入，诸人"酒酣耳热，相与剧谈"（《宋云彬日记》）。宋在日记中写道："圣陶顾虑平津当局处理大学教师有偏向，余亦以此为虑。"叶圣陶日记也记录了这场酒局，但笔调较宋云彬要委婉和积极："酒罢共谈日来之感想，皆希望中共作得美好，为新中国立不拔之基。"下午，德州市长宴请客人，叶圣陶等吃了第二顿扒鸡："地方较朴，饮食亦差，惟烧鸡两大盘极可口。"看来中午那顿似未吃够。饭后，他独自上街洗澡："黄土为屋，行人稀少，有寥落之感。"

德州是"知北游"一行在山东解放区经过的最后一站。3 月 16 日早 8 点，一行人乘汽车继续北行。当年的车况和路况常不如人意，时有故障发生。前天夜间去德州的路上，柳亚子与陈叔通共乘的一辆小轿车即出现翻车事故，幸无伤情。这天叶圣陶、郑振铎等所乘之车在途中趴窝，乘客只好下来与他车拼挤。叶圣陶坐入"行李车之司机台"，郑振铎、张志让、沈体兰等挤进宋云彬等所乘汽车。宋云彬当天在日记中写了一句有意思的话："振铎本欲与余等同坐一车而未果，至是乃大乐。"虽说"知北游"一行在大方向上是一致的，但难免有亲疏远近、志趣投机与否等区分。16 日是一整天车程。叶圣陶记："风狂肆，卷黄土而驰，遂迷失前路，车行不能快。"途中，为渡江和南下修筑铁路的情景不绝于一行人的视线。叶圣陶记："一路见军民赶修铁路。每大车一辆载铁轨一条。其枕木电杆，云皆自关外运来。"当晚 8 点，一行人抵河北沧州。到招待所后得知，从天津开来一辆专列，他们又赶到火车站，夜宿车中。对专列来接，叶圣陶感到有些不安，在日记中写道："解放军以刻苦为一大特点，而招待我人如此隆重，款以彼所从不享用之物品与设备，有心人反感其不安。"

17 日在沧州，一行人基本无参观活动及其他应酬，"竟日在车中闲坐漫谈"（《叶圣陶日记》），这应该是他们进入解放区后最闲适的一天。宋云彬记："今日同车人有主张抵北平后，联合发表宣言者，赵超构与马寅初谓大可不必。"晚上，邓颖超、杨之华等从石家庄到沧州迎接民主人士一行。叶圣陶记："之华已二十余年不见，渐渐老矣。"叶圣陶印象中的杨之华，还是 20 世纪 20 年代末瞿秋白夫妇去苏区前在上海生活时的少妇形象。晚 10 点，车发沧州。次日早 5 点抵天津，连贯等人专程到天津迎接。

3 月 18 日上午 10 点，"知北游"一行经过近二十天的海陆兼程，抵达北上目的地——北平。先期北上的沈钧儒、郭沫若、马叙伦等几十位民主人士及北平市长叶剑英、中共中央统战部部长李维汉到车站迎接。叶圣陶记："大半为熟友，皆所谓民主人士，不能一一记其名。惟愈之（即胡愈之——作者注）已十余年不见，且曾有海外东坡之谣传，乍见之际，欢自心发。"叶所说的"海外东坡之谣传"显然是指胡愈之"死而复生"的趣事。胡愈之于 1940 年 11 月去新加坡任《南洋商报》主编。太平洋战争爆发后，他与新加坡一批文化界人士流亡到苏门答腊，隐姓埋名三年多，其间和国内完全隔断了联系。故国内一度传说他已在南洋"牺牲"，纷纷对他进行"悼念"。由叶圣陶创办的《中学生》杂志曾在 1945 年 7 月第 89 期出了"纪念胡愈之先生特辑",刊登了茅盾、叶圣陶、胡子婴、宋云彬、傅彬然、伯寒等人的悼念文章。后郭沫若发表了胡愈之夫妇给他的信,众人才知"胡愈之牺牲"纯属乌龙。因此,众人十几年之后的这场相见定然"欢自心发"。

随后,民主人士一行被接入北平六国饭店,"知北游"的行程至此结束。

柳亚子、叶圣陶、宋云彬等人的日记及徐铸成回忆录都没有对这二十来天的旅程留下多少附加的感慨或反思。但这段经历对他们每个人都"决非寻常"。到北平四五天后,友人许宝驹来探访时,叶圣陶在日记中提了一笔:"许昂若来谈,与同饮于云彬室中。共谓我人经历艰险,而今犹得在此饮白酒吃花生米,未尝不可慰。昂若在沪,为特务人员监视,前后门各有一怀枪之人,历时半月,居然能溜走到香港,亦为幸事。"四十多年后的 1981 年,叶圣陶为即将出版的《北上日记》写了一篇"小记",其中有这样一段话,可谓对此行进行了总结:"从香港北上的二十七人中……大多数年过半百,可是兴奋的心情却还像青年。因为大家看得清楚,中国即将出现一个崭新的局面,并且认为这一回航海决〔绝〕非寻常的旅行,而是去参加一项极其伟大的工作。"

北平
天津
香港

1959 年 4 月 30 日上午，全国政协三届一次会议闭幕，周恩来当选全国政协主席。当天下午，周恩来在政协礼堂召开了一次非同寻常的茶话会，受邀者都是 60 岁以上的政协委员。周恩来在讲话中号召与会的政协委员将几十年来亲历、亲见、亲闻以及知识和经验记录下来，留给后人。这就是后来产生巨大社会影响的政协文史资料工作的开篇一幕。黄炎培也出席了这次茶话会。他当时已年逾八旬，刚当选全国政协副主席。黄炎培在茶话会上告诉周恩来，正在撰写自己的回忆录——《八十年来》。这本回忆录五年后出版，当中一段文字记述了给黄炎培晚年带来重大人生转折的一次旅程：

　　　　1949 年 2 月 14 日，我与爱人姚维钧乘汽车出弄，扬言赴永安公司购物，特务尾追，我们自公司前门入，后门出，坐上王艮仲预留的汽车到吴淞口，由中共同志陪同，搭特备轮船去香港。为了遮掩特务耳目，家中还大宴宾客三天。到第三天，报载黄某离开上海了。我呢，3 月 14 日偕维钧和女儿当当从香港去天津，3 月 25 日来北京，参加欢迎全国人民伟大领袖毛泽东主席一行自石家庄来到。

　　事实上，在这段简短文字的背后，有更纷繁的背景和更曲折的故事……

黄炎培的
南下北上

第七章

看到一条新路

　　黄炎培，1878 年出生于上海浦东的川沙镇（当时属江苏省川沙县），早年考入南洋公学（上海交通大学前身）特班，成为蔡元培、张元济等名师的学生。1905 年经蔡元培介绍加入同盟会，投身辛亥革命。辛亥革命后，黄炎培曾是第一任江苏省教育司司长。1917 年 5 月 16 日，黄炎培联合蔡元培、梁启超、马相伯、张元济、张謇等 40 余人在上海创立中华职业教育社，从此成为以办职业教育为己任的社会活动家。全面抗战爆发后，黄炎培奔走各地宣传抗战，继续职业教育生涯，并积极从事民主活动。他是此期间成立的两大民主党派——民盟和民建的发起人之一，也是北上人士中到过延安或解放区的寥寥几位重要民主人士之一。

　　黄炎培的志趣不在发财当官，但他很早就是一位公众人物，和国共两党都打过不少交道。因长期在国统区生活和工作，他与国民党有更深的渊源。1945 年 2 月 28 日，黄炎培写了一封《致国民党诸好友公开信》，当中有这样一段话：“我不是中国国民党党员。但我是国民党前身中国革命同盟会会员。以历史的关系，对国民党在朝在野诸领袖，几无一不相识。我好友中绝大多数是国民党党员。”

　　黄炎培在 60 岁后，才有了与共产党人往来的机缘。1938 年 5 月，黄炎培与周恩来在武汉国民参政会上第一次见面，同时期还结识了董必武、吴玉章、秦邦宪、王若飞、陈绍禹、邓颖超等共产党人。黄炎培在武汉和重庆生活期间，时常出席有共产党人参加的各类聚会，或与他们私下交往，共论时局，促膝深谈，结下了诚挚的友谊。他后来回忆：“抗战期间，我们在重庆的一群人，与中国共产党负责同志保持着经常的联系。”1943 年 12 月，从不给自己庆生的黄炎培却为董必武寿辰写了一首

贺寿诗:

平生谢绝人称寿，亦少人前祝寿来。

吾子长年须厚爱，中华元气待深培。

平和露出刚方性，渊默能兼激辩才。

世象日新人不老，大同梦境况恢恢。

在这首诗的后面，黄炎培还附了一个跋语:

余与兄自民纪廿七年七月十八日汉口中路八十三号寓庐握晤订交，
六年以来，一月数晤，乃至一旬数晤，晤必纵谈时局，深佩兄论事论人
平而不苛，深入而能客观。吾人理想，大致相同，欲从国家民族达于全
人类，平其不平，乐其乐而利其利，意兄亦谓然也。中华元气，凋敝已及，
逐寇难，寇去而有以善其后则尤难。兄将何以教我?

这显然是一段发自内心的感言，从中不难看到，黄炎培除了对董必
武这位中共第一代党员的品格和见识深怀钦敬和推崇，似乎也已在思想
意识上更接近和认同共产党人的主张，甚至有一种将中国的未来和希望
寄托在中国共产党身上的期盼。他后来决然脱离国统区，奔赴解放区，
从因果脉络看，至少可以追溯到这个时期。

两年后，黄炎培有了一次延安之行，见到毛泽东以及更多的共产党人，
对中共有了进一步的认识。

1945 年 2 月 24 日，中共代表周恩来在重庆特园举行记者招待会，
报告国共和谈情况。黄炎培也应邀参加了这次记者会。周恩来在会上严
辞揭露蒋介石破坏和谈的种种伎俩，并表示将离开重庆返回延安。随后
国共和谈出现困局并陷于停顿状态。6 月 6 日，褚辅成、黄炎培等七位
参政员联名致电毛泽东和周恩来，力促两党恢复和谈:

　　　　团结问题之政治解决，久为国人所渴望。自商谈停顿，参政会同仁深为焦虑。目前经辅成等一度集商，一致希望继续商谈。先请王若飞先生电闻，计达左右。兹鉴于国际国内一般情势，惟有从速恢复商谈，促成团结，不惟抗战得早获胜，建国新猷亦基于此。

　　接到电报后，毛泽东和周恩来即以个人和中共中央的名义回电，邀请褚辅成等七位参政员访问延安，于是便有了黄炎培的这次延安之行。此行连来带去一共五天，7月1日从重庆出发，5日返回重庆。7月1日早晨，黄炎培等在去往重庆九龙坡机场的路上得知王云五头天晚上突然发烧，医生力阻其出门。最终成行的，是联名致电毛泽东和周恩来的七位参政员中的六位——黄炎培、褚辅成、冷遹、傅斯年、左舜生、章伯钧。他们在登机前，先练习了降落伞的使用方法，这是以备万一途中遇到敌机而需要掌握的技能，可见他们的延安之行，并不是没有风险的。

　　黄炎培有写日记的习惯。他把延安之行中的见闻、谈话、思考，都以日记的形式即时记录下来，成稿《延安五日记》。回到重庆后，在其夫人姚维钧的协助下，以此为主体扩写成一本小册子——《延安归来》。黄炎培后来在《八十年来》中忆及写《延安归来》的由来：

→ 考察团成员在延安机场受到中共中央领导人的欢迎
　（右起：毛泽东、黄炎培、褚辅成、章伯钧、冷遹、傅斯年、左舜生、朱德、周恩来、王若飞）

回到重庆，这人问，那人问，问这样，问那样。我决心倚仗我爱人姚维钧同志的执笔助我，写成小册《延安归来》。许多朋友说：这万万要不得，你替共产党宣传，太危险了。我只是用朴素的写真笔法，秉笔直记所见所闻和所交谈，绝对不加渲染，但一看就感觉到共产党完全为人民服务。写成付印，流传很广，特别是各地老辈和海外华侨，读了《延安归来》，了解到中国共产党这样可敬可爱，而并不是可怕。

在《延安五日记》的末尾，有一段对话不仅流传甚广，而且传诵至今，已成经典。今天还能从中看到它的历史价值。这就是黄炎培与毛泽东之间关于"周期率"的著名的"窑中对"：

有一回，毛泽东问我感想怎样。我答：我生六十多年，耳闻的不说，所亲眼看到的，真所谓"其兴也勃焉"，"其亡也忽焉"，一人，一家，一团体，一地方，乃至一国，不少单位都没有跳出这周期率的支配力。大凡初时聚精会神，没有一事不用心，没有一人不卖力，也许那时艰难困苦，只有从万死中觅取一生。既而环境渐渐好转了，精神也就渐渐放下了。有的因为历史长久，自然地惰性发作，由少数演为多数，到风气养成，虽有大力，无法扭转，并且无法补救。也有为了区域一步步扩大了，它的扩大，有的出于自然发展，有的为功业欲所驱使，强求发展，到干部人才渐见竭蹶、艰于应付的时候，环境倒越加复杂起来了，控制力不免趋于薄弱了。一部历史，"政怠宦成"的也有，"人亡政息"的也有，"求荣取辱"的也有。总之没有能跳出这周期率。中共诸君从过去到现在，我略略了解的了，就是希望找出一条新路，来跳出这周期率的支配。

毛泽东答：我们已经找到新路，我们能跳出这周期率。这条新路，就是民主。只有让人民来监督政府，政府才不敢松懈。只有人人起来负责，才不会人亡政息。

我想：这话是对的。只有大政方针决之于公众，个人功业欲才不会

发生。只有把每一地方的事，公之于每一地方的人，才能使地地得人，
人人得事。把民主来打破这周期率，怕是有效的。

　　五天的时间虽说短暂，但对黄炎培来说，这毕竟是一次对另一个世
界的切身和直观的感受。何况在这短短的几天里，他与毛泽东等中共领
导人作了累计十余小时的深入谈话。黄炎培的内心深处，不可能不有所
触动，甚至是根本性的触动。否则他也不会回到重庆就赶写出《延安归来》
这本书，并且甘冒所谓"拒检"的罪名，直接交由重庆国讯书店出版。《延
安归来》出版后，一时洛阳纸贵，先后发行 10 多万册，并被不少人传抄，
在国统区引起很大的轰动。黄炎培给这趟旅行作了这样的结论："延安五
日中间所看到的，当然是距离我理想相当近的。我自己也明白，因为他
们现时所走的路线，不求好听好看，切实寻觅民众的痛苦，寻觅实际知
识，从事实际工作，这都是我们多年的主张，也曾小小试验过，为了没
有政权和军权，当然一切说不上，路线倒是相同的。"延安之行成为黄炎
培思想深处的一个转折点，他此后的思考、探索与抉择，都与此密不可分。
很多年后，黄炎培总结说："我一辈子都在寻求真理，一直未曾如愿以偿，
而使我认识到可能是真理所在的，就是 1945 年的延安之行。"

民盟解散了

　　抗战胜利后，国共恢复和谈，毛泽东亲临重庆，让重庆谈判成为举
世瞩目的政治事件和历史事件。不久，政治协商会议在重庆召开，黄炎
培出席了会议。黄炎培因一直从事民主活动，此时的处境已不太妙，自
感"国民党政府对我忌恨很深"。就在他参加政协会议期间，发生了一件
意想不到的事情。1946 年 1 月 16 日，黄炎培家"突出非常变故，菁园
住宅突遭蒋介石派宪警特务多人搜查，翻箱倒箧，兵出枪威胁家人，禁
打电话……"（《黄炎培日记》）民盟中央立即就此提出抗议，并拒绝参加

→ 1946 年 11 月 14 日，国共谈判破裂，周恩来飞赴延安之前在梅园新村与黄炎培（右三）等旧政协的民
　盟代表合影

会议，直至国民党当局公开道歉，政治协商会议才继续进行。这个看似突发实则必然的事件无疑更坚定了黄炎培的政治选择。

政治协商会议结束后，黄炎培立即辞去国民参政员，表明自己的政治态度，并于1946年2月初携全家回到阔别近十年的上海。随着全面内战的爆发，他暂时无法再与中共领导人面对面地交流思想，共论时局，但同年11月14日和周恩来在南京话别时，黄炎培说了这样一句有深意的话："周先生，我们对不起你们，更对不起国人，以后我们将为国尽［力］效劳，天理昭昭，是非自有公论，我对中共的气魄和胆识素来仰慕，我相信，将来我们一定会见面的。"

黄炎培是民盟成立时的主要发起人和第一任主席，尽管不久后他就辞去主席，几年后又发起创建了民主建国会，但仍一直在民盟担任重要角色，并作为民盟的代表出席政治协商会议。抗战胜利后，民盟总部从重庆迁到南京，民盟主席张澜也搬到上海集益里8号。黄炎培时常与民盟领导层共话时局，商谈盟务。直至民盟被迫解散前一个月前后，民盟领导层还在研究召开自己的政治计划委员会会议。1947年9月22日，黄炎培日记记："夜，共表方（即张澜——作者注）、衡山（即沈钧儒——作者注）、努生（即罗隆基——作者注）、新民、笃义商定民盟政治计划委员会开会计划。"9月26日，民盟还就此召开了一个规模不小的茶话会，黄炎培在当天的日记中写道：

> 下午，民盟为政治计划委员会，邀各专家红棉茶叙，到者章乃器、周谷城、施复亮、张志让、杨卫玉、章元善、郑太朴、潘震亚、张定夫、孙一民、葛春霖、张光业、孙大雨、许杰、陈仁炳、李正文、孙泽瀛、楚图南、彭文应、林穆光、蔡尚思、张鸿鼎、刘震东、汪建刚、朱绍文、吴藻溪、孟宪章、施方白、孙苏荃、沙千里、陈维稷、苏延宾、曹孟君卅三人，发言者十二人。

这个名单中的不少人，如章乃器、施复亮、张志让、章元善、楚图南、沙千里、曹孟君等，后来都作为北上民主人士进入解放区，参加到协商建国的历史大业当中。从这个专家团队也可以想见，此时的民盟，仍不失干一番事业的雄心。

此后直至 10 月上旬，黄炎培的日记里还多次出现他与张澜、沈钧儒、史良、罗隆基、章伯钧、叶笃义等民盟领导人"商盟务"的记录。10 月 3 日，黄炎培发表了一个书面谈话，向社会表明民盟的政治立场："炎培所愿向各方坦白说明者，民盟一切行动只以民盟中央纲领所大书特书的民主、和平、统一为目的。为了主张统一，所以反对分裂；为了主张和平，所以反对战争。为什么反对分裂？分裂将不成国家。为什么反对战争？战争给予老百姓痛苦实在受不了。"

然而风云突变，黄炎培参与的民盟的这些民主活动，最终犯了国民党当局独裁统治的"大忌"。1947 年 10 月 27 日，国民党政府发言人宣布"民盟为非法组织"，并发表《政府宣布民盟非法》的声明，给民盟罗织一系列罪名，命令各地治安机关对民盟及其活动"严加取缔，以遏乱萌"。随后，国民党当局的军警将南京梅园新村 30 号和高门楼两处民盟总部围困起来。黄炎培日记记："京两处至今被警察包围，出入必尾随。"一时间，民盟被推向生死存亡的绝境。

当天，民盟的几位负责人在集益里张澜寓所开了一个紧急会议，商讨对策。大概因为黄炎培在国民党政府中有不少老朋友，他和叶笃义被推举前往南京，与国民党当局交涉。大家商量后的底牌是"如政府不下令解散，即发声明维持现状，通告盟员停止政治活动"。第二天一早，黄炎培和叶笃义带着这个决定前往南京，会同已在南京的罗隆基，"为与政府商洽解决民盟问题"。

黄炎培一到南京便马不停蹄地先去他的老朋友邵力子家打探情况，说明来意；又去美国驻华大使司徒雷登官邸，"共傅泾波、罗努生、叶笃义谈两小时"；再到参政会，"假力子办公室共努生、笃义又谈两小时"。

随后几天，黄炎培接连走访孙科、吴铁城、张厉生、陈立夫等国民党要员，与国民政府行政院院长张群反复交涉，努力为民盟争取最后的权益。黄炎培时年已届七旬，如此奔波，所耗精力体力可想而知。最终没有出现"挽波澜于既倒"的结果，甚至连"维持现状"的愿望也落空了。张群以民盟已被宣布为非法团体为由，不再与民盟对等商谈形成文件。但黄炎培毕竟尽了全力。11月2日，黄炎培在繁忙的交涉间隙，偷空和家人坐三轮车游览了玄武湖。时值深秋，他当日写成《玄武湖秋感三绝》：

> 黄花心事有谁知，傲尽风霜两鬓丝；
> 争美湖园秋色好，万千凉叶正辞枝。
>
> 红黄设色补寒苔，点缀秋光枉费才；
> 毕竟冰霜谁耐得，青松园角后凋材。
>
> 那有秋纨怨弃遗，金风尽尔鼓寒漪；
> 谁从草际怜生意，百万虫儿绝命时。

经过多方协商和交涉，11月4日，张群打电话告诉黄炎培，大体认可黄炎培起草的民盟同人辞职、总部解散的公告稿。民盟自行宣布解散，这是黄炎培在南京所争取到的最好和最后的结果。当天中午，老友邵力子请黄炎培吃了顿午餐。下午，黄炎培夫妇及同往南京交涉的罗隆基、叶笃义等乘"凯旋号"列车返沪。有两个特务"随车监视，殷勤照料"。从黄炎培日记的语气看，这已经不属于暗中监视了。闲谈中黄炎培还得知此二人的姓名及"事务训练班学生"的身份。

回到上海的第二天上午，黄炎培赶到集益里，与民盟负责人张澜、沈钧儒、罗隆基、章伯钧、叶笃义、史良、张云川等集会，"共商大计"。黄炎培、罗隆基、叶笃义先后通报了前往南京交涉的经过，随后讨论黄炎培起草的那份公告稿。黄炎培在日记中写道："衡、史、云各就携归之稿仔细商榷，发表异议，终以大局被迫至此（至门外特务［为努生］云集），已无否认之余地，乃决照原稿付公表。"会后，黄炎培将公告稿连同《玄武湖秋感》的诗稿一并寄给了大公报总编辑王芸生。

1947 年 11 月 6 日，大公报全文刊发以民盟中央主席张澜名义发布的公告，宣布民盟"自即日起一律停止政治活动，本盟总部同人即日总辞职，总部亦即日解散"。黄炎培是民盟的发起人和领导人之一，又为最后挽救危局到南京奔走周旋，倾尽全力，而且似乎还有些"费力不讨好"。面对这样的结局，他不能不心生悲愤、创痛与无奈。他也因此作了一些文字上的感怀和倾诉。继《玄武湖秋感》之后，11 月 7 日，也就是民盟宣告解散的第二天，黄炎培撰写一副对联送给同在南京交涉的罗隆基："忌我莫非知我者；有言尽在不言中。"11 月 9 日，他写了题为《我与民盟》的文章，在文章的结语中，黄炎培说："一部大历史，信而见疑，忠而被谤者，不知凡几。民盟已矣，知我罪我，其惟春秋。请大家公证检讨民盟从创始到结束，前前后后所有文件，曾有一字一句足以构成危害国家颠覆政府的罪行者否？"11 月 10 日，他又以"七十初度"为名作一对联："从心所欲不逾矩；自断此生休问天。"11 月 12 日，黄炎培"忽感腰部偻麻窒斯复发"，"急归卧"，终于病了一场，日记中一连几天出现"今日眠时多，起时少""全日半眠半起"等字句。养病期间，他还于 11 月 17 日作文《黄花心事有谁知》，借花来抒发自己的心绪和志向。

野火烧不尽，春风吹又生。民盟虽然名义上解散了，但民盟为之努力和奋斗的民主事业并没有远去。张澜在宣告民盟解散后仍呼吁全体盟员"继续为国家之和平民主统一团结而努力，以求达到目的"。1947 年 11 月 30 日，沈钧儒乘船秘密抵达香港，重振民盟旗鼓。民盟于 1948 年 1 月 5 日至 19 日，在香港召开一届三次会议，重新登上民主政治的舞台。

上了黑名单

　　全面内战爆发后，国民党当局加大了对国统区民主力量的打压。民主人士或远走香港，或转入地下活动。黄炎培没有离开上海，但也不得不换一种方式度日。他后来回忆那段时光时写道："就上海故居，以较多时间悄然闭户读书，卖字以供生活费。"这几乎是一种半隐居的生活，也是他这样的一位社会活动家的无奈之举。但黄炎培并没有就此"躲进小楼成一统"，还时常与故旧和同道见面，参与一些"共论时局"的聚会，只不过不再采取公开集会的方式了。

　　民盟解散后不久，即 1947 年 11 月 18 日，黄炎培与民建的几位核心人物施复亮、杨卫玉、章元善、盛丕华等在鸿英图书馆商量今后的活动办法。大家一致赞同用茶会、聚餐的方式继续活动，且不固定地点。1948 年 1 月 31 日，黄炎培与盛康年、张絅伯、许广平、张志让、施复亮等在银行公会"茗谈时局"；2 月 3 日晚，黄炎培前往红棉酒家，赴民建同人的聚餐会，与盛丕华、张絅伯、陈叔通、包达三、张志让、沈体兰等讨论"同济学潮"；3 月 6 日下午，黄炎培与张絅伯、沈体兰、吴耀宗、施复亮、胡厥文、许广平、许宝驹、张志让、陈叔通等"茗谈"，晚上又到孙晓村在窦乐安路 2 号的寓所聚餐，听宦乡作时事报告……上列几次聚会中的主要人物，后来都作为民主人士的代表从香港北上解放区，出席了人民政协第一届全体会议。

　　黄炎培与留在上海的民盟高层同样依旧保持经常性的接触。他的日记也常有记述，如 1947 年 12 月 31 日，"午，邀表方、笃义、肃文及韩卓儒（兆鹗）便餐度岁，诸君皆无家在沪"。1948 年 1 月 2 日，"共表方、笃义，就努生病榻前，四人商大局"。2 月 17 日下午，"偕张表方、叶笃义至枫林桥南中山医院 354 号，罗努生病榻前，会商大局问题"。此后罗隆基迁入虹桥疗养院休养，这里便成为民盟在沪领导人聚会的"据点"。3 月 2 日，黄炎培前往虹桥疗养院罗隆基所住的 206 号房间，"共表方、笃义四人长谈"。"五一口号"发布的第二天，黄炎培就到虹桥疗养院与张澜、罗隆基、叶笃义聚会，"甚注意中共五一广播第五节"。5月17日，"访努生，共表方、笃义听取张云川港归报告"。6月15日，他又在虹桥疗养院与张澜、罗隆基、叶笃义"商关于时局某一大问题"。

此时，香港正在上演一场轰轰烈烈的"新政协运动"，各民主党派接连表态，响应中共"五一口号"，而"新政协运动"这个概念，正是由民盟提出来的。黄炎培所谓"时局某一大问题"，当与此相关。此前，他也曾与民建同人"商定对某问题态度及意见"。黄炎培在这两处日记中，都以"某问题"来替代中共"五一口号"中召开新政协的号召。可见在当时，即便是在最具私密性的日记中，他也不能不有所隐讳。白色恐怖下的政治环境已恶劣到极点。

黄炎培不是浙江人，但对杭州这座城市情有独钟。他晚年做过一个统计，一生的杭州之行，达数十次之多。沪上蛰居期间，黄炎培很少离开上海，除了1947年秋天去南京公干，就是1948年春天去了一趟杭州。1948年2月24日，黄炎培夫妇带着女儿随胡厥文发起的团队去杭州"看超山梅花"。26日返回上海的路上，黄炎培发现已被跟踪盯梢，他在当天的日记中写道："隔座男女四人注视不已。至梵王渡站，见女授手枪于男而下车，乃知是特工人员。"前一年秋天与罗隆基等从南京回上海时，黄炎培便一路受到特务的殷勤"关照"；这一次和胡厥文等从杭州回上海，同样没有离开特务的视线，只不过一明一暗而已。

1948年，黄炎培还办了一件个人生活中的大事——搬家。黄炎培一生走南闯北，没少搬家，但直至70岁前，他都是租房住，无不动产。战后回到上海，黄炎培开始盘算购买一处属于自己的住房，他的一些有钱的老朋友如钱新之、杜月笙等也乐于提供赞助。从1947年起，黄炎培用将近一年的时间在上海四处看房，终于在1948年9月买下并迁入上海善钟路（今常熟路）116弄7号——荣康别墅。黄炎培为买房用去大量时间和精力，除了持续一年几乎不间断地看房，他的日记还全程记录了从决定购买荣康别墅到迁入新居的过程。黄炎培第一次去荣康别墅看房是在9月9日；9月10日，"再看荣康别墅屋，偕维、志义、拙夫至林森路66号大陆公司洽购，总经理周德"。13日，"以十日之洽定，偕拙夫、盘铭至大陆地产公司，由周德及张小姐陪至中和地产公司……介见荣康116弄七号屋主……回中和立契"。17日，"偕维、惠兼、张益予复看荣康屋，计划布置"。20日，"再到荣康看屋内设备……到中和公司办理立契、交价手续"。26日，"偕维、必信布置新居"。同一天，黄炎培还"为新居题堂名——'朝思夕惟之堂'，并为之铭"。从27日起，"开始迁新居"。29日，"迁居两日而毕，书三卡车，家具两卡车"，"今夜始宿新居"。搬家期间，他还在28日下午抽空去了赵虹桥疗养院，"康年、卫玉、努生共谈"。从这一连串的日程表可以断定，尽管中共中央在5月1日和9月20日开出的两个邀请名单，黄炎培都名列其中，但至少在这个时候，黄炎培没有离开上海的打算。搬家后，黄炎培还用几天时间写成八首绝句，取名"新居八绝句"，第一句就是"七十吾生始有家"。全诗如下：

（一）

七十吾生始有家，一楼冷却市声哗。

闭门忍便抛群众，老读差怜眼未花。

（二）

分付仙鱼伴古人，十年小别饱酸辛；

掺掺难掩沧桑迹，双影一灯来去春。

（三）

从此新诗倚阁载，冷香飞上句边来；

平生一切叨庸福，修到梅花落又开。

（四）

回旋拾级上螺尖，贪得天多占地廉。

总为晚厨香未散，残阳饥雀斗风檐。

（五）

天许劳人暂息肩，吾庐吾爱足蘧然；

一弓却仅容锥立，退老有车无地悬。

（六）

柳站雷轰拾命微，巴窗雨打卧墙危；

劳生四海为家耳，永永无忘在茛时。

（七）

鲁史弥缝亦可怜，连×心事未应宣；

弥天水火曾何补，惭愧残生倘苟全。

（八）

浪传迎我海参崴，逻者××忽满帏；

兴废河汾曾管得，西山卜命在知非。

事实上，军统头目毛森调任上海后，黄炎培的处境便日益险恶起来，甚至成为国民党当局意欲抓捕或除掉的目标。八首"新居"诗尚未完成，黄炎培就因一次偶遇，感受到了实实在在的威胁。10月6日晚，黄炎培夫妇坐车夫阿福的三轮车去一个亲戚家商量安装电灶的事，又顺道去女儿路路家"少坐即行"。这是一次纯粹的因私出行，却被特务全程跟踪，上演了后来某些谍战剧里常见的情节。他在当天的日记中写道：

> 阿福告我，顷一个三轮车夫言："有一服装漂亮年约三十岁左右者，从荣康弄外雇我车尾随，你们立谈则站在身旁，折回亦折回，上楼则亦上楼，给我车费一元（该五角）"云云。

黄炎培原定第二天去虹桥疗养院会晤张澜、罗隆基等人，晚上还有一个聚餐会，因遭特务盯梢而"均谢却"。杜月笙当晚也托人向黄炎培传递了一个信息："昨晚采丞来告卫玉，顷月笙嘱叙五来，告确被注意，月笙闻系谣传吾将去海参崴，故加防范。"因而他的"新居"诗第八首中有"浪传迎我海参崴"一句。

不管怎么说，黄炎培已成了被国民党特务重点"关照"的对象。即便刚迁入新居，而且是"七十吾生始有家"的新居，他也不能安稳地住下去了。据黄炎培后来回忆，"而后发现有逻者追踪，继则特务据守荣康别墅弄口，经常伺机行动，不离形影"。黄炎培在国民党当局高层以及接近国民党高层的熟人也曾为他斡旋或通风报信。据黄炎培日记所记，1948 年 11 月 22 日，"胡叙五来，述杜月笙嘱告，政府将不利于我，在此数日内宜暂避"。28 日，"因消息益紧，下午坐弟朴奇自驾之车，泽群陪余夫妇至仲明甥家，转至四达里 131 号……"12 月 1 日，"偕卫玉坐杨盘铭所驾车至兆丰别墅访张文白（即张治中——作者注），畅谈大局，对余等事谓容语汤恩伯。汤乃文白之学生，新任警备司令……"即使在这种危险的情况下，直至进入 1949 年，黄炎培仍无去意，他在元旦当天写的"敬告好友"中还规划了当年的打算，当中有这样的字句："每周上午，以到职教社之日为多，好友约谈，以此为宜。""承邀证婚，如为时间所许，亦乐从命，但望准时行礼，礼毕即辞，恕不陪宴。"

这期间，黄炎培仍照常与张澜、罗隆基、史良、叶笃义等民盟领导人"商盟务""商大局"。1949 年 1 月，新上任的代总统李宗仁委派甘介侯到上海虹桥疗养院面晤张澜、黄炎培和罗隆基，征求对和平的意见。三位民盟领导人向甘提出释放政治犯等请求。2 月 3 日，黄炎培与张澜、罗隆基联名致信李宗仁，谢绝了李宗仁托甘介侯转达的前往南京商谈的邀请。信中写道："生而不有，为而不争，柱下名言，窃愿为我公诵之。"黄炎培与国民党高层也时有来往。1949 年 1 月 24 日，李宗仁委派的和谈代表张治中和邵力子来上海造访黄炎培新居，两人都是黄炎培的老朋友。黄炎培与他们共进午餐，"且餐且谈"。黄炎培的另一位老朋友张群此时也在上海，同一天下午，黄炎培访张群并与其长谈。张群将前往四川就任重庆绥靖公署主任。黄炎培在日记中记录了张群和他说的一番话：

> 此是岳军约话别。他将去四川就职，说：我明知事不可为，但对国民党四十年关系，对蒋四十年关系，还有什么办法！过去一件件事，你要我帮忙，今后要你为我帮忙了。惨然而别。

张群也许清楚黄炎培与中共领导人交往的底细，道别时说了一句留后路的话。张群后来侥幸逃往台湾，没有留在大陆。张群和黄炎培两人都得享长寿，不妨作一个假设，如果张群当年没有走成，两位老朋友有机会在即将到来的新中国同堂参政议政。

2月1日，黄炎培到鸿英图书馆与刚卸任国民党社会部部长的谷正纲会面。黄对谷说了这样一番话："国民政府之腐化，从上面下来的。我在参政会弹劾了几多大贪污，无一件办的。无能也是来从上面。行政院长只讲关系，不问才能。只有不贪污，才能纠正贪污，决无贪污能消除贪污的理。惟有能者才能用能者，能者断不为无能者用的。"矛头直指蒋介石。

此时的黄炎培，表面上虽然还能与各方走动，但实际处境已每况愈下。杜月笙曾派人来告诉黄炎培，当局可能要对他下手；张治中也曾派人告诉黄炎培，黑名单中的第一人就是黄炎培。尽管"七十吾生始有家"，黄炎培也不得不考虑离开上海这个家了。经再三斟酌，他以七旬高龄，决定迈出人生中重要而关键的一步：秘密离开上海，经香港前往解放区。

永安公司脱险记

1949年1月28日是旧历除夕，这是黄炎培在上海新居过的第一个春节，也是他在上海过的最后一个春节。当晚，他与家人小范围"畅饮"。第二天，贺客盈门。黄炎培在日记中写道："门内揭示：'新新年，过去了；旧新年，不拜年。'但来者仍多，共54人。"此时，黄炎培已经动了秘密离沪的念头。随后几天的日记中，频频出现王艮仲的名字，而王艮仲正是协助黄炎培离开上海的关键人物。例如1月31日，"冷御秋、王艮仲来，商大局"。2月2日，"下午，御秋、艮仲、卫玉来，商决动定问题"。2月3日，"艮仲偕曹未风来谈"。2月4日，"到艮仲家，与其人谈"。2月5日，"夜，艮仲、卫玉来商谈"。2月6日，"艮仲、卫玉、御秋来谈"。2月7日，"艮仲家采丞三人长谈"……也就是说，春节过后，黄炎培在与诸友人密商出走香港的这段时间，几乎天天与王艮仲见面，并不乏长谈。王艮仲此前已在香港面晤潘汉年，并与上海中共地下组织取得联系。黄炎培的秘密离沪方案，正是王艮仲一手策划的。他为此还向外界传言，将邀请黄炎培去南汇农场参观，以扰乱特务的视听。本来黄炎培的儿子黄大能准备与父亲同行，后黄大能与中共地下组织磋商后"作罢"。行前，黄炎培夫妇做了一次体检，留下几封信函，并对工作和家庭生活作了安排。

王艮仲为黄炎培秘密离开上海所作的设计，与李济深离开香港类似，用的也是"金蝉脱壳"的方式。黄炎培曾两次用文字记录这段经历，一次是即时所写的日记，另一次便是前面提到的十年后撰写的回忆录。

1949年2月14日下午，黄炎培离开特务环伺的荣康别墅，第二天上午登船启程。他在14日的日记中写道：

> 是日下午即离家，我、维、当当易名王正方、谢信君、王小妹。明日化装走香港。是为第三次亡命：（一）清光绪廿九年七月去日本，（二）民十六、五、十九去大连……
>
> 四时偕维钧带当当，由大能为伴，离家坐卜中华汽车至永安公司浙江路门外，遇艮仲，改坐其车，而舍卜中华车，至狄思威路1114弄五号女学潮家，大能夫妇亦寓此……
>
> 友A带其友B来。友C介其友D来谈。

15日的日记记：

> 九时，维带行李先行，当当、泽群同车由B导行。九时半，我由C、D导行，大能同车，至某码头，于人丛中见维，各自上某船，先入6号二等房，后改入9号一等房，卫生员验证讫……

这两则日记用语有些含糊，甚至以英文字母替代人名，除了"第三次亡命"等词句，看不出多少"金蝉脱壳"的端倪。将近十年后，黄炎培在《八十年来》中再一次回忆：

1949年2月14日，我与爱人姚维钧乘汽车出弄，扬言赴永安公司购物，特务尾追。我们自公司前门入，边门出，坐上王艮仲预留的汽车到吴淞口，由中共同志陪同，搭特备轮船去香港。为了遮掩特务耳目，家中还大宴宾客三天。到第三天，报载黄某离开上海了。

尽管这段回忆中的个别记述与日记有出入，但黄炎培秘密离开上海的内情已交代清楚了。把日记和回忆录略加对照，黄炎培秘密出行的细节便昭然纸上。黄炎培日记中的A指王艮仲，B、C、D皆指安排和护送他上船的中共地下党员，即回忆录中的"中共同志"。而日记中"遇

→ 黄炎培和夫人姚维钧

艮仲，改坐其车，而舍卞中华车"都是事先筹划好的，并非偶遇。这也是这场"金蝉脱壳"计策的核心内容。

黄炎培与姚维钧的大女儿当当随父母同行，其他家眷留了下来。据黄炎培之子黄方毅（方方）后来对黄炎培走后家中境遇的回忆：

黄炎培一家三口出走之后，姚荐绚带着黄炎培、姚维钧的小女儿丁丁及儿子方方，仍然宴客，只见荣康里灯火辉煌，宾客喧哗，一连三天如此，盯梢们倒弄不清黄本人的确切去向了。及至黄到港后在报端发表声明，宣告自己已离沪，当局才弄明白。然而之前之后，他们并不放松对荣康黄宅的监视，站在弄堂家门口的盯梢甚至由原来便衣改成荷枪实弹的军警。我大妈、我二姐、我本人均已成为当局欲捕黄而不得，恼羞成怒下的"人质"！我大妈带我出门买菜即有他们尾随，我们成了被"监视居住"的对象。

南下和北上

2月15日中午11点，黄炎培乘坐的客轮在风平浪静中从上海启航。2月16日，船过台湾海峡，黄炎培在日记中写道："下午四时顷，抵台湾基隆口外。此时最危险。"

2月19日上午，船抵香港。香港三联书店总经理徐伯昕、文汇报采访主任唐海以及商务印书馆香港分馆负责人等到码头迎接。黄炎培先被接到雪厂街如云旅馆歇息，中共香港分局负责人潘汉年、夏衍等当天即来拜访，并"约明日上午十时续谈"。当晚，黄炎培入住商务印书馆宿舍，他的楼上住着同样从上海来香港等候北上的友人陈叔通和马寅初。第二天一早，黄炎培便上楼与陈、马相见畅叙，并同进早餐。

黄炎培此行的目的，是北上解放区，因而一到香港便在第一时间与潘汉年和夏衍见面；第二天（2月20日），他如约到如云旅馆又与潘汉年"深谈两小时"。两次谈话后，他的去向已定。2月28日，潘汉年再访黄炎培，就北上行期等具体事项与黄交换意见。

黄炎培离开上海属于秘密行动，对他的一些老同事和老朋友来说，有点不辞而别的意思。到香港后，他立即做的另一件事是给上海职教社的同事写了一封信。信的内容如下：

> 新之、卫玉暨同事诸先生，同社诸先生公鉴：
> 弟今以不得已之故，为良知所驱使，而离沪矣。此行纯是个人动作，与本社绝无联带关系，行前并不可能向诸位先生预告，尚求谅察！在此情况下，炎既离沪，应作为离社，所有炎在本社职务，即请另行推补，以稍减我对本社之歉意。同在高天厚地之中，愿为民主和平而努力，特此遥向诸先生致敬。

黄炎培在香港逗留了将近一个月，其间陈叔通、马寅初离港北上后，黄炎培一家搬到楼上。他在2月27日的日记里写道："上午，马寅初、陈叔通今日去北平了，我们从二楼卧室搬到三楼，舒适得多。"

在香港期间，黄炎培也没闲着，日程紧张而充实。此时，很多黄炎培熟悉的民主人士已先后北上，但也有很多他熟悉的人士正滞留于此或等待北上。黄炎培每天的主要活动是走访和接待在香港的亲朋故旧及民盟的同事，除了潘汉年、夏衍等中共香港分局负责人以及暂居楼上的陈叔通和马寅初，黄炎培还访问或接待了诸多人士，如周新民、萨空了、董时进、周鲸文、柳亚子、李健生（章伯钧夫人）、刘王立明、盛丕华、盛康年、曾昭抡、史咏庚（史量才之子）、龙云、吴羹梅、黄琪翔、俞寰澄、简玉阶等。2月26日，黄炎培与龙云会晤，龙谈及对西南未来的设想，他告诉黄炎培，自己可以代表刘文辉，并委托黄炎培北上后作为两人的代表与中共接洽。

此外，黄炎培在香港还参加了民盟、民建和工商界的一些活动，应邀出席一些座谈会和宴请。如2月23日，黄炎培分别出席了民盟扩大会议和民建聚餐会。他在民盟会议上向与会者报告了离沪来港的经过，以及大局近况和留沪同仁的情况；民建的聚餐会则"讨论民建立场问题良久"。3月13日，即黄炎培等启程北上的前一天晚上，中共香港分局夏衍、乔冠华在香港金城大酒家为黄炎培饯行，30多人同席。

1949年3月14日晚，黄炎培一行登船北上。此行除黄炎培夫妇及女儿当当外，还有盛丕华、盛康年父子和俞寰澄。与前几批民主人士北上一样，他们化装后分头出行，乘小艇登船。黄炎培夫人带孩子先行一步；黄本人换了儿子黄万里的衣服，与盛丕华父子和俞寰澄一道，由香港分局罗理实引导登船。他们乘坐的是挂挪威国旗的"DAVIKON号"轮船，于当夜12时离港北行，钱之光派刘恕随船护送。

这艘挂挪威国旗的"DAVIKON号"轮船，是潘汉年通过朋友介绍找到金城银行董事长周作民，由金城银行出资45万港币租用的，船上还装载了华北解放区匮乏的西药和生活用品。

黄炎培一行人数不多，行程也不算长，但船上的节目与前几批北上人士相仿，例如开晚会、收听解放区广播、漫谈人生经历等。黄炎培是此行的主角。行船十日，从日记看，黄炎培在船上的生活并不枯燥，而是很充实。他审定和整理了自己的文集《不息的灯》全稿；在每天的晚会上"讲旅行所见最大的东西""报告上海一带抗日热烈事实""报告职教社意义及事功""唱川沙民歌"；阅读胡绳的《辩证法唯物论入门》、斯诺笔录的《毛泽东自传》。3月20日，船过山东成山角，行程也已过大半，黄炎培于黄昏时刻立于甲板，远眺汹涌的海浪，心潮澎湃，即作新诗两首，取名《海行》。这首诗写得很动情，很富联想，也很有寓意。全诗分成两节：

（一）

看！看！

这不是我的家吗？

好一片大陆，

很雄壮地横躺着；

从南到北。

无情的太阳下去了，

血染得通红。

这是什么呢？

教人家一会儿歌，

一会儿哭。

这中间还有多少弟兄姐妹，

从万一中求一生，

他们的手和足，

不，

连着他们的思想，

一重重桎梏。

（二）

海浪那么汹涌，

一个离开了大群的海鸥，

他无聊吗？

不，不，

他羞耻了，

一株株枯黄的杨柳，

啾啾喳喳的娇声，

还在鼓舞中，

他早下决心了，

把伟大的生命，

贡献给天空，

这是当然的，

只有大仁能鼓起大勇。

他想把呼喊来代替吟咏。

看那！

海浪那么汹涌，

他在憧憬了，

张开着有力的翅膀，

从黑沉沉雾罩下。

几时迎取一轮新的太阳，

红！红！

　　黄炎培出生于 19 世纪 70 年代，从小受传统文化熏陶，熟悉并能写旧体诗。新诗兴起和盛行时，他已年逾不惑；1949 年北上时，他已年逾古稀。按照常理，如此长者，对于新诗即便不排斥，也很难发自内心地接受，更不用说满怀激情地创作了。新体诗能够更直接、更热烈地抒发内心感受，从中可以看到黄炎培观念深处新潮和开明的一面，更可以看到他对新中国的憧憬和向往，甚至超过了北上途中以旧体诗畅想新时代的很多民主人士。稍后离港北上的"宝通号"航行到同一区域时，比黄炎培小将近 20 岁的臧克家也豪情满怀地创作了一首新诗，并在晚会上即兴朗诵。

1949年1月，平津解放。本来此后从香港北上的民主人士不必远航至东北或朝鲜靠岸，天津应成为一个主要的直航登陆地。但当时天津港在战争中被毁坏，无法直接由此登陆；另有国民党舰队扼守进出渤海的长山列岛（庙岛群岛）要塞，直航天津也比较危险。随着蒋介石引退、李宗仁出任代总统，国民党当局迫于内外压力，表示愿意以中共提出的八项条件为基础，与中共进行和谈。其间，

→ 码头锚桩尚存

局势趋缓，才使租用外轮从香港秘密直航天津成为可能。3月23日，黄炎培一行在天津第二码头登陆，受到黄敬市长的热情接待。

3月25日上午，黄炎培一行抵达北平。他在日记中写道："十时半，抵前门车站，大批人来迎了：董必武、李维汉、齐燕铭、连贯，等等，李任潮、沈衡山、章伯钧、谭平山，等等，迎入六国饭店，住108号，招待无微不至。"巧的是，毛泽东也在这天下午率中共中央进京"赶考"，到达西苑机场。黄炎培风尘未洗，便匆匆地和许多民主人士一起去机场迎接毛泽东等中共领导人，并留下了一张后来广为流传的合影。

→ 黄炎培等民主人士登陆的天津第二码头（现貌）

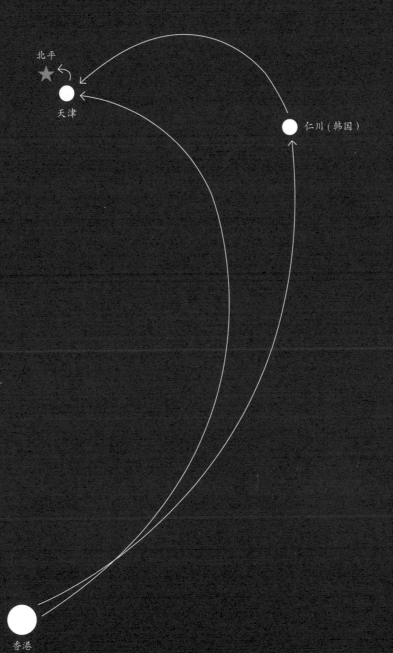

辽沈、淮海、平津三大战役的伟大胜利，摧毁了国民党赖以维持统治的主要力量。这是一个重大的转折，彻底影响着中国的历史走向。1949 年 3 月 5 日，在西柏坡召开的中共七届二中全会上，毛泽东提出了促进革命迅速取得全国胜利的各项方针，并作出判断：召集政治协商会议和成立民主联合政府的一切条件均已成熟，一切民主党派、人民团体和无党派民主人士都站在我们方面。3 月 25 日，中共中央离开最后一个农村指挥所西柏坡，进入北平，擘画开国大业。北平和谈破裂后，人民军队一举攻下南京。在这"天翻地覆慨而慷"的时刻，香港，仍在继续着北上行动，不过海路上已是一路歌声。

且行且歌的
旅程

第八章

交替"接力棒"

三大战役后，中共中央的工作重心由农村向城市转移。在香港的大批富有城市工作经验的中共党员，包括潘汉年、夏衍、钱之光等将陆续奔赴新的岗位。为配合全国解放和大军南下，中共中央加强对华南地区党组织的领导，调整长江以南派出机构，将香港分局改为华南分局，直属中央，方方仍任书记。至此，"五人小组"完成了前几批重要民主人士的北上护送工作。

此后的北上行动采取了多种方式。一是由华润公司成立华夏船务公司，从巴拿马领事馆花钱注册了"东方号"轮船。二是租用挂外国旗的客货两用轮，如希腊的"大西洋号"，英国的"岳州号""宝通号""振兴号"等。这种远洋轮船本来就有载客设备，每次可以运送较多的人员。同时还可搭载解放区急需的橡胶、药品、电讯器材等物资。三是由亚洲贸易公司通过社会关系把香港到营口、大连、塘沽港口的太古公司的客票全部包下来，由饶彰风统筹，给单独或小规模离港的民主人士及其家属。

1949年春天，各民主党派的主要领导人及大部分重要民主人士都已陆续到达解放区。仍滞留在香港的，除部分民主人士外，还有文化界、产业界人士，以及被迫停办的达德学院的一些学生。他们对即将诞生的新中国充满期待，渴望早日北上。

达德学院是香港地区教育史上的一个奇迹，是中国共产党领导的统战工作在教育战线上的硕果，被称为"南方革命的摇篮"。1946年的香港，已聚集了很多因国民党当局迫害而流亡的爱国人士和进步青年。为了妥善安置这些年轻人，并适应未来新中国建设对人才的需要，周恩来、董

→ 达德学院院长陈其瑗

必武等人提议，由各民主党派和无党派爱国人士出面，在香港建立一所正规高等学府。受董必武邀请，因反对蒋介石被开除党籍不得不流亡海外从事教育工作的陈其瑗，回国筹办达德学院。

达德学院的创立得到多方面的支持。蔡廷锴慷慨地把他在九龙青山的芳园捐赠出来，作为校址。1946年10月10日香港达德学院正式开学，陈其瑗出任院长。学院设有董事会，由李济深、蔡廷锴、丘哲、张文等民主人士组成；聘请邓初民、翦伯赞、狄超白、胡绳、杨东莼、钟敬文、侯外庐、沈志远、千家驹、许涤新、黄药眠、陆怡、陶大镛、章乃器等著名学者、专家到校任教；马叙伦、冯乃超、乔冠华、何香凝、茅盾、林默涵、周而复、郭沫若、夏衍、臧克家等学者、社会活动家也到校讲学，可谓大师云集、星光璀璨。达德学院也因此声名远扬，成为进步青年向往的学府。

达德学院在1947年至1948年两年间，先后招收800多人，为新中国培养了大批有用人才。达德学院的创办和发展，壮大了民主力量，为中共和民主党派合作提供了一个示范基地。1949年2月23日，学院被港英当局无理取消注册。根据周恩来3月9日给港分局的电文"达德学院既被封，应尽量吸收其中进步教职员及学生或送来解放区，或派入游击队工作和学习，以准备将来接收广东城市和派赴南洋工作的干部"，香港分局安排一批批从学院毕业的青年学生前往解放区。

热闹的"宝通号"

全面内战爆发后，除了大量民主人士避居香港，还有大批文化文艺界人士和青年学生前往香港。中共香港工委专门成立文化工作委员会，以文化为阵地，团结文化界人士，开展统战工作。工委常委夏衍兼任文委书记。香港三联书店成立于 1948 年 10 月,由生活书店、读书出版社、新知书店三家合并而成。三联书店成立不久,就接到任务:通过商业关系,租一条船护送留港的大批文化人士北上。三联工作人员曹健飞接受委派,筹办这件事情。他租了挂挪威国旗的"宝通号",另购买了 200 多张帆布床。

1949 年 3 月 21 日,250 多位民主人士、文化界人士及达德学院的学生,由时任文委书记的冯乃超带领,乘"宝通号"向着北方出发了。这是北上各批次中人数最多的一批。

搭乘"宝通号"的各界人士包括四个方面。一是民主人士及文化界人士,有周新民、周鲸文、刘王立明、李伯球、黄鼎臣、曾昭抡及夫人俞大𬘝、徐伯昕、罗子为、杨子恒、谭惕吾、严济慈、费振东、阳翰笙、史东山、汪金丁、沈其震、狄超白、胡耐秋、黎澍、薛迪畅、臧克家、丁聪、特伟、于伶、李凌、张瑞芳、黎国荃等。其中,周新民、周鲸文、刘王立明、李伯球、曾昭抡、谭惕吾等都在中共中央邀请参加新政协的名单上。

二是应邀到北平参加全国妇女代表会议的杜君慧、郑坤廉、张启凡、何秋明、杜群玉等 7 人。

三是香港达德学院的 52 名学生。这一批学生就是学院停办后,北上参加革命工作的。

四是部分民主人士的家属,包括郭沫若、章乃器、朱学范等人的子女们。

除了领队冯乃超外,三联书店派曹健飞和郑树惠随船照料。

杨奇在他的回忆录中记述了"宝通号"启程前后的情况:

> 这次租用的是大兴船务公司挂挪威国旗的"宝通号"货轮,载重4 000 多吨。早在 1949 年 1 月 15 日天津解放后,香港工委就接到通知,说华北解放区橡胶、西药等多种物资奇缺,希望香港工商界朋友尽量采购,运往天津销售。于是,饶彰风、邵荃麟便通过亚洲贸易公司、京华

贸易公司，利用社会关系大量采购急需的物资运往天津，因而这艘较大的远洋轮船，既装货物，也载客人。由于客房不多，特地买了两百张帆布床，放在大舱和甲板上。除了少部分住房间外，大多数人都只好睡帆布床。

考虑到这船货多人多，为了避免例行检查时出现麻烦，饶彰风接纳别人的建议，送了3 000元给黄翠微，托他转送有关人员喝茶。果然，海关和水师的检查虽然严格，但是没有故意刁难。3月21日早上，"宝通轮"顺利启航。

后来担任全国政协常委、致公党中央主席的黄鼎臣也是"宝通号"的乘客。黄鼎臣1901年出生在广东省惠州府海丰县，小时候在中药店当学徒，1921年底赴日本留学。留学期间，他大量阅读马克思主义的书籍，多次参加反帝爱国行动，在1927年中国革命处于低潮时期，加入了中国共产党。抗战期间，他先后参加民联、民建等组织，开展统一战线工作和民主革命活动。1946年加入中国致公党。同年初抵达香港，与致公党进步人士酝酿改组致公党，整顿党务。1948年底他就接到北上的通知，直到三四个月之后才成行，可见整个北上行动的复杂性和不确定性。他在《北上纪实》中回忆了这段历程："当时，华北还没有全部解放，海域还完全控制在国民党反动派手里，要北上可不容易。从1948年12月底到1949年1月我已经做好北上准备，计划先去烟台，后得知港英当局要下船搜查的消息，只好改变行期。全靠中共华南局的精心安排，我和其他民主人士才于1949年3月20日顺利成行。记得那时载我们北上的是租来的一条外轮，名叫'宝通号'，坐了200多人，大都是比较著名的民主人士和各民主党派的负责人。"

黄鼎臣因曾在日本学医，有医生执照，被推举为船上的义务医生。他说："我愉快地担负起这个责任，组织比较年轻的男女同志，对他们加以训练，协助我工作。我们顾不上休息，也不管风急浪高，从早到晚，上下船舱跑个不停，照料病人和晕船的同志，终于顺利地完成了任务。"

　　"宝通号"驶离港口后，乘客们便各显身手，施展才艺。三联书店的郑树惠曾在东江纵队《前进报》学过油印，就由他刻蜡纸，办起了一张《宝通报》。《宝通报》通过收听电台广播，刊发一些即时战况；也刊登一些诸如"请曾昭抡博士演讲原子能科学"的广告。船上消息闭塞，《宝通报》自然大受欢迎。船过山东海域时，大家从广播里收听到中共召开七届二中全会的消息。黄鼎臣对此记忆犹新："全船立刻沸腾起来，大家恨不得马上到达党中央的身边。当时虽然风浪还大，船还颠簸，还要防备敌人袭击，但大家的情绪高昂，欢笑声、祝贺声不绝于耳。"《宝通报》不仅出了墙报，还请经济学家狄超白作报告，讲解中共七届二中全会精神。

　　在冯乃超的建议下，船上举办了多场文艺晚会。丁聪拍摄的一组图片，留下了晚会场景的生动资料。黎国荃拉小提琴、狄超白唱京戏、臧

→ 黎国荃在"宝通号"联欢会上演奏小提琴

→ 狄超白在"宝通号"联欢会上演唱京戏

→ 张瑞芳在"宝通号"上

克家朗诵新作，史东山、张瑞芳等业内人士自然也都表演了节目，达德学院的学生还集体表演了舞蹈。张瑞芳似乎忘记了自己患有肺病，在这条船上学会了跳秧歌和集体舞，学唱《白毛女》《解放区的天是明朗的天》。3月25日，"宝通号"航行至山东半岛海面。山东是诗人臧克家的家乡，他如先行一步的黄炎培一样激情澎湃，创作并朗诵了新作：

> 十多年来，梦想着回到家乡去，
> 因为我是一个农民的儿子，
> 我应该回到农民中去。
> 现在，我已经回到了自己的家乡的海面上，
> 回到了自己家乡的泥土上了！
> 我要快乐，
> 我要欢呼，
> 我要歌唱！

对于这段航程和这幅珍贵的照片，几十年后臧克家在他撰写的回忆录里仍有生动的描述：

> 这只船的名字叫"宝通号"，是党组织包航的一艘专轮，乘客百余人，大半是三联书店的同志。其中，有阳翰笙、史东山、严济慈、徐伯昕、张瑞芳、汪金丁等同志。我的舱位，正与郭老的儿子紧挨着，他大概是个中学生，从日本回来。一路风涛，我不断呕吐。那时蒋介石的舰艇常在海上捣乱，袭击北上的船只。虽然在广阔无垠的大海上，心中却还有点不安。过了危险的海域，我们开起联欢会，表演节目，大家心情愉快而激奋，像大海的波涛。我站在船面上高声朗诵，海阔天空，热情澎湃，心中充满了鱼归大海，鸟奔深林的快乐。丁聪同志为我拍下了这个历史镜头，以为永念。

→ 船过山东海面时，臧克家朗诵新作

　　3月27日，"宝通号"经过七天航行，安全抵达天津塘沽。臧克家回忆说："船刚停，带队的乃超同志对我说：克家，你一个人先下去。我不知是什么事，一下船，见到黄敬同志立在岸上。我遥呼一声：老俞！他走上前来，替我提着小包包。我原不晓得黄敬市长就是我青岛大学的老同学俞启威。""乘客们"住在利顺德大饭店。当晚，黄敬市长设宴招待"宝通号"一行，并观看歌剧《王秀鸾》。第二天《天津日报》以《津市黄市长欢宴民主人士——文教部昨召开座谈会黄松龄部长席间致词》为题，作了详细报道。当时天津刚刚解放，共产党的市长黄敬及天津文化界的黄松龄、张颖等人穿着朴素大方，和蔼可亲，给初到解放区的人们留下深刻的印象。臧克家感慨道："一到解放区，不但人的作风大不同，连天地的颜色也似乎两样了。"

　　这批北上人士在天津略作休整后，陆续由各有关部门接往北平，奔赴新的工作岗位。

"岳州轮"上的欢声

"钟山风雨起苍黄，百万雄师过大江。"南京的解放，震动了香港各界，或兴奋，或惊异。夏衍在《懒寻旧梦录》里回忆说："南京解放之后，港英当局对我们的态度也发生了一些变化（就在 12 月，香港警察还搜查了许涤新的住宅）。我们乘胜前进，在 4 月 26 日中午，以新华社香港分社名义，在香港大酒店二楼举行了盛大的庆祝酒会，在港中外各界名流、工商界巨子以及文化、新闻、艺术界百多人参加了酒会，情绪非常热烈。4 月 27 日下午，香港文化、新闻、文艺界人士 600 多人又在金陵酒家举行了大规模的集团聚餐，还表演了庆祝胜利的文艺节目。"这表明，中共在港机构已经可以公开举行庆祝胜利的活动。在这样的政治气候下，乘船北上解放区，不再是一个必须严守的秘密了。

这个时候，安排民主人士北上船次等方面的工作由廖安祥任董事长的香港亚洲贸易公司接手。廖安祥 1938 年投身革命后，一直在香港以经商为名从事地下工作。在《廖安祥：梅州大侠香港六十年》一书中，廖安祥曾有一首打油诗："北京开政协，消息到香港。民主各党派，纷纷要北上。包船到天津，嘉庚头等舱。统战部接待，北京来车辆。红旗挂满街，爆竹震天响。一九四九年，全国庆解放。"他还注解道：

> 一九四九年北京准备召开政治协商会议。一天，饶彰风（后任中共广东省委统战部部长）来找我，要我同太古轮船公司接头。他说："有很多人要到北京去，这些客人要坐太古船，一直由香港开到天津，从天津上岸，转到北京去。"我即刻去太古卖船票的地方，把很多船票都包下来，分别运送北上的人员，每条船都有一千几百人，饶彰风派吴荻舟同我接头，通知我有多少人，我登记下来就发票给他们，船就泊在我们公司对面那个大阪码头，两日一期三日一期，分几期船将所有民主人士送到北京去。这些北上的人中有陈嘉庚、吴荻舟、刘斐、白杨、张志祥、黄绍雄（又名黄绍竑）等是搭太古船北上的。

5月5日，廖安祥租用的英商太古轮船公司的"岳州轮"搭乘100多人起航北上。"岳州轮"是挂着挪威国旗的货轮。与之前北上的"宝通号"极其相似，"岳州轮"也由文委负责组织，乘客多为文化界人士。领队是时任香港工委文委副书记的周而复，姜椿芳、曹健飞随船协助。

周而复在文委除了分管一些文化艺术团体，协助文化界人士解决组织关系、工作、生活之外，另项任务就是为新中国出版社编辑宣传和介绍进步思想及解放区作品的刊物。他为这个刊物取名《北方文丛》。按周而复在《往事回首录》里的说法，"三北——西北、华北和东北，实际上是代表解放区的称谓"。《北方文丛》也就是"解放区文丛"。《王贵与李香香》《白毛女》等一大批解放区文艺作品通过文丛介绍到港澳和南洋地区。

承担筹备民主人士和文化界人士北上工作后，周而复不得不中断有规律的创作生活。他回忆道："本来，到香港后，我基本上保持上午写作，下午和晚上参加各种活动。胜利的形势和重要的工作打破了有规律的生活安排，没早没晚，要完成组织上分派的任务。"其中主要一项就是参与联系、协调、护送民主人士北上。李济深一行北上时，周而复负责联系和护送彭泽民上船。带队"岳州轮"北上是周而复独自承担的重要任务，因而印象深刻。在他晚年写的回忆录中对"岳州轮"离港前后的情况有一段追忆：

1949年5月5日，我们租用的英商太古轮船公司"岳州号"，挂的是挪威国旗的货轮，参加这次航行的有李达、王亚南、姜椿芳、陈迩冬、傅天仇、舒绣文、张文元、于立群和她的五个子女，钟敬文夫妇、黄药眠夫妇、鲍方夫妇等共100多人。事先我和有关人员联系，要他们及时做好离港准备，分组在指定路线和时间，在夜色茫茫中乘小汽艇分别登上挪威货轮。我查点人数，到齐了，便通知船长，在香港和九龙的人们还在酣酣的梦中，停泊在波涛滚滚海面上的货轮缓缓离开香港，向公海的北面驶去。

→ 周而复在"岳州轮"上

　　周而复提到的"于立群和她的五个子女"中的郭庶英，当年 8 岁，是郭沫若和于立群几个孩子中的老二。她后来在《我的父亲郭沫若》中也有一段回忆：

　　　　1949 年 5 月的一个晚上，妈妈带着我们五个孩子，在香港地下党的安排下，同许多前往解放区的人士和子女一同乘船离开了香港。那天晚上码头熙熙攘攘很多人，上船后又热，人又杂，统舱挤得满满的。我们找不到睡的地方，还有许多行李，妈妈让哥哥看着小弟、小妹和行李，带我和世英上岸去买帆布行军床，敲了两三家已经上板关门的店铺，好不容易敲开了一家，买到了两张木腿帆布行军床和一些吃喝的东西，上船后把行军床就架在船舱机房旁的通道上，几个孩子挤在两张床上，妈妈坐在一旁过了一夜。机器的轰隆声，船员、客人川流不息，又吵又热，妈妈几乎一夜没合眼。

　　"岳州轮"的目的地和"宝通号"一样，也是天津，但中途需在韩国仁川靠岸装卸货物，因此比"宝通号"多走了几天。从周而复和郭庶英的回忆中不难看到，"岳州轮"启程时，尽管也是分头行动，夜间离港，但与前几批民主人士的秘密北上相比，已经是两码事了。周而复只是通知北上人士并指定了路线和时间，并没有安排如前几批的全程接送。码头上"熙熙攘攘"，乘客自由上下船和购物，完全是一副旅行团的架势。显而易见，此时的民主人士北上，已经不必付出前几批民主人士上船时的周折和心思了。不过，出席新政协会议的代表或候补代表也随之减少，文艺界或其他方面的人士以及民主人士的家属则多了起来。

李达作为"岳州轮"上的一位"要客"，较晚到达香港。李达，字永锡，号鹤鸣，1890年生于湖南零陵，是中国共产党的创始人和早期领导人之一，著名的马克思主义理论家。1920年参加上海共产主义小组，主编《共产党》月刊。1921年7月，他出席中共一大并当选为宣传主任。曾任湖南自修大学校长，主编《新时代》杂志。1923年，他因与陈独秀在政治路线上发生分歧而脱离中共党组织，但仍与毛泽东保持着个人友谊和工作合作。此后，在国民党统治区和日寇占领区，李达在颠沛流离之中，坚持系统地研究了马克思主义理论和中国革命，成为研究马克思主义哲学的著名学者。抗战爆发前，李达曾把自己写的《社会学大纲》寄给在延安的毛泽东。1938年初，毛泽东认真阅读该书，并做了详细批注。在一次干部会议上，毛泽东向与会者推荐此书说："李达同志给我寄了一本《社会学大纲》，我已经看了10遍。我写信让他再寄10本来，你们也可以看看。"

1947年冬至1948年春，随着战略反攻取得重大胜利，毛泽东通过中共"地下交通"带信给正在湖南大学任教的李达说："吾兄乃本公司发起人之一，现公司生意兴隆，盼兄速来参与经营。"李达收到毛泽东的密信后，感动不已。可当时他患有严重的胃溃疡，不能长途跋涉。

1948年中共中央发布"五一口号"后，组织各地民主人士到解放区筹备新政协已成当务之急。9月20日，在中共中央拟定的77人邀请名单中，李达在"社会贤达"一列。11月5日，中共中央再次致电香港分局，在提及李达时，特别注明"望设法从湖南接出，翦伯赞知其住处"，可见中共中央对李达的重视。

1949 年初，香港《群众》杂志转载了毛泽东《将革命进行到底》一文。李达从一位进步学生手里拿到这期杂志后，兴奋地说："天就要亮了啊！"经过中共地下党的周密策划，李达于 4 月 16 日深夜秘密离开长沙，前往香港，受到邵荃麟等人的热烈欢迎和盛情接待。根据组织安排，李达随"岳州轮"北上。杨奇等当年的组织者在回忆录中曾把李达放在了"宝通号"乘客中，极有可能是时间相近而出现的记忆错误。在"岳州轮"领队周而复笔下，李达的形象栩栩如生：

> 　　他沉默寡言，态度和蔼，平易近人，言谈声音比较低而缓慢，好像在字斟句酌，看不出是一位革命家、著名教授。当时，他年近花甲，穿一身灰色西装，打着淡青色领带，头发灰白稀疏，已经"拔顶"了，似乎剃得光光的，可是两眼炯炯有神，从严肃的表情看，他好像经常在思索什么哲学问题和人生问题……
>
> 　　上船以后，我请他住在船上让出的一间客舱里，他发现客舱的床位很少，100 多人没有住处，谦让道："我可以和大家住统舱，不要住在这房间里。"我告诉他统舱人多而杂乱，不能好好休息，让年轻人和家属们去住，你是长者，应该有个安静的地方休息，已经安排好了，不要谦让了。他说，我一个人住在客舱里，内心实在不安，应该和大家住在一起，我再一次劝他，并且告诉他还有别人也住在客舱里，他才勉强同意，说只好服从你的安排了。

在其他人晕船不适时，周而复到客舱去看望李达，问他感觉怎么样，晕不晕船。李达却没有不适感。这归功于他早年到日本留学期间，坐了不少次轮船，已经习惯了。李达不仅没有晕船，还在船上安心读书，研究哲学。

李达在船上向周而复提出，到解放区后，"希望看望润之同志"。周而复答应将他的这个愿望报告党中央和毛泽东。抵达天津后，周而复立

→ 李达（右二）离开香港前与友人在太平山顶的合影

即向中央报告此行情况，并将李达的愿望上报，随后得到答复：李达不必在天津停留，直接去北平，毛泽东主席准备见他。周而复说：到达天津后，"我把这个消息告诉李达同志，他平静严肃的面孔上绽开了'微笑的花朵'，匆匆上车，到北平去了"。

"岳州轮"的吨位大概有一万吨，上下三层，客舱只有少数几间，原来全部是船上的大副、二副和工作人员住的，特地让出两间给北上人员，其余完全是统舱，并非如杨奇回忆所说的"船上有客房设备，因而较为舒适"。这也是李达推辞不住客舱的原因。这个统舱不是一般客轮与客货轮那样的统舱，并无床铺，只是一片空间，装货用的，现在住上人了。民革中央执行委员吴茂荪1948年12月已随李济深离开香港。他的夫人王枫带着孩子也在统舱里。统舱里住满了，还有许多人没地方住，唯有甲板和船舱走道空着。姜椿芳、舒绣文，包括周而复本人，只能在不避风雨的甲板上摊开通铺休息。

"岳州轮"上的居住条件难尽人意，对于女士和孩子来说，海上旅行同样不易。周而复对此作了实录性的记述：

> 轮船向北方驶去，风浪越来越大，船身摇摇摆摆，好像一个人在"打摆子"（疟疾——作者注），战栗不已。有人从统舱里跑上来，告诉我，于立群和孩子们几乎都在呕吐，不知道什么原因，快去看看。我到统舱一看：于立群在不断呕吐，有的孩子也在呕吐——晕船了。根据医生的意见，干脆让晕船的人呕吐完了，服点晕船的药，躺下来休息。刚把于立群和孩子们安置好，又传来许多人的呕吐声，真是扶得东来西又倒，忙不迭地招呼。统舱晕船的人慢慢少了，回到甲板上地铺那儿，也有人晕船，幸好是少数，因为睡地铺的人比较年轻力壮，并且甲板上摇摆的幅度小于下面统舱。

航行条件的艰苦并没有影响大家向往解放区的喜悦心情。"岳州轮"在人数上不及"宝通号"，但热闹程度并不逊色。"岳州轮"也因地制宜

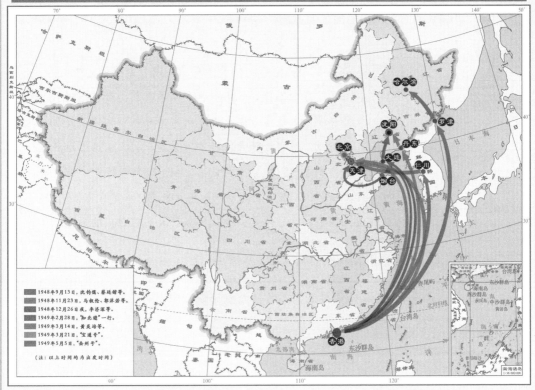

民主人士从香港北上主要批次线路图

审图号：GS(2016)1600号

国家测绘地理信息局 监制

→ 民主人士从香港北上主要批次线路图

开展各种娱乐活动。"宝通号"办了一张《宝通报》,"岳州轮"也办了一张《岳州报》;"宝通号"举办了多场文艺晚会,"岳州轮"上同样载歌载舞。郭庶英回忆说:"在船上的七天(应为九天——作者注),大家互相关照,还组织了聚会,演节目,我和小朋友表演了'兄妹开荒'。"周而复对"岳州轮"上的情景作了这样一番记载:

> 我们平安地离开香港港口,到了公海上,在下面统舱休息的人们,纷纷走到甲板上来,熙熙攘攘,谈笑风生,互倾衷肠,盼望尽快到达解放区,有的人高声歌唱,还要求四大电影明星之一——舒绣文表演,她在人丛中说,很抱歉,我只会演戏,别的什么也不会,在船上没法演独角戏,和大家一同唱歌吧。大家纵情欢唱,似乎遏住蓝色天宇的冉冉白云,又仿佛激起海上的波浪。轮船欢快地破浪前进,卷起白雪似的浪花,从船的两侧滚滚而去,到了船尾,合成一条巨大的雪白似的浪花,像一条白色的巨龙,向远方奔腾而去。

周而复施展作家笔法所勾画的情景和抒发的感慨,可以用在所有批次的北上解放区的航船上。

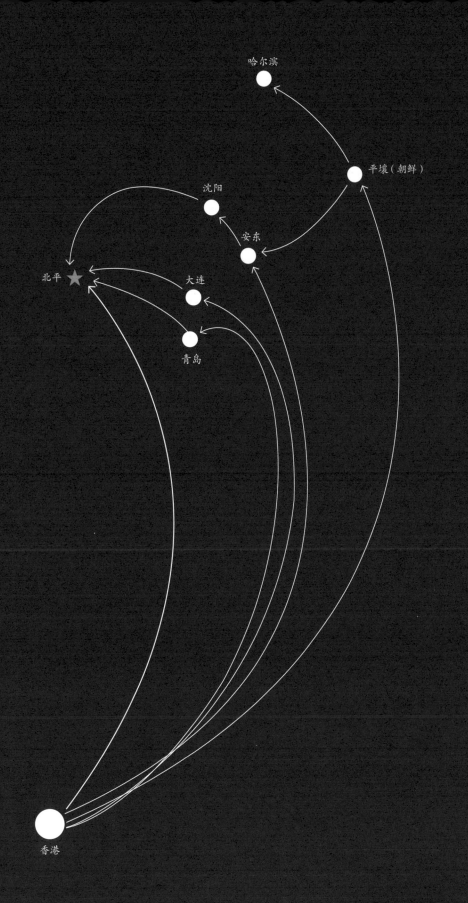

哈尔滨

平壤（朝鲜）

沈阳

安东

北平 ★

大连

青岛

香港

对于从香港北上的人员，杨奇曾引用中共广东省委党史研究室作出的档案统计：从1948年9月至1949年9月，接送民主人士和文化精英北上的工作，大大小小20多次，共有1 000多人，其中民主人士350多人。罗培元也有一个说法：香港分局从1948年9月至次年8月，共分20批，护送民主人士350人，加上中共及其他人员北上的共1 000多人。这两位亲历者给出的统计范围小有差异，但都反映出当年在香港的各界人士中，北上已成趋势。除了一些党派领袖人物、大规模队伍之外，还有一部分人三五成群或独自出行，相继到达了解放区。这正应了叶圣陶北上航船上所题诗句："篑土为山宁肯后，涓泉归海复何求。"

涓涓细流归海

第九章

王绍鳌一行

王绍鳌字却尘，1888 年生于江苏吴江。早年留学日本，回国后当选中华民国第一届国会议员，曾参与讨袁护法运动。四一二反革命政变后，投身反蒋斗争。抗战期间，在上海发起组织国难救济会，从事抗日救亡运动。1934 年参加中国共产党。后受中共委派，于 1945 年 12 月与马叙伦一起发起组建中国民主促进会，并任常务理事。全面内战爆发后，王绍鳌避难香港，参加民主活动。中共"五一口号"发布后，王绍鳌和马叙伦一起代表民进响应号召，推动"新政协运动"。在中共邀请和组织民主人士北上筹建新政协时，名单几次调整，王绍鳌一直在册。建立一个民主、和平、统一、富强的新中国，是王绍鳌毕生的追求。北上行动一开始，他就迅速行动，于 1948 年 9 月 17 日，和方与严、力扬等人乘坐希腊轮离开香港，北上解放区。

在香港分局策划和组织民主人士北上之初，政治和军事环境、出行路线、民主人士心态不时变化，不确定因素很多。中共中央也在关注王绍鳌的行程。9 月 20 日，中央致电香港分局并钱之光："你们原定第二只苏轮可载郭沫若、马叙伦、王绍鳌三人及胡绳等同志北来，现此轮只来王老一人。"实际上，由于原定船只出现事故，需要换船，王绍鳌等不及换船，先行出发。胡绳也未等换船，与沙千里扮作商人转辗韩国仁川到达解放区。后来，钱之光他们另租一艘挂挪威国旗的"华中轮"，搭载郭沫若等人北上。

9 月 26 日，王绍鳌到达西朝鲜湾南浦港。据当时负责接待任务的东北行政委员会公安总处三科科长李正南回忆："王绍鳌则于 9 月 29 日从平壤北上与中国毗邻之朝鲜东北端的边境小镇南阳，过江桥赴图们，于

10月2日来到哈尔滨。"也有学者从10月8日中共中央给高岗、李富春和东北局的电文"王绍鏊（即却尘，代表上海中国民主促进会——作者注）亦将由北鲜抵哈"判断，王绍鏊到达哈尔滨的具体时间应该在10月8日之后。从李正南给出的几个时间节点看，王绍鏊10月初到达哈尔滨应该可信。中央电文出现"亦将"有可能是得到信息不及时推测出来的。王绍鏊到达后，立即参与《关于召开新的政治协商会议诸问题》的商讨之中。

张曼筠、周颖一行

1946年7月，李公朴、闻一多积极参加民主运动，呼吁和平，反对内战，相继在昆明被国民党特务暗杀。李公朴夫人张曼筠一家回到上海。后在李公朴的助手王健帮助下，举家转移香港。到了1948年，解放战争形势喜人，张曼筠及其全家希望能早点到解放区参加工作和学习。在潘汉年、连贯安排下，由王健护送张曼筠及一双儿女、邹韬奋夫人沈粹缜及女儿、萨空了的两个女儿、张冲的女儿等北上。10月28日，他们登上"湖南号"货轮，秘密出发。

李公朴的女儿张国男当时17岁，这趟旅程对她产生了重要影响。后来，她与担任沈钧儒秘书的王健结为夫妻。在《深情怀念王健》这篇文章中，她对北上这段经历作了详细回顾。"上船以前，我们这一行九口，被王健分为四组，王健反复叮嘱大家是在船上萍水相遇的，可以交谈，但不要太亲热，不谈过去，不谈将来，只谈眼前。他还规定，见了熟人不准打招呼，因为我们的熟人都像我们一样要去解放区，彼此冷淡，互不见怪。他按照党组织的要求，给每个人都起了化名，编造了新的身份，并要求大家务必记住自己的化名和身份，千万不能讲出自己的真实姓名。"尽管海面上时有大风大浪，但旅程还算顺利。

2019年10月，88岁高龄的张国男接受作者采访时，拿出了她珍藏的《王健日记》。王健在日记中详细记下了这次航行：

　　10月31日，从船上水手那里传来"沈阳丢了""平津也丢了"，"得"
与"丢"不同的立场有不同的心情。11月2日，下午船到了仁川，不
能进港，只有停在港外。11月5日，前后舱的货都卸完了，下午5点
开船直奔天津，"平津丢了"的消息被证明是不可靠的。11月6日，船
过黑水洋，风浪特别大，船身像是摇篮一样，大人们不像孩子，躺在摇
篮里就更不好过，一个个又像患了重病似的。11月7日，过了烟台就
快到天津港了，一大早就跑到甲板上，看着大海，迎接日出，庆祝十月
革命节，多么令人向往的阳光和自由啊！下午5点到了大沽口船停泊下
来，上来一批海关人员，东看看西看看，开始进行检查。11月8日，阴
有小雪，8点多钟船开了，大家再一次检查行李，然后捆绑起来，每人编
好的口供跟大家重复一遍。把稍稍有点问题的带文字的东西撕烂丢去。

→ 张曼筠（靠柱者）、沈粹缜（半蹲者）等在甲板上

当天，船到塘沽码头掉了个头，停泊在河中心。他们已看到中共地下组织安排接船的钟先生。张国男回忆：这时上来一位穿着皮上衣的宪兵，看来是这里管制码头的头目，他命令码头工人马上撤掉走梯跳板，然后叫华人买办把乘客的名单拿出来检查。这时王健不顾一切地挤到工作人员堆里，他把头钻进去，看见小头目手里的一张条子上有六个字："马×伦李公樸"，旁边盖了个图章，刻的小字看不清。马字下面这个字写得很模糊，根本不像个"叙"字，第六个字笔画写得很粗，一看就知道是"樸"字之误。他看了以后一切都明白了，心里愈发紧张起来。那个小头目还问沈粹缜："你认识李公樸夫人吗？"

民主人士周颖曾在重庆因"劳协事件"（国民党武装接收中国劳动协会及其机构——作者注）被国民党当局逮捕，获释后到香港参加民革的筹建，当选为常委。此次，她与张曼筠他们同船，到华北解放区。她化名"李西孟"，沈粹缜化名"李沈瑛"。她们一个个接受宪兵盘问：身份、来历、去哪儿。女宪兵还搜查女性乘客的身体，检查行李，看得非常仔细，连一张纸片都不放过。最终，大家有惊无险地通过检查。70多年过去了，当时危急的情形张国男仍历历在目。从她的描述也可想见，沈钧儒他们若不是从罗津直接抵达东北解放区，再化装也不可能应对得了这"缜密"的检查。

1948年11月21日是华北宣布戒严令的第一天。在天津稍作调整后，张曼筠、周颖一行在中共地下组织秘密掩护下，冲过封锁线，进入解放区，翻开了人生新的一页。

李章达、千家驹一行

李章达、陈劭先、陈此生、卢于道等人都在中共中央邀请北上的名单上。李章达还是1948年11月5日中共列出的"10位最重要者"之一。

李章达，1890年生于广东东莞。他早年加入中国同盟会，参加过武昌起义、讨袁运动，曾任孙中山警卫团团长、大元帅府参军等。1927
年4月蒋介石发动反革命政变后，李章达愤然辞去一切职务。抗战期间，
他在香港成立全国各界救国会华南区总部。1941年后参与筹备组织中国
民主政团同盟，创办《光明报》，团结进步人士参加抗日救亡运动。抗
战胜利后，在香港成立民盟南方总部，任主任委员。他还参与组建1948
年成立的中国国民党革命委员会，任民革第一届中央常务委员兼秘书长。
中共"五一口号"发布后，李章达代表中国人民救国会与李济深等12人
发表"五五通电"。此年底，中国的北方，人民解放军正以摧枯拉朽之势
发起战略决战。在南方从事民主运动多年的李章达，不顾病体，与陈劭先、
陈此生、卢于道、陈其瑗、千家驹、夏康达、林植夫等人，离开香港北上。

　　他们是1949年1月23日出发的。林植夫在《林植夫自述》中说："新
年过后，周恩来来电相邀，我就同其他民主人士一道于1月23日北上了。"
他们北上的经过，《千家驹年谱》有一段叙述：

> 本月，应许涤新代表中共党组织要求，同意离港北上解放区。了结
> 《经济通讯》事务，退还订户多余订费；家眷的生活费用除中共地下党组
> 织负责一部分以外，其余全部由郑铁如先生负担。家眷经济由中共地下
> 党和郑铁如先生各贴助500元港币。然后由中共安排，具体是潘汉年落实，
> 与李章达、陈邵先（应为陈劭先——作者注）、陈此生、陈其瑗、夏康农、
> 林植夫、卢于道等八人由香港乘轮船北上，一条挂外国旗的轮船，在山
> 东烟台登陆后，白天睡觉，晚上行车，坐卡车，专家们在里，警卫人员
> 在外受着寒风，经青州、济南、石家庄，抵达中共中央所在地河北平山
> 县李家庄招待所（西柏坡村附近——作者注）。沿途受到中共各地方领
> 导的热情招待。

　　这段记述来自千家驹晚年的回忆。从"坐卡车，专家们在里，警卫
人员在外受着寒风"这一细节可见，解放区对民主人士细微周到的接待，
给千家驹留下了多么深刻的印象。

据《千家驹年谱》记载，他们 1949 年 2 初到达西柏坡。在西柏坡，李章达一行受到毛泽东、朱德、周恩来等中共中央领导人的接见。接见后，陈此生曾高兴地赋诗一首："纵有千言万语，心情乐难以形容。勿骄满，吾师教诲，牢记在心中。"

随后，他们经石家庄，再坐长途汽车、火车到达已和平解放的北平，住在北京饭店旧楼。从"过了几天，在北京饭店又陆续见到了第一批北上转东北抵京的著名民主人士们"这一记载推测，他们到达西柏坡乃至北平可能是 2 月中旬，因为沈钧儒等第一批北上者 2 月 25 日才从沈阳赴北平。

李章达是新政协筹备会 134 名代表之一，但他到北平不久，心脏病复发，只得于 6 月返回香港进行手术治疗。千家驹代表他参加了筹备会。中国人民政治协商会议第一届全体会议召开时，他们八人中，李章达、陈劭先、陈此生、陈其瑗、卢于道、千家驹六人作为代表，名列在册，李章达缺席当选为中央人民政府委员。李章达尽管不能亲临现场参加新政协盛会、目睹开国大典盛况，但他还是以无比兴奋的心情写了一篇《新中国光芒万丈》刊登在《华商报》上。他以由衷的喜悦形容新中国的诞生："正如旭日初升，她给予每个中国人民以温暖。"

谢雪红、吴耀宗一行

谢雪红是台共、台盟的主要创建人之一，1901 年 10 月出生在台湾彰化的一个贫苦家庭。自 20 世纪 20 年代起，她一直领导台共主张"台湾独立"，并为之而奋斗。那时台共所提出的"台湾独立"与当下"台独"分子的主张有本质区别。台共的"台湾独立"，是号召包括台湾人民在内的中华民族进行不屈抗争，使台湾从日本殖民统治下获得独立，而重回祖国怀抱。台湾光复后，谢雪红参加了中共台湾省工作委员会领导的革命活动。1947 年 2 月 28 日，台湾爆发全岛民众反对国民党专制腐败，要求民主自治运动的"二二八"事件。谢雪红作为主要领导者，拿起武器，与统治者进行武装斗争。

"二二八"抗争失败后，谢雪红等人逃到上海，遭特务追捕。在这危急关头，中共地下党组织与锦江饭店老板董竹君联系，让她设法掩护谢雪红。倾向革命的董竹君请来职业律师刘良商议计策，决定由刘良将谢雪红带到自己家里，等候乘赴南洋的货轮，然后转道香港。

这段经历，董竹君在《我的一个世纪》里曾有非常生动的回忆：

> 我接此任务后，在睡房里踱来踱去，细想研究。决定还是由刘良去办较妥。刘良有些胆寒，他说："码头四周特务很多，上次孟秋江脱险，真是战战兢兢地办成了。若万一出事，岂不连伯母（他叫我伯母）一道倒霉？"我鼓励他要以大义大勇来做革命工作，同时关照他："要提高警惕，冷静沉着，还要有高度的斗争艺术，千万小心，上海江湖一套你比我懂得多，又机智，你能圆满完成任务的，我有信心。"刘良沉默一阵就按我们的计划、步骤进行。护送谢雪红等四人离开上海也是搭乘"常经轮"，情况差不多，只是谢雪红在码头上讲福建话叽叽喳喳惹人注目，把刘良急得要命。刘良也就不客气地板起面孔："嘿！严肃点！你们快点！每个人拿着自己的行李跟我走！"大家看了他一眼，也不知他是何许人，只好乖乖地跟他走。刘良高兴地回来了。

谢雪红撤离到香港后继续从事民主运动。1947年11月12日，在中国共产党的帮助下，谢雪红等人在香港成立台湾民主自治同盟，提出"民主自治"口号。

中共中央"五一口号"的发布，犹如灯塔，为漂泊的帆船指明了前进的方向。包括台盟在内的各民主党派、各社会阶层乃至海外侨胞纷纷响应。1948年5月7日，台盟发表《告台湾同胞书》，号召同胞们赶快起来，响应中共号召，反对美国阴谋策划的台湾分离运动。

此时，还有一个声称"代表全体台胞"的"台湾民众联盟"于5月19日也通电响应中共"五一口号"，但通电连篇有着"台湾分离"或"台湾独立"的含义，企图实现台湾所谓"自治"。

　　谢雪红领导台盟对上述通电进行驳斥，反对这种企图通过美国的支持实现所谓"联合国托管台湾""台湾独立"的论调，坚决主张台湾是中国领土的一部分，台湾人民也是中华民族的一部分。台盟的这些革命活动，得到了中共中央的高度肯定。

　　从1948年9月开始，在香港的爱国民主人士陆续北上解放区，参加新政协筹备。1949年2月16日，谢雪红及其丈夫杨克煌，以及宗教界人士吴耀宗、中共党员李纯青等人离港北上。

　　吴耀宗，1893年出生于广东顺德，是中国基督教"三自"爱国运动发起人。1946年6月，时任基督教青年会全国协会出版部主任的吴耀宗，与上海其他爱国民主人士代表一起去南京请愿，呼吁停止内战，实现和平民主。代表团到达下关车站，遭到特务们的棍棒袭击，吴耀宗也险遭毒打，这就是著名的"下关惨案"。事后，他仍不畏强暴，常去各大学演讲"信仰与生活""学潮与时局""基督教对今日社会之使命"等专题，受到学生们的欢迎。

　　1948年春天，人民解放军已经转入战略进攻。4月，吴耀宗在《天风》杂志复活节号发表了著名的《基督教的时代悲剧》。文章发表后，吴耀宗引起某些外国传教士的不满，遭受他们的严厉指责。恰逢此时，中共中央发布"五一口号"。他于5月19日辞去了天风出版社社长职务，与旧教会反动势力进一步决裂。

　　由于积极参加反蒋民主运动，吴耀宗被列入国民党特务的黑名单。是年12月，吴耀宗和江文汉等应邀出席在澳大利亚悉尼举行的世界基督教、学生同盟、亚洲领袖会议。之后，他回上海参加基督教全国协会的一个紧急会议，后即飞赴香港。北平和平解放后，受中共中央邀请，在香港分局的安排下，吴耀宗与谢雪红同船北上。

　　受中共香港党组织的委派，地下党员赵子晖承担谢雪红、吴耀宗一行的护送任务。他在《记香港民主人士赴解放区的一次旅程》中几乎"实录"了整个行程。他回忆说：

　　轮船启航后，由南海驶向东海。过了几天，我们这些旅客交谈虽不多，但彼此有了一些了解，相处得不错，但不感到寂寞。同行的除了吴耀宗先生外，记得还有台盟的负责人谢雪红、大公报的李纯青先生，以及沈钧儒先生的长子，名字记不得了，是位工程技术人员。我名义上是个"西药商人"。还有一位姓康的先生，年龄比我略小，河南口音，不常说话，谁都不知道他是干什么的。我们住的船舱很舒适，据说原来是船员的寝室，让出来给我们住了，这也是党组织事先安排好的。船上的伙食也不错，一日三餐、荤素几大碗，唯恐吃不掉，想不到旅途生活竟如此之好。

　　轮船向北方行驶了一星期，谢雪红一行从香港出发时只穿着一件单衬衫，到朝鲜领海时已是全副冬装了。他们进入朝鲜南浦港，再从南浦乘火车前往平壤。朝鲜政府派了专人护送，并给予贵宾礼遇。在平壤，他们参观了一些名胜古迹。几天后，在朝鲜政府的护送下，他们离开平壤，经过边境的新义州，越过鸭绿江大桥到达安东。"瞬间车已到桥的另一端，我解放军战士笑容可掬地迎接我们的到来。啊，过了国境线啦，进了家门啦，大家都欢呼起来，谢雪红环顾着大伙，咯咯地笑出声来。"赵子晖在回忆里生动描述了谢雪红等人到达解放区的喜悦心情。

　　安东城市不大。谢雪红、吴耀宗一行参观了造纸厂、橡胶厂和托儿所后，乘火车到了沈阳，住在一家原来叫"皇家饭店"的旅馆，据说日本关东军司令部曾驻在这幢大楼里。在沈阳，他们同样也受到了当地领导同志的关心，参观了许多工厂，生活方面被照顾得很周到。3月7日，东北人民政府专门安排了一列专车开往北平。乘这趟专列的除了谢雪红一行，还有停留在东北参观访问的胡风等人。列车入山海关，过滦河大铁桥，到了天津。在天津，列车上的乘客分头行动。胡风等去了李家庄；吴耀宗、谢雪红一行去往北平。

　　谢雪红3月10日抵达北平后，台盟总部宣布由香港迁到北平，谢雪红正式担任台盟总部主席。6月，谢雪红以中华全国民主青年联合总会副主席的身份出席新政治协商会议筹备会，参与新中国的筹建工作。

胡风一行

胡风，原名张光人，笔名谷非、高荒、张果等，1902 年出生于湖北蕲春，现代文艺理论家、诗人、文学翻译家。早年参加"左翼作家联盟"，与鲁迅关系密切。1936 年与人合编《海燕》文学杂志，发表了《人民大众向文学要什么》，引发"两个口号"的论争。全面抗战爆发后，他主办《七月》周刊，扶植文学新人，并辗转多地参加抗战文艺活动。1941 年 1 月皖南事变后，《七月》被停刊。他另创刊《希望》杂志，并在创刊号上发表《置身在为民主的斗争里面》及舒芜的《论主观》，引发关于"主观"问题的争论。

抗战胜利后，胡风继续进行文艺创作。1948 年的上海，正值黎明前的黑暗，已容不下一张安静的书桌。此时，他刚完成《论现实主义的路》。书尚未面世发行，他就由于上了国民党当局的黑名单，不得已在中共上海地下组织的安排下，由金山护送，于 12 月 9 日登上开往香港的轮船。

对于赴香港，胡风内心是不大乐意的。由中共香港文委主办、邵荃麟主编的《大众文艺丛刊》正在对胡风的"主观论"文艺思想进行批判。邵荃麟、冯乃超、乔冠华、胡绳、林默涵等人纷纷发表文艺批评文章，有的批评标准显然超出了文艺的范畴。胡风在上海赶写的《论现实主义的路》，正是对这种批评的反批评。尽管有文艺之争，胡风的抵港，仍受到乔冠华、邵荃麟、冯乃超等人的热情招待。

胡风的这次抵港较为短暂。他的目的地是经香港绕道进入华北解放区。应中共中央邀请，1949 年 1 月 6 日，由共产党员、剧作家杜宣带队，胡风与刚从英国回国的马本师、泰国归侨许侠、章汉夫的夫人龚普生等一行 13 人，从香港乘坐一艘挪威商船秘密北上东北解放区。

1 月 12 日，胡风等人乘坐的挪威商船在辽宁王家岛海岸停泊避风。《胡风日记》记载："1 月 12 日，下午六时，到王家岛海面，岛属辽宁省庄河县。"因为天黑，胡风等人当日并没有上岸。第二天上午，时任庄河县公安局局长的刘铮，安排岛上分所所长王喜英上船与胡风等人见面，并用汽船把他们接到岛上。胡风后来在《第一片土》（1949 年 5 月 23 日，追记于北平）中回顾了这段经历：

> 王家岛，我们所奔赴的新世界的第一站。在雪风里面它屹立着，一个饱经风霜的、不现出任何表情的、庄严的哨岗。人和行李先下到了小汽船，开到岛边，再用小木船分批拨到岸上。看到了岛上有不大的树木，也发现了村庄。
>
> 站在靠门的炕边迎接着我们的，是一个穿着半旧的黄色棉军服的斯斯文文的青年人。个子不高，西式的黑色头发不那么乱，上唇有一抹开始现出了浅黑色绒毛似的胡子，这是庄河县公安局刘局长。

在王家岛分所，胡风他们与这位叫刘铮的局长见了面，从下午谈到晚上。通过交谈，胡风了解到岛上的真实情况，特别是解放区人民的生活和心情。东北的冬天寒冷无比，胡风却感到被一股暖流包围着，他觉得自己"好像从严冬走进了和煦的春光里面。土地对于我有一种全新的香味，风物对于我有一种全新的彩色，人物对于我有一种全新的气质，我感到我的心里充满了长年以来所期待的，对于祖国的祝福"。当晚，胡风等人被安排在分所旁的三间民房过夜。

胡风一行只在王家岛住了一晚。1 月 14 日上午，他们告别刘铮、王喜英以及岛上的老乡，离开王家岛。同日下午，胡风等人在庄河县打拉腰港上岸，乘坐汽车到达庄河县城，住进了一家土店——复兴旅店。庄河县刚解放不久，到处是战争留下的痕迹。胡风在街上转了一圈，感慨不已。1 月 15 日，胡风等人又乘坐县政府提供的无篷卡车，直奔普兰店，后经瓦房店于 1 月 17 日到达沈阳。

胡风在东北停留近两个月，到安东、本溪等地进行参观访友，然后前往华北解放区。3 月 17 日，他到达中央统战部所在地河北平山李家庄，受到周恩来的亲切接见。他分别给毛泽东、周恩来写信汇报到解放区的感受，用"我走的是满天星满地花的道路"形容自己内心世界。同月 24 日，胡风随中央统战部乘坐大汽车去到北平。

怀着对新中国的满腔感情、对新生活的热烈向往，胡风在 1949 年 11 月写下了讴歌时代的长诗《时间开始了》。

巨赞法师一行

巨赞法师，俗姓潘，名楚桐，字琴朴，江苏江阴县要塞镇贯庄村人，著名佛学家。1927 年就读于上海大夏大学时，积极参加革命活动。1929 年秘密参加共产党，领导小学教员罢教，被国民党当局缉捕。1931 年春潜往杭州灵隐寺出家。抗战爆发后，巨赞法师奔走于福建、香港、广东、湖南等地，组织佛教徒参加抗日救国活动。抗战胜利后回杭州灵隐寺，任浙江省及杭州市佛教协会秘书。1948 年他创办武林佛学院并任院长，多次应邀赴台湾、澳门、香港讲学。同年春天，在香港讲经时，巨赞法师与李济深、沈钧儒、章伯钧、郭沫若等人经常谈论佛教。他也曾去台湾进行考察，回到杭州，开始考虑改革全国佛教教务计划。而后，再度到香港，受潘汉年嘱托，撰写一个新中国佛教改革草案。

1949 年 3 月，巨赞和民革副秘书长吕集义、李济深夫人周月卿等同船北上，抵达北平后受到热情招待。巨赞在北平期间，经过一个多月的考察和讨论，上书毛泽东、周恩来，提出中国佛教改革方案。后来，巨赞作为佛教界代表参加了中国人民政治协商会议第一届全体会议。

萨空了一行

萨空了，原名萨音泰，笔名了了、艾秋飙，是 20 世纪我国杰出的新闻工作者、新闻出版家。他从 1927 年开始从事新闻工作，一生与报刊结缘。抗战时期，与梁漱溟在香港创办民盟机关报《光明报》，任总经理。

在民主人士中，萨空了由于英语较好，就作为协调人，沟通民主党派与港英政府的相关事宜。中共中央发布"五一口号"后，为了组织在港的民主人士北上，中共方面曾请萨空了出面与港英政府协商，拟安排民主人士乘飞机转道欧洲再到东北解放区。因港英政府的推托，未能如愿。

随着大批民主人士已经北上解放区，1949 年 3 月 28 日，由潘汉年亲自安排，萨空了与新华社香港分社《东方通讯》主编金仲华、戏剧家欧阳予倩、音乐家马思聪乘坐大成行的"三民号"轮船离开香港，于 4 月 5 日抵达天津。萨空了于 4 月 8 日到达北平后，参与新政协的筹备，投身新中国的新闻出版事业。

何香凝一行

何香凝是中国民主革命先驱廖仲恺的夫人，著名的国民党左派。"一树梅花伴水仙，北风强烈态依然。冰霜雪压心犹壮，战胜寒冬骨更坚。"这首题于一幅《梅花》画作上的诗，可谓是何香凝一生坚毅顽强、追求真理、高风亮节的生动、形象的写照。

何香凝 1878 年生于香港的一个茶叶商家庭。自小她就展现出顽强的性格，反对母亲给她缠足，拥有了一双在当时人见人怪的"天足"。到了谈婚论嫁的年龄，何家人正为此犯愁，恰好在香港皇仁书院学习的归侨子弟廖仲恺正"敲锣打鼓似的宣扬要讨一个没有裹过小脚的人做媳妇"。何家托媒人说合，两人于 1897 年成婚。新婚夫妇寄居在廖仲恺哥哥家阁楼上，读书、吟诗、作画，其乐融融。何香凝曾有诗云"愿年年此夜，人月双清"，故为其爱巢命名为"双清楼"。何香凝后来号"双清楼主"，也是追忆这段美好时光。

→ 廖仲恺、何香凝夫妇与子女的合影

为实现廖仲恺赴日本留学的愿望，何香凝毅然卖掉自己的嫁妆，并随同留学东京。1903 年春，何香凝夫妇在东京结识了孙中山，开始追随孙中山参加革命活动。1905 年，中国同盟会在东京成立，何香凝成为同盟会第一批女会员。在读书之余，何香凝做着同盟会"女管家"的差事，如同"夫人"干了"婢女"的活，即便有了女儿廖梦醒、儿子廖承志，也没有影响她工作的热情。何香凝夫妇的东京寓所，成了革命党人的通信联络站和聚会场所。在东京，何香凝转入美术学校学习绘画，在漫长的革命生涯和斗争岁月里，绘画成为何香凝终其一生的爱好和革命武器。在此期间，读书、育儿、管家，何香凝不辞辛苦。由于她为人热情、兢兢业业，深受孙中山和同志们的信赖。

辛亥革命胜利后，廖仲恺、何香凝协助孙中山致力于中华民国的统一和建设，但革命果实很快被袁世凯窃取。他们积极参与讨袁与护法斗争。由于陈炯明的叛变，孙中山在广州蒙难。何香凝不顾个人安危，四处寻找。她在《忆孙中山广州蒙难》中说，当在永丰舰上见到孙中山时，"孙先生和我都哭了"。随后，她又独闯陈炯明会议室，营救出廖仲恺。

当时，备尝失败痛苦的孙中山和廖仲恺、何香凝夫妇，都在探索新的道路。俄国十月革命的胜利，让孙中山看到了希望，他决定与中国共产党合作，改组国民党，这得到何香凝夫妇的大力支持。在国民党一大上，何香凝被推荐为妇女界三位代表之一。1924 年 8 月代理国民党中央妇女部部长，领导妇女运动。1925 年孙中山在北京病危时，何香凝入京侍疾，成为他临终遗嘱的签证人之一。孙中山和廖仲恺相继去世后，何香凝继承他们的遗志，维护三大政策，努力推进国民革命运动。1926 年 1 月当选为国民党二大中央执行委员，积极支持北伐战争。

1927 年蒋介石在上海发动四一二反革命政变。何香凝于第二天晚上在汉口发表演说，号召广大革命党员"打倒这些反革命派"。1928 年底，何香凝对蒋介石、汪精卫的幻想终于破灭，发表公开声明，"辞去国民党内的一切职务"。为躲避纠缠，她蛰居上海潜心丹青，后游历南洋、英国、德国，在法国巴黎郊外侨居，过着读书、作画的流亡生活。

1931 年九一八事变后，何香凝义愤填膺，迅速从巴黎赶回上海，在报纸上发表《对时局的意见》，要求政府对日宣战。抗战期间，何香凝组织上海妇女界慰问前线战士。她和宋庆龄发起募捐活动，创办了伤兵医院，培训医护人员。1937 年全面抗战爆发。年近花甲的何香凝在上海寓所成立了最早、最大的妇女抗日团体中国妇女抗敌后援会，发起"献金运动"和"扑满运动"，为前线购买物资和药品。上海失守后，何香凝迁居香港，呼吁国际友人和海外华侨支援抗战。香港沦陷之际，她前往桂林，直至抗战结束。

抗战胜利后，何香凝坚决反对蒋介石的独裁专制和内战政策，抨击国民党当局的倒行逆施。她不愿参与政事，遂避居香港。1946 年 6 月，内战一触即发。她发出悲愤的诗吟：

八载逃亡胜利回，

内战传闻增愤激。

不堪回首十三年，

泉下有灵应叹息。

在香港，何香凝与彭泽民、李章达等民主人士一起，不断为争取和平发表通电和谈话，接受采访，奔走呼号。两年间，他们联名致电十几次，揭露蒋介石发动内战及反共政策，声援内地的民主运动。

随着各民主党派和民主人士相继避难香港，何香凝和李济深作为召

集人筹建中国国民党革命委员会，积极组织国民党的民主力量，从事反蒋活动。1947年4月，在何香凝家里，李济深、朱学范等人正式商谈国民党民主派联合问题。朱学范事后曾感慨道："这次，我能与何香凝这样一位国民党左派领袖人物一起共商革命大计，感到无比振奋！""有何香凝参与筹划和领导，我对成立国民党爱国民主力量的联合组织，推翻蒋政权，便有了坚实的信心。"1948年1月，中国国民党革命委员会在香港成立。在为即将成立的组织命名时，起初大家意见不一。柳亚子带来上海方面的意见，建议定名为"国民党民主派同盟"；蔡廷锴建议建立"民主和平运动大同盟"；何香凝则主张尊重宋庆龄的意见，用"中国国民党革命委员会"命名。她强调国民党是孙中山先生缔造的，作为孙中山的信徒，成立革命组织，必须保留传统，才能团结更多的国民党民主派。

何香凝一直与中共保持着密切关系。她积极鼓励儿子廖承志、女儿廖梦醒参加共产党，开展革命活动。何香凝到港后，租住在坚尼地道25号一个单元房里。这里，便成了中共和民主党派经常聚会、活动的场所。

在港的民主人士中，何香凝资历深、资格老，德高望重。她利用自己特殊的身份，帮助中共香港分局与主要民主人士和社会上层搭桥引线，做了大量争取、团结民主人士的工作。中共中央发布"五一口号"后，何香凝犹如看到了曙光，预感自己奔波大半生的理想快要实现了，非常激动。她立即与李济深、沈钧儒等 12 位民主人士一起发表声明,响应中共号召。6 月 7 日,何香凝又领衔留港妇女界 232 人发表响应"五一口号"的宣言。在她的寓所,方方、连贯等中共组织负责人和民主人士多次召集会议,讨论新政协诸问题。面对有些民主人士的犹豫和彷徨,何香凝老人运用她的丰富经验和革命智慧,不着痕迹地解释中共政策,做着思想工作。

沈钧儒、郭沫若、李济深……一批批民主人士都离港北上,参加到新政协的筹备中去了。在这些民主人士中,有些人对中共提倡的新政协有一个同情、支持乃至义无反顾北上的过程。其间,何香凝发挥了重要作用。比如,在李济深迟疑之际,何香凝曾晓以利害,力劝李济深北上。钱之光回忆说,1948 年冬,有一天,吴茂荪约请李济深、何香凝、朱蕴山、梅龚彬、陈劭先、陈此生等人吃饭。饭后,何香凝对李济深说:"任公,你还是早走好,一则形势的需要;二则为了任公你自身的安全。"李济深终于决定成行。

→ 前排中为何香凝,右一为廖兼,右三为廖恺孙(即廖晖);后排左一为廖梦醒,左二为苏延宾

到了 1949 年 4 月,在香港的重要民主人士几乎都已北上。北平方面,中共中央与各民主党派协商建国任务日紧,也希望这位 70 多岁的老人参与谋划。这月初,何香凝由女儿廖梦醒陪同,带着 11 岁的孙女廖兼和 7 岁的孙子廖恺孙(即廖晖)离开香港。潘汉年派一位在港穗经商的地下工作者叶文津护送。他们一家人乘坐的希腊轮船于 4 月 12 日到达天津。廖承志专程到天津迎接母亲与家人,然后一同乘火车前往北平。朱德、周恩来、邓颖超以及民主人士沈钧儒、朱学范、柳亚子、刘清扬等人到北平车站迎接。当晚,毛泽东、周恩来专门设宴欢迎何香凝这位革命元老。

经过几十年的热血奋斗,凤愿很快就要变成现实,何香凝不由得百感交集。她不顾年迈,重整行装,投身到建立新中国、建设新中国的伟大征程中。

章士钊、李任仁一行

章士钊,字行严,生于 1881 年,湖南善化(今长沙)人,是我国近现代史上一位有影响的政治活动家、学者和律师。

章士钊早年任上海《苏报》主笔,经常发表激烈的革命言论,因此结识了章太炎、张继、邹容等人。《苏报》被查封后,他又与陈独秀、张继等人创办《国民日报》,继续鼓吹革命思想。他还与黄兴等组织华兴会,从事反清活动。后追随孙中山,参加讨袁斗争,失败后逃亡日本,创办《甲寅》杂志,倡导革新。段祺瑞执政时,章士钊任北洋军阀政府的司法总长、教育总长。在教育总长任上,他由于压制北京女师大学潮,曾被鲁迅斥为"落水狗"。

章士钊与中国共产党早期领导人多有交集。他曾推荐李大钊继任北京大学图书馆馆长,并在李大钊被捕后四处营救。1932 年陈独秀被捕后,他作为陈的辩护律师,在法庭上慷慨激昂,竭力斡旋。章士钊与毛泽东私谊尤笃,渊源颇深。辛亥革命后,章曾任北京大学教授,与毛泽东的岳父杨昌济是同事兼好友。据说，也是在章的力促下，杨昌济才同意将爱女杨开慧嫁给毛泽东。1920年，毛泽东为了筹备成立湖南共产党支部，并援助一部分同志去欧洲勤工俭学，急需一笔数目较大的钱款。情急之下，求助于章士钊。章欣然应允，当即筹集了2万银圆，全部交给了毛泽东。新中国成立后，从国民经济极度困难的1961年始，毛泽东从稿费中每年支出2000元，用了10年还上了这笔钱。

章士钊早年在日、法、英、德学习考察，对西方哲学、社会学、逻辑学有较深的研究，翻译过康德、弗洛伊德和马克思的著作。毛泽东在北京大学做图书管理员时，也曾去听章先生授课。

1945年，毛泽东赴重庆谈判期间，与章士钊聚谈。彼此稍事寒暄后，毛泽东就时局问计于曾经的先生。章士钊默然片刻，提笔写了个"走"字，递给了毛泽东。毛泽东返回延安后，向周恩来、刘少奇、朱德、任弼时等人特意提到章士钊所说"三十六计，走为上计"的建议。他说："他的这一意见应该引起重视。只有真正是共产党的朋友，才能提出这样直言不讳的意见。"

1949年1月，蒋介石被迫下野，李宗仁出任代总统。李宗仁为了能够"隔江而治"，特请章士钊等人出面与中共和谈。由章士钊等人组成的"上海人民和平代表团"于同年2月抵达北平，与中共谈判；后在西柏坡，毛泽东单独接见章士钊并交换意见，可见对章的态度别于他人。国共和谈破裂后，章士钊出走香港。

8月7日，章士钊受中共中央邀请，与李任仁一起，在乔冠华陪同下，秘密离港北上。

同舟出行的李任仁是广西国民党民主派的代表人物。李任仁，字重毅，1887年生于广西临桂。早年加入同盟会，宣传民主革命思想。曾参加第二次北伐战争，任广西省教育厅厅长，同时兼任国民党省党部常委、组织部部长。1931年，李宗仁、白崇禧统治广西后深感人才缺乏，因而开办了一所党政研究所，白崇禧任所长，李任仁当教育长，为广西培养了一批人才。

抗战期间，桂林是大后方。李任仁在美丽的漓江东岸购置施家花园，成立"广西文化供应社"，自任董事长。文化艺术界著名人士胡愈之、沈钧儒、杜重远、李章达、林励儒、陈劭先、陈此生等数百人聚集于此，开展抗日文化活动。

1941 年皖南事变发生后，桂系与蒋介石已公开反共。李任仁参与帮助八路军办事处的李克农等共产党员和夏衍、千家驹、张友渔、邹韬奋这些进步人士安全脱离险境。许多民主人士在回忆这段往事时感慨：抗战期间凡到过桂林的各界进步人士，没有一个不认识李重毅先生，没有一个不受到他的关照和支持。

1946 年 3 月，李任仁在重庆出席国民党六届二中全会时，正值叶挺、廖承志获释。重庆进步人士于"广东酒家"组织了欢迎李济深、李任仁、田汉新近来渝和叶挺、廖承志获释的各界名流聚会。李任仁做了题为"愿与全国人民开辟民主大道"的讲话。这令蒋介石、白崇禧极为不满。李任仁坚持己见，参与发起组织中国国民党民主促进会。全面内战爆发后，他再次设法掩护、资助一批进步人士安全转移至香港，并联络国民党内的民主派和爱国民主人士，开展反内战、反独裁的民主活动。1948 年 1 月 1 日，民革在香港正式成立，他当选为中央委员。与此同时，他还冒险在桂系军政人员中进行策反工作，因此受到国民党当局和桂系顽固派的攻击。

1949 年 7 月，新政协会议召开在即。同月 10 日，周恩来致电中共香港党组织负责人乔冠华，责其邀请并协助李任仁经香港去北平参加会议。7 月中旬，李任仁接到李章达自香港带来的密信，转告中共的邀请。此时恰逢李宗仁给广西省主席黄旭初打电话，请李任仁去广州政府任职。李任仁顺水推舟，7 月 18 日乘飞机到广州，并在广西驻粤办事处主任、民革党员陈雄帮助下秘密飞往香港。在香港，李任仁与黄绍竑、龙云、刘斐等 44 人，签署了《我们对现阶段中国革命的认识与主张》的联合宣言，在香港《大公报》上发表。

章、李一行都是由乔冠华亲自安排并护送上船的。乔冠华在 1946

年10月按照周恩来的指示从上海撤离到香港。1947年乔冠华担任5月1日成立的新华社香港（华南）分社首任社长。新华社香港分社是解放区唯一的对外窗口，负责建立中共与海外沟通渠道、处理解放区与港英当局联系等各种事务。它名义上是一个半公开机关和新闻机构，实际上做着中共外事和统战工作。1949年2月香港分局调整为华南分局时，乔冠华与夏衍、潘汉年、许涤新等八人担任委员。章汉夫、连贯、潘汉年、夏衍、许涤新先后奉命北上后，组织民主人士北上的任务大多落在乔冠华身上。陈嘉庚、叶笃义等人北上都由乔冠华安排具体行程。5月，龚澎与白杨、张骏祥等人受命北上时，乔冠华由于工作繁重，未能一同成行。根据组织要求，乔冠华陪同章士钊、李任仁等人，乘坐华润公司下属的华夏公司"东方号"轮船于8月7日启航。这是驶向即将建立的新中国的航程。无论是章士钊、李任仁，还是乔冠华，都会有不同于以往任何旅行的感受，甚至可以用亢奋来形容。一路船行中，乔冠华旁征博引、谈吐风趣、才华横溢，给章士钊、李任仁这些前辈留下了深刻的印象。人间事往往难料。章士钊和乔冠华曾风雨同舟，没成想20年后竟成翁婿，这当然是题外话了。

　　章士钊、李任仁、乔冠华等人，经青岛、大连，辗转到达北平，从此活跃在新中国的政治舞台上。

王国兴一行

　　我国是一个多民族的国家，新政治协商会议又是一个具有广泛代表性的组织。没有一定比例的少数民族人士参加，就不能很好地体现新政协的代表性。但当时许多少数民族地区尚未解放，且地处偏远、交通不便。中共中央尽最大可能地邀请并保障少数民族代表参加新政协会议。王国兴作为黎族代表，就是受中共中央邀请，从海南岛转赴香港，再北上到达北平的。

1949年夏，全国解放已指日可待。当时，海南岛仍处于国民党统治之下。蒋军封锁着整个琼州海峡，要想渡海出岛风险重重。王国兴不会普通话，即便能出岛，独自出行困难也很大。中共党组织派新华社记者冯子平陪同北上。在琼崖纵队、粤桂边纵队的接力护送下，8月初，王国兴从海南岛中部的白沙毛贵出发，跋山涉水，穿过琼州海峡，昼伏夜行，连走数日到达地处广东、广西交界的廉江，继而通过水路前往香港。

　　在香港，王国兴见到了代表琼崖纵队参加新政协会议的纵队副司令员马白山，非常兴奋。方方代表中共华南分局设宴款待马白山和王国兴等人。9月2日，王国兴和马白山乔装成华侨登上了一艘外国轮船。王国兴穿着一件汉族老人常穿的唐装，他的陪同冯子平西装笔挺，每人提着一个漂亮的箱子，看起来像省亲的华侨一家要回南洋了。到了船上他们才得知，还有20多位华南其他地区的代表与他们同舟前行。为了防备途中可能遇到国民党稽查队的盘查，中共方面给每个人都配备了与他们伪装身份相符的行李和道具。马白山和王国兴的道具是两大箱线装古籍书。

　　他们所乘的轮船顺利驶过台湾海峡，经东海进入黄海，经过数日航行，在青岛码头靠岸。青岛此时已解放，他们不用继续做"伪装者"了。为安全起见，自离开海南，王国兴几乎没有说过话。经过数十天的行程，到了这里，展现他们面前的是一个崭新的世界。他可以自由自在地讲话，说黎语或海南方言。王国兴一行受到山东解放区人民和解放军山东部队指战员的热烈欢迎。他们在青岛参观几天后，登上了前往北平的火车。

　　王国兴一行到达北平已是9月中旬，离人民政协第一届全体会议的开幕只有几天时间了。人民政协第一届全体会议的少数民族代表共28名，占比不到5%，看似是少了一些，但从王国兴这般冒着生与死的考验，经过层层护送、辗转几千里出席盛会的过程可见，中国共产党为体现新中国的民族大团结付出了巨大的努力！

黄绍竑、刘斐一行

黄绍竑，1895 年生于广西容县，原名绍雄，字季宽。他和李宗仁、白崇禧并称新桂系三巨头，曾任国民政府浙江省主席、湖北省主席。抗战期间，受命奔赴太原，与朱德、周恩来一起作战，抗击日寇。1946 年春，他对蒋介石发动内战颇为不满，亲往重庆辞去一切职务。1947 年 4 月，蒋介石改组南京政府，黄绍竑拒辞重任，只同意出任监察院副院长。1947 年底，黄绍竑出任李宗仁竞选副总统的竞选参谋长，与蒋介石抗衡。经过他足智多谋的策划，使出"以退为进"之计，助推李宗仁当选副总统。1949 年初，蒋介石在内战中嫡系主力被歼灭，被迫下野，由李宗仁代总统。此时国民党军队已溃败不堪。为挽回时局，黄绍竑前往香港，与中共驻香港负责人会谈和平事宜。黄绍竑坚决主张和谈，他认为"政治上只有讲和才有出路，再打下去只有死路一条"。

1949 年 1 月 14 日，毛泽东提出国共和平谈判八项条件。3 月底，黄绍竑作为国民党方面六个代表之一赴北平和谈，受到毛泽东接见。其间，他赋词表意：

> 北国花正开，已是江南花落。剩有墙边红杏，客里漫愁寂寞。此时为着这冤家，误了早春约。但祝东君仔细，莫任多漂泊。

黄绍竑非常清楚，国民党的统治已如"江南花落"一般无可奈何，强烈希望和谈成功。和谈方案形成后，黄绍竑和屈武被推举为代表带条款回南京请示。但李宗仁、白崇禧拒不同意在和平条款上签字，一心想与共产党划江而治，导致和谈破裂。黄绍竑良好的愿望落空，最终"无可奈何花落去"。

4 月 23 日，人民解放军一举攻占南京。黄绍竑对李、白拒和深为不满。他飞往香港，致信李宗仁，批评他拒绝在和平协议上签字的严重错误。8 月 4 日，国民党永远开除了黄绍竑党籍，并下令通缉。毛人凤也制定一个暗杀黄绍竑的方案，准备派人装扮成古玩字画商去接触他，来个"图穷匕见"。幸好负责接送黄绍竑的中共特工华克之十分敏感，及时让他搬离原住所，从而逃过一劫。8月13日，黄绍竑与覃异之、贺耀祖、龙云、刘斐、李默庵、黄琪翔等国民党军政人员44人发表了题为《我们对于现阶段中国革命的认识与主张》的政治声明，与国民党彻底决裂。人们把黄绍竑他们策划的这一政治运动称为"香港起义"。参与这一联合声明的人员皆曾是国民党军政要员，影响甚大。

9月上旬，中共驻香港负责人通知黄绍竑，说有船北上。等到了集合地点，他见到了一同出席新政协会议的刘斐、萧隽英等人。刘斐也是国民党和谈代表之一。在和谈决裂后，本来他已留在北平，但他仍抱着一线希望，于6月初秘密飞抵广州，争取李、白同共产党合作。因话不投机，他只好到了香港，与黄绍竑等人参与策划"香港起义"。

黄绍竑一行乘坐一只小汽艇，驶到香港禁海（禁海是香港政府指定的运载危险物品船只停泊的海面，周围挂了红旗），然后上了一艘载重一千多吨的挂葡萄牙国旗的轮船。作为一种掩护措施，这艘船在海关注册的目的地是汉城，到山东半岛外就向西驶入青岛停泊。黄绍竑一行在青岛登陆，沿胶济铁路到济南转北平。

在航船上，黄绍竑怀着喜悦的心情填了一首《木兰花》词，最后一联是"海天明月最关情，夜半照人烟里去"，既写景又抒情，一语双关，表达走向光明的心境。

黄绍竑、刘斐等作为国民党和谈代表，辗转香港又回到人民的怀抱，再一次表明共产党是众望所归，国民党已彻底丧失人心。

胡子昂、司马文森一行

胡子昂，1897年生于四川省巴县（今属重庆市巴南区），是重庆乃至西南地区著名的实业家。

在创办大型钢铁企业过程中，胡子昂深感官僚资本的挤压，从中认识到无法与蒋介石、孔祥熙等官僚买办阶级共谋，"实业救国"的道路是走不通的。抗战胜利后，胡子昂参与创立民建组织，参加民主革命运动。在闻一多、李公朴两位烈士追悼大会上，时任重庆市参议会议长的胡子昂，以万分激愤的心情大声疾呼："第一要和平，第二要和平，第三还是要和平！""三呼和平"声振中外，胡子昂也被《新华时报》等诬蔑为"中共走狗"，成了特务打击的对象。胡子昂毫不胆怯，政治态度一天比一天明朗，更加鲜明地站在反对国民党发动内战的立场上。

1949年初，在中共邀请下，胡子昂辞别家里人，假称去上海，其实从上海转到了香港，9月5日乘船北上。对这段航程，胡子昂后来对友人说：当从香港坐海船到大连时，海浪对他是一种认真的考验！他晕船呕吐了，但一心想着在中国共产党领导下，我们的国家才有办法，炎黄子孙才会在亚洲站起来，今后还要为全人类的幸福做出贡献！这样，他就挺了下来！

同船北上的还有作家司马文森。司马文森1916年出生于福建泉州东街。1934年，参加中国左翼作家联盟，在《申报》《作家》等报刊发表多部揭露现实的短篇小说。抗战时期，他先后在上海、广州从事救亡宣传工作。抗战胜利后，他到香港复刊《文艺生活》，把港澳和南洋地区爱好文艺的进步青年团结在中国共产党的周围。其间，司马文森撰写发表了大量评论文章和小说。1949年春，他本来准备与一些长期生活在南方的文艺界人士，一起参加华南地区革命工作，后根据中共安排北上参加新政协。

作为新中国成立的亲历者，他怀着激动心情，记述了北上及参加开国大典的见闻，写就《北行书简》11篇报告文学，发稿回香港，并于10月18日开始在《文汇报》发表。这些文章后汇集成《新中国的十月》出版。

在《新中国的十月》题记中，司马文森写道：

—— 司马文森的《新中国的十月》书影

一九四九年九月五日，我由香港动身到北京，去出席九月二十一日举行的第一届中国人民政治协商会议大会，沿途所见，以及在参加大会期间，观感甚多。已过去十多年间，一直留在华南国统区内工作，这次能得回到解放区，如见亲人，如回故旧家园，什么都新鲜，什么都能触发自己的情感。在这小册子里面所写的，是我利用开会休息时间记录下来的一点感想。读者诸君，你们说这些作品是报告，是散文，是杂感，什么都好，我所要记录的，只是我那不可抑制的激动的心情。

一九四九年十月于北京

这种"不可抑制的激动"在这11篇文章的标题中一览无余：（1）到了第一个人民城市；（2）奔驰在山东平原；（3）闸门打开了，水头拥动着；（4）一群真实、智慧而有光辉的人们；（5）北京，翻了身的城市；（6）毛泽东，我们的亲人！（7）欢呼啊，中华人民共和国！（8）胜利的红旗在人民广场上招展；（9）人民首都，在欢乐的海里；（10）携手在为人类幸福共同的斗争里面；（11）再会，北京！

　　上述小规模北上者还有许多，不能一一尽述。比如，1948 年 8 月，胡愈之、沈兹九夫妇从香港经仁川北上，抵达河北平山县李家庄；11 月，受周恩来委派到香港介绍解放区情况的严信民，由于被港英当局宣布为"不受欢迎的人"，秘密乘坐苏联货轮北上返回华北解放区；1949 年初，民联创始人之一王昆仑从美国回到解放区；4 月，南京解放后，侯德榜在印度接到邀请，绕道泰国、香港、韩国赶回北京；5 月底，泰国侨领蚁美厚从曼谷飞抵香港，6 月初乘坐丹麦货轮北上，经青岛转往北平；7 月，民促发起人蒋光鼐、民盟盟员陶大镛分别从香港到达北平。此外，吴羹梅、叶笃义、郭冠杰、周钦岳、蔡楚生、酆云鹤、于振瀛、李士豪、梁希、涂长望、林砺儒、杨刚、邵宗汉、秦元邦、韩兆鹗等也相继从香港北上参加了新政协。

　　每位北上者都有一段精彩的故事，可以谱写或激昂或舒缓的抒情诗。

北平

天津

美国

欧洲

香港

新加坡

华侨为"革命之母"，对祖国的民主革命同气相求、同声相应。中共中央发布的"五一口号"传至海外，各国华侨无不欢呼。他们迅速以致电或通电等方式，响应"五一口号"，其拳拳爱国之心由此彰显。旅居海外的民主人士也以回国的实际行动，迎接新纪元的曙光。

海外归来

第十章

"心通胜于言通"

陈嘉庚1874年10月出生于福建同安县集美镇，是我国著名的爱国华侨领袖、教育家、华侨实业家。在新加坡、马来西亚，陈嘉庚兴办实业，开办橡胶制品厂，生产橡胶鞋、轮胎和日用品，经营范围遍及国内各城市、南洋和世界各国。他积极兴办教育，创办集美学校和厦门大学，以及新加坡南洋华侨中学等百十所学校。

→ 陈嘉庚肖像

抗战期间，陈嘉庚亲自到南洋各埠演说动员，号召华侨捐款捐物，购买汽车和军需物品。他组织的南侨机工回国服务团为祖国抗战留下了值得书写的一笔。1938年11月2日，陈嘉庚在重庆《中央日报》上公开发表了一份著名提案："日寇未退出我国土之前，凡公务员对任何人谈和平条件，概以汉奸国贼论。"爱国之情、浩然之气溢于言表。

经历十几年抗战的中国人民尚未休养生息，硝烟再起。1946年6月，内战爆发后，陈嘉庚反对美国援助蒋介石，以南侨总会主席名义致电美国总统和国会表示抗议。他抵制蒋介石召开的国民大会，指出蒋介石"一夫独裁，遂不惜媚外卖国以巩固地位，消灭异己，较之石敬瑭、秦桧、吴三桂、汪精卫诸贼，有过而无不及"。战争伊始，各方对这场内战究竟鹿死谁手众说纷纭，陈嘉庚就看好中共。他的判断基于自己到延安的耳闻目睹："深信延安实行三民主义，大得民心，今已根深蒂固，所占地盘甚大，游击队亦不可胜数，绝对不可轻易战胜，更何谈消灭？"

陈嘉庚对局势的判断历来独具慧眼。周恩来后来曾对参加新政协的民主人士称赞陈嘉庚的政治眼光："过去与蒋介石谈判，正如陈嘉庚先生在 1946 年打给我的电报中所说，是'无异与虎谋皮'。但当时又不能不来谈，因为人民切望和平，而当时像陈嘉庚、张奚若二先生这样的人还不多，广大人民还不了解蒋介石的和平骗局。"

时局的发展又一次印证了陈嘉庚的远见卓识。仅仅两三年时间，人民军队所向披靡，取得决定性胜利。1948 年中共"五一口号"得到各方民主人士的响应。5 月 4 日，陈嘉庚主持召开新加坡华侨各界代表大会，代表南洋 120 个华侨团体致电毛泽东，拥护"五一口号"。这个时间甚至先于香港的李济深等 12 位民主人士的通电。陈嘉庚在电文中说：

贵党中央本月一日呼吁召开新政协，讨论建立联合政府，海外侨胞，闻讯欢跃。本大会本日在星召开。坚决否认蒋介石为总统，并一致决议，通电响应贵党号召，盼早日召开新政协会议，迅速建立联合政府，以解除人民痛苦，保障华侨利益。

随着解放战争形势的快速变化，组织民主人士北上参加新政协已迫在眉睫。邀请陈嘉庚出席新政协是众望所归。中共中央在 5 月 1 日开出的 29 人名单、9 月 20 日开出的 77 人名单，陈嘉庚均名列当中。6 月 30 日，在香港分局召开的座谈会上，胡愈之因常年在南洋活动，就华侨代表参加新政协发表了意见。他认为旧政协没有华侨代表，虽然陈嘉庚被提过名，但不是作为华侨代表而是社会贤达。如果华侨代表能够参加政协及人民代表大会，其意义甚大。他特别强调，陈嘉庚在抗战中和抗战后均有贡献，但陈不应代表个人而应代表华侨来参加，因为"陈平时也很看重个人，但却喜以华侨代表自居"。家国大义历来是陈嘉庚的追求，为此不惜牺牲小我。他在《华商报》双十节增刊上题词表明心迹："天下兴亡，匹夫有责。身家可以牺牲，是非不可不明。"

1948 年 10 月 1 日，毛泽东复电陈嘉庚，请他转告各地侨胞民主团体及一切主张民主的侨胞，对他们来电赞助中共 5 月 1 日对时局主张，表示"热心卓见，无任感佩"，希望各界侨胞对于召集新政治协商会议的各项具体意见，"随时电示，以利进行"。

为了表达诚恳之情，1948 年底，中共中央准备委派可靠之人专程前往新加坡邀请陈嘉庚。这时，与陈嘉庚关系密切的华侨庄希泉从新加坡来到香港，住在老朋友也是福建同乡、时任香港分局统战委委员张兆汉家里。负责北上行动的香港分局"五人小组"成员饶彰风（连贯北上后，饶从新加坡归来接替负责统战委工作）有一天约庄见面，告诉庄新政协召开在即，新政权即将成立，中央拟邀请陈嘉庚先生来做新政协华侨界首席代表，现需选派一位中共和陈均信任之人为特使，前往新加坡面邀。庄希泉与陈嘉庚关系密切，又与周恩来、邓颖超颇为熟悉，自然是最佳人选。对这一邀请过程，庄希泉曾在《陈嘉庚先生的赤子心》里作了详细回顾：

> 我奉命到新加坡拜会了陈先生，说明情况，并转达了这一真诚的邀请。陈嘉庚先生当即表示接受邀请，但又顾虑新加坡殖民当局会因此加害于他的亲属及在南洋的产业。我对他说，不要紧的，你尽管回去。你可以声明，不是你要回去，而是国内发表了对你的任命，盛情难却。这样，当地政府考虑到各方面的影响，以及与新中国的关系，不至于采取不明智的态度。

经庄希泉劝解，陈嘉庚欣然应允。1949 年 1 月 20 日，毛泽东向陈嘉庚发出了热情洋溢的邀请电：

> 中国人民解放斗争日益接近全国胜利，需召开新的政治协商会议，建立民主联合政府，团结全国人民及海外侨胞力量，完成中国人民独立解放事业，为此亟待各民主党派及各界领袖共同商讨。先生南侨硕望，人望所归，谨请命驾北来，参加会议。肃电欢迎，并祈赐复。

对于中共的诚邀，2 月 8 日陈嘉庚复电感谢："革命大功将告完成，曷胜兴奋，严寒过后，决回国敬贺。"陈嘉庚的"兴奋"是真挚的，因

→ 毛泽东邀请陈嘉庚的电文

为"此后新民主政府成立，与前必太不相同"。陈嘉庚以满腔的热忱，对新政府充满期待。他在和美联社记者马斯特逊谈话中说，新中国的民主联合政府应该由中共、民盟以及李济深等各方面人士组成，除了国民党反动派以外，各方面都可以参加，权力应当由中国共产党控制。不过，他表示，他走上反蒋的道路，是因为看到国民党政府是一个没有希望的政府，而毛泽东则眼光远大。他不是为了在新政府就任职位，只是回国游历，看看新政府是如何谋划建设的。他在给毛泽东的电文中也表示："蒙电邀参加新政治协商会议，敢不如命。惟庚于政治为门外汉，国语又不通，冒名尸位，殊非素志，千祈原谅！"

对于陈嘉庚的公开表态，蒋介石政府恼羞成怒。在新加坡的国民党特务到处造谣，对陈嘉庚大加污蔑，并威胁恐吓。陈嘉庚决心已定，慷慨表示："与独裁专制之蒋政权决裂，乃深思熟虑之准确选择，任何手段，决难动摇！"

1949年春天，祖国的北方已是鲜花盛开、红旗招展。中共中央迁移北平，正在紧张筹备着新的政治协商会议。5月5日，陈嘉庚与庄明理、王雨亭、张殊明等登上英国邮轮"加太基号"从新加坡启程赴港。行前，陈嘉庚将《南侨日报》和侨团工作托交助手王源兴，并郑重嘱咐："凡事只要以国家利益、人民利益为依归，个人成败应在所不计。"他还指示《南侨日报》："本报宁可关门，不能改变一贯立场。"

在港期间，陈嘉庚出席了厦门大学、集美学

→ 1949年5月，陈嘉庚乘"加太基号"启程回国

校校友为他举办的欢迎集会。据《陈嘉庚传》记载，他还趁着记者采访的机会，就新中国建设陈述了自己的设想：

> 　　第一，东北是祖国工农业生产最发达的地区，国民党接管后，所有工厂设备多被"盗窃废弃，不事生产，已历三年"，到底情况如何，关系祖国经济恢复前途，必须亲往一看；第二，中外报纸常有中共只能治农村、不能治城市的论调，他尽管不相信，但一想祖国领土辽阔，除旧布新需要大量良好的干部，"求其尽宜，颇不易易，急于加以考察"；第三，近二十年来新加坡公共卫生大有进步，死亡率不断下降，我国同胞素来不讲卫生，死亡率一定很高，他准备将《住屋与卫生》一书摘成三千字左右的短文，在国内各报广告栏刊登，以广宣传。

　　四五月间，南京、杭州、南昌、上海相继解放，福建的解放指日可待。陈嘉庚在香港向福建有关方面发出邮电，指出"人民解放军横扫江南，前锋已入闽北，全省解放，指顾间事"，呼吁福建人民"如欲于以后新中国占一员，新政治参一语，值此黎明前夜，宜当奋发有为，不限任何方式，从速策进和平，迎接解放"。他深情地说："福建乃华侨之故乡，闽人有救省之责任，坐待解放，识者之羞！恳切进言，幸速奋起！"

　　如何安全妥善地护送陈嘉庚北上，香港分局颇费了一番周折。时任香港《大公报》社长的费彝民是这段历史的见证人。他在《陈嘉庚是我们的榜样》一文中曾如是描述："香港新华分社负责人乔冠华来告诉我，老人脾气很倔强，坚决不肯搭乘挂英国旗的船，托我设法找其他国家的船位。好不容易，我找到了和我自己有关的一艘挪威船，是艘陈旧的客货船，船名'DAVIKEN'，我说条件很差，能不能将就。陈老先生一口答应，说条件再差也不怕。我亲自上船看了一下，勉强有几个客房。陈老欣然就道，不以为苦。我曾亲乘小船，送陈老一行登舱，再三叮嘱船长等妥为招待……可以想象得到，这一段路程是不好受的。"

　　5月28日，陈嘉庚、庄明理、王雨亭、张殊明等一行10余人，乘

→ 《南侨日报》报道陈嘉庚安抵北平的消息

船从香港出发，穿过台湾海峡，途经刚刚解放的上海外洋，一路北上。沿途，他们通过收音机了解国内时局，为人民解放军取得的新胜利欢欣鼓舞。

6月3日，陈嘉庚一行抵达天津大沽口，下船时受到热烈欢迎，并对各报记者发表了讲话。已就职中共中央统战部的连贯受周恩来委托，专程到天津迎接。天津军管会设宴招待陈嘉庚一行。解放区给这位饱经风霜的70多岁老人留下的第一印象是："检查人员工作很认真，态度却很和蔼，连一根烟一杯茶都不肯接受，工人装卸货物，小心搬动，很少发生碰坏或被窃的行为，这些都与国民党时代大不相同，心中感到很大的欣慰。"

次日，陈嘉庚乘中共特派的专车到北平，受到林伯渠、李维汉、董必武、叶剑英及先期到达的李济深、沈钧儒、彭泽民、蔡廷锴、邵力子等民主人士和在北平的200多位华侨青年学生的热烈欢迎。

中共中央对陈嘉庚这位"南侨硕望"表达了极高的礼遇。6月7日，周恩来到陈嘉庚下榻的北京饭店看望，深情回忆往事。周恩来说："当年在西安，蒋介石不让我们见面，后来我们在重庆还是见到了。不过那时有特务盯梢。一别十年，现在天下是我们的了。嘉庚先生十年来为抗日所作的贡献、所受的磨难，我是知道的，中国共产党和中国人民是不会忘记的。"随后，周恩来陪同陈嘉庚前往香山别墅拜会毛泽东，并共进晚餐。刘少奇在座陪同。这是陈嘉庚九年前访问延安后老友重逢，大家互致问候、畅叙旧情。毛泽东热情地回顾了两人的缘分："我们两个跟6月有缘，在延安见面是6月（1940年——作者注），在北京见面又是6月，6月里有花香，有清风，真是个好时节呀！抗战胜利，陈先生功不可没。现在新政协正在筹备，群贤毕至，陈先生可不能不参加啊！"陈嘉庚谦逊地回答："主席的美意我心领了，但我不懂政治，也不会说普通话，参加新政协之事我不敢接受。"席间，大家纵谈中外时局及新中国建设，半夜方散。

此后数日，林伯渠、沈钧儒、马寅初、郭沫若、黄炎培等一些社会知名人士纷纷到北京饭店看望陈嘉庚，劝说他参加新政协。对于陈嘉庚言语不通的推辞，郭沫若诚恳地表示："心通胜于言通。"周恩来也再次到饭店做陈嘉庚的思想工作。周恩来说："嘉庚先生，华侨首席代表你不当，能请谁来当呢？你德高望重，这又是建国大事，您不懂普通话不要紧，有庄先生（即经常伴随他的好友庄明理）翻译嘛！"周恩来表示，语言不通可以有翻译解决，要紧的是心要能够相通。他以与蒋介石谈判作比喻说："我们和蒋介石谈判，语言是完全相通的，可是彼此的心不相通，所以双方谈判了那么多年，总谈不拢来；我们同世界各国人民，语言很多也不相通，只要有共同目的，彼此心连心，那就什么事情也好讨论协商。"周恩来充分肯定了华侨对祖国革命的贡献，他恳切地说："现在人民革命即将成功，嘉庚先生作为海外华侨的杰出代表，应该和大家一起共商建国大计。"

经过各方诚邀，陈嘉庚盛情难却，终于答应参加新政协，并积极参与到新政协的筹备工作之中。陈嘉庚是中国侨界的一面旗帜。他的行动，对于扩大新政协乃至新中国在海内外的影响都发挥了重要作用。

洪门耆老壮心不已

司徒美堂 1868 年 4 月出生于广东省开平县赤坎镇牛路里村，是美洲华侨社会著名的传奇人物。为生活所迫，他 14 岁孤身一人赴美谋生。初到美国，司徒美堂受到了美国流氓和种族歧视者的侮辱和袭击。这种屈辱经历在他的心里留下了难以磨灭的印象。这也是华人当时在美国的实际境遇。1884 年他加入洪门致公堂，后任致公堂总监督和安良堂总理数十年，负责华侨社团工作。

1904年，孙中山到全美各埠游历演讲并筹集革命经费。司徒美堂由此结识并追随孙中山，积极支持孙中山领导的国内革命斗争。

司徒美堂对祖国一片赤诚，对人豪放侠义，在华侨中很有影响。抗战爆发后，已经七旬高龄的司徒美堂，不顾年迈，积极投身抗日救亡运动，发动美洲华侨捐款支援祖国抗战。他组建了美国纽约华侨筹饷总局，辞去一切职务，专门从事筹饷工作，并不远万里，两次回国慰劳抗日军民，为祖国抗战作出积极贡献。1941年冬，司徒美堂被聘为国民参政会参议员。在重庆期间，他受到周恩来、董必武等中共驻重庆办事处的热烈欢迎。他儿子司徒柱曾回忆说："住在重庆的第二天，周恩来先生和邓颖超女士就来到中央饭店看望我们。他们和我们一一握了手。由我翻译，谈话进行了一个多小时。临走时，周先生说改日还要为父亲举行正式的欢迎大会……五天后，共产党驻重庆办事处通知父亲出席欢迎大会。我们来到办事处门口时，周先生等已在那里等候了。"经过接触，司徒美堂对中共的政策有了进一步的了解，衷心拥护国共合作抗战，呼吁民主抗战。他说："抗战不是一个党一个人可以抗得了的。国政一定要公开，一定要容纳各方面的人才"。

→ 司徒美堂肖像

为了参与抗战胜利后的国内政治，1945年春，华侨组织在美国举行美洲洪门恳亲大会，并将洪门致公堂改为中国洪门致公党，司徒美堂当选为全美总部主席。但这个组织仍是帮会性质，各地势力交错，情况复杂。针对局势的变化，司徒美堂11月27日致电国内，呼吁反对内战，力争民主。毛泽东12月28日复电表示赞同："尚祈贵党与全美侨胞，一致主张，促其实现。民族前途，实深利赖。"

1946年4月，司徒美堂等人回国本欲举行五洲洪门恳亲大会。对国内斗争形势不甚了解的华侨们，不但受到忙于准备内战的蒋介石的冷落，他们组建的中国洪门民治党还被国民党 CC 派分化瓦解。中共代表周恩来热情邀请司徒美堂到南京梅园新村，向他介绍国内形势，揭露蒋介石企图发动内战的阴谋，并再次邀请司徒美堂到解放区参观，这对司徒美堂思想的转变产生了重要影响。司徒美堂 9 月间对各报记者发表声明："我们并不是任何党派的尾巴，我们愿以人民的意志行动。"司徒美堂对政局极度失望，毅然拒绝当国民党国民大会代表，于 1947 年登报发表《脱离民治党声明》，乘"普乐总统"号轮船悄然赴港。

内战爆发的第三个年头，人民解放军先后粉碎了国民党的全面进攻和重点进攻，胜利在望。1948 年中共中央"五一口号"发布后，司徒美堂经过一番深思熟虑，于 8 月 12 号在香港的建国酒店召开记者招待会，向中央社、《华商报》、《大公报》、《华侨日报》、《工商日报》、《星岛日报》等十余家报社记者发表国是主张。这是他沉寂多年后，再以美洲洪门致公堂耆老身份公开发言，大意是：来香港九个月，国内形势大变，谁为爱国爱民，谁为祸国殃民，已经了然。他虽老迈，但一息尚存，爱国之志不容稍懈，出国族于危亡，救人民于水火者，则热诚祝之。中国为四亿五千万人之中国，非三五家族所得而私，必须给人民以民主自由。他表示将返美参加洪门恳亲大会，讨论国内形势，提出主张，以贯彻洪门革命目的。司徒美堂的这番话尽管对"五一口号"没有明确的表态，但其政治主张已相当明确。

招待会后，司徒美堂分别拜访了李济深、蔡廷锴、陈其瑗、陈其尤等人，交换意见。司徒美堂准备 10 月赴美。离港之前，他出席了香港中国致公党的饯别会。其间，陈其尤请司徒美堂以"洪门老人"身份发表一个声明。但原稿晦涩拗口，词不达意。司徒美堂让秘书司徒丙鹤另外起草一份《司徒美堂拥护中国共产党召开新政协的声明》，嘱咐在他到了美国之后发表。

司徒美堂在港期间，连贯受组织委派负责与司徒美堂联系。由于身份特殊，司徒美堂成为国民党特务监视的对象。连贯只好采取灵活的方式，通过与其有交往的民主人士进行接触。10月23日,根据中共中央的指示,连贯设宴为之饯行。宴会设在沈钧儒住所,谭天度、饶彰风、罗理实等作陪。席间,宾主相谈甚欢,为即将召开的新政协及未来的新中国频频举杯。司徒美堂感怀尤深,特意让秘书起草《上毛主席致敬书》,表示接受中国共产党的领导。《上毛主席致敬书》表示:

美堂奔走革命六十余年,深信民主政治必须实现,今南京蒋介石政权,专制横暴,倒行逆施,贪污腐化,卖国求荣,发动剿民内战,搜刮民间资财,人心向背,千夫所指,覆亡之日,必在不远。贵党与各民主党派所号召之新政治协商会议,以组织人民联合政府,美堂认为乃解决国内政治唯一之方法,衷心表示拥护。当号召海外侨胞与洪门兄弟誓为后盾。

司徒美堂的这些话爱憎分明,对中国共产党充满期待。他还专门在《上毛主席致敬书》上郑重严肃地签字盖章,敬托香港分局代为转呈,并表示"新政协"何时召开,接到电话,即回国参加。

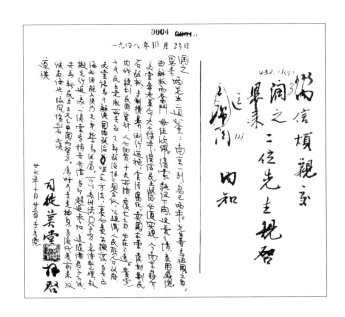

→ 司徒美堂的《上毛主席致敬书》

司徒美堂 10 月 26 日乘飞机返回美国。30 日抵达纽约的当日，他嘱咐秘书将起草的拥护新政协的声明在香港各报刊刊登。全文如下：

> 美堂于 1946 年春自美返国，适逢当时之政治协商会议，为之大慰。奈因蒋介石玩弄阴谋，背信弃义，行独裁之政治，置民主于不顾，一手撕破政协决议，发动剿民内战，美堂乃愤而赴港，视蒋介石如寇仇。窃思谋国之道，旨在和平，剿民内战，元气大伤。今中共及民主党派所号召以四大家族除外之新政治协商会议，进行组织人民民主联合政府之主张，余以为乃解决国内政治问题唯一良好之方法，表示热诚拥护，并愿以八十有二之老年，为中国解放而努力。

> 陈其尤同志等所继续组织之中国致公党，民国二十年在港组织中央党部时，美堂已亲自出席，加以签字赞同。今能彻底整理，奋发前进，揭民主之大旗，为新政治协商、人民民主联合政府之主张，坚决奋斗，美堂以洪门老人地位，深表同情，并竭力赞助。当随处呼吁洪门兄弟，予以声援，俾将洪门忠诚救国之精神发扬光大。美堂复郑重声明：中国致公党之民主工作，乃洪门兄弟之良好楷模，必须团结并进，以争取中国革命之彻底成功。

> 司徒美堂（签字、盖章）
1948 年 10 月 18 日

司徒美堂回到美国后，到美国各大城市唐人街演讲，解释洪门民治党组党失败的原因，宣传国内解放战争形势，并发表《致美洲全体洪门人士书》，号召洪门兄弟加强团结，全力支持解放战争，将革命进行到底，并为实现独立自由民主统一及富强之新中国挑选人才，回国参加建设。司徒美堂的这些演讲和文章，在美洲华人报纸上刊登后，对于远在异国他乡的华侨同胞了解情况、澄清是非起了重要作用。

《上毛泽东致敬书》由于战时交通阻隔，转送费时，毛泽东两个多月后才收到。1949 年 1 月 20 日毛泽东回复："去年十月二十三日惠书，因

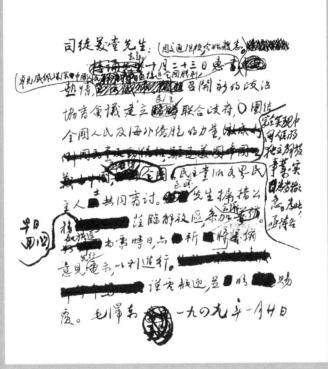

→ 毛泽东致司徒美堂电

交通阻梗，今始获悉。""中国人民解放斗争日益接近全国胜利，召开新的政治协商会议，建立民主联合政府，团结全国人民及海外侨胞的力量，完全实现中国人民的独立解放事业，实为当务之急。"他真挚邀请司徒美堂"摒挡公务早日回国，莅临解放区参加会议"。毛泽东的这封信到达美国纽约时，已经是 1949 年 8 月了。这时，新政协的筹备工作正紧锣密鼓地进行着。

司徒美堂是比较晚北上的著名民主人士。相对陈嘉庚屡遭威胁来说，司徒美堂的回归遇到了一些直接干扰。司徒美堂在美国接到毛泽东的邀请后，决定择机动身回国，参加新政协会议。当时已定居美国的孔祥熙闻讯后亲自登门劝阻，请司徒美堂"慎重考虑""不要被人利用"云云。司徒美堂这样回答孔祥熙："忠诚爱国、义气团结、侠义锄奸乃我洪门精神。现今举国民主进步团体及代表汇聚北平，与中共共商建国大计，如此国家大事，我洪门焉有逃避不参与之道理？"他决意归国，也得到当地华侨的拥护，司徒美堂有过这样一段回忆：

> 离美时，许多华侨朋友替我饯行，关心我这么年老脚跛，怎好单人独马地飞越半个地球？关心战争尚未结束，能不能安全开会。但众口一词地说："回去吧，带着我们华侨对祖国仰望的心回去向大会致敬，向毛主席致敬，向解放军致敬！同时请大家不要忘记海外华侨的痛苦！我们盼望这一天实在盼望得太久了……"

作为"洪门大佬"，司徒美堂斗争经验太丰富了，一旦决定回国，事不宜迟立刻行动。他晚饭后散步到了《美洲华侨时报》社长兼总编辑唐明照家里。少顷，从唐府出来了一辆车，车里坐着两个人，一看装束应该是司徒美堂和唐明照，特务马上就跟上了；过了一会儿，同样的一辆车又从唐府开了出来。就这样，经过两三次以后，调虎离山计成功了，外边跟的特务全部调走，唐明照才把司徒美堂送到回国飞机上。

司徒美堂乘坐的飞机一降落到香港启德机场，港英政府就派出警车"保护"。司徒老人对此印象深刻："我住在旅馆，有人相陪；我出街，有车子吊在尾后；我上茶楼喝茶，也决不寂寞；直到我乘'岳阳轮'北上，警车还送到码头上。我记得那辆十分小心地'保护'着我半个月的车子，号牌是'8692'号。"司徒美堂回忆这段经历时，事情已经过去一年多，但这个车牌号依然清晰地留在一个80多岁的老人的记忆里，可见这辆汽车尾随司徒美堂时跟得有多紧，说形影不离，也不为过。

　　在香港，司徒美堂发表了《告美洲全体侨胞书》，倾诉华侨在美国受到的压迫和歧视，抨击国民党的专制独裁和腐败，盛赞中国共产党及人民军队的英勇战绩。对于中共邀请他代表美洲华侨参加新政治协商会议，他表示，"自惟老迈，不胜重任，徒以大义所在，责无旁贷"，"有关于我祖国与我侨胞之一切大小问题，吾人必须本其所知，尽其所能，向新政府提供，共同奋斗，以促其实现"。

　　司徒美堂搭乘的"岳阳轮"是中共华南分局秘密安排的。连贯在《追求进步向往光明的司徒美堂》中描述了这个过程。在特务跟踪的情况下，"中共地下党表面上不与司徒美堂先生有任何来往，暗地里，则周密地研究部署护送司徒美堂离港行动计划。当时，广州等地还未解放，我们决定仍采用护送其他民主人士北上的方法，走水路，通过中国共产党开辟的秘密航线，进入解放区。我们将司徒美老安排在与中共地下党人员有关系的轮船公司的船只上，派党的负责同志随行，选精明强干的同志暗中警卫。因轮船要经过台湾海峡，还要防备国民党战舰的拦截。我们对如何通知美老上船，让美老在市内走哪条路线上船，如出现意外情况，该如何应变，等等，均做了详尽的安排"。

　　1949年8月28日，司徒美堂与秘书司徒丙鹤等人登上太古轮船公司的"岳阳轮"。看到一直跟踪他的警车也送到码头，老人幽默地说："真应写信感谢港督葛量洪阁下的盛情照料。""岳阳轮"离开了香港，驶向解放区。司徒丙鹤曾回忆说："海轮要通过台湾海峡，诚恐有人暗算，北航是采取秘密形式的。我们被告知，应作最坏打算，准备毁灭一切身份证明。甚至有被国民党战舰拦截拘留到台湾的危险。因为半年前民主人士李济深、郭沫若、蔡廷锴、陈其尤等人的突然秘密离港，那些负责监视的人事前竟无所觉，闹了'笑话'，现在变得几个方面都'从严'，空气有点紧张。"

在头等舱里，同船北上的还有黄琪翔、李承儒等人。大家原来并不相识，但很快熟悉起来。航行几日倒是平安无事，即便遇见一些战舰，也是彼此交换了电讯旗号，擦肩而过。六天后司徒美堂一行安全抵达天津塘沽港口，受到天津市交际处的热情接待。9月4日，司徒美堂乘火车从天津到达北平，周恩来等到车站迎接。

在北平，毛泽东邀请司徒美堂到双清别墅，留下了一段"我们大家既是坐轿者，又都是抬轿者"的佳话。

由于司徒美堂年过八旬，身体病弱，毛泽东专门安排人用担架抬老人上山。没有现成的担架，就用毛泽东用过的一把藤椅在两边绑上木棍，制成"轿子"。毛泽东再三叮嘱抬担架的年轻人：你们四个人抬时，一定

→ 司徒美堂与毛泽东在一起

要轻轻抬起来，抬上肩后要走稳走齐，不要让担架晃动。

司徒美堂乘着平生最"特别"的轿子走进双清别墅。他深为感动地说："原来对共产党了解不多，以为来北平是给共产党'抬轿子'，捧共产党上台的。没想到，毛主席这样平易近人，民主协商的精神对我教育很深。"

毛泽东听后诚恳地说："我们今后要长期一直共事，我们大家既是坐轿者，又都是抬轿者。每一个爱国的志士仁人，都可以自己的特长，参加人民政府的工作，不但要做到尽职尽责，还要做到有职有权。"

钱昌照西游又北归

钱昌照1899年11月出生于江苏省常熟县鹿苑镇的一个官绅之家。1918年从上海浦东中学毕业后，在第二年他与蔡畅、蔡和森、李富春、何长工同船赴巴黎，转英国就读于伦敦政治经济学院，1922年进牛津大学深造。1923年随北洋政府考察团到英美考察实业，坚定了工业救国的思想。1924年回国之时，正值军阀混战，他从事工业建设的愿望无法得到实现。

钱昌照夫人沈性元的姐夫黄郛与蒋介石渊源颇深。钱昌照回国后在国民政府任职，历任外交部秘书、国民政府秘书、教育部常务次长。1932年蒋介石成立国防设计委员会，自任委员长，钱昌照担任副秘书长。后来，国防设计委员会改为资源委员会，进行资源调查和开发，开始工业建设。翁文灏和钱昌照分别担任资源委员会秘书长和副秘书长。抗战期间，资源委员会吸收和培养了大批建设人才，吸引外资，引进技术，在大后方兴办了一批工矿企业，并组织力量对各种资源进行勘探，为发展战时生产，支援抗战，作出了积极贡献。

抗战胜利后，钱昌照任资源委员会委员长。他和副委员长孙越崎计划进行战后经济建设，开发资源，增强国力，筹建三峡工程。但此时国民党当局蓄意发动内战，且党内派系纷争，这些富民强国的计划屡屡受挫。

怀着失望和愤懑，钱昌照于1947年4月辞去资源委员会的职务。其后，他筹建了一个类似英国改良主义组织"费边社"性质的"中国社会经济研究会"，办起《新路》杂志，鼓吹"中间路线"。这个观点既不容于国民党，又受到共产党和民主党派的批判。茅盾曾回忆说："为了反对这股新的第三方面搅起的'中间路线'逆流，1948年上半年，我们开展了对'中国社会经济研究会'的批判。"郭沫若、邓初民他们指出"提防政治扒手"，要"戳穿美蒋新的政治阴谋"。在各方面抨击下，《新路》很快就停刊了。有着"绕树一匝无树可依"感受的钱昌照决定出国，去东欧、西欧考察。1948年秋，钱昌照一行至英国、法国、比利时考察工业生产。

在国外，钱昌照得知解放战争节节胜利的消息，深受鼓舞。孙越崎等人给他发去电报，告之通过和谈代表邵力子的协调，希望他回国参与和谈。但在他回国时和谈代表已定。钱昌照在回忆录中如是说："1949年3月底，我飞到香港，因避人耳目，只住了一天旅馆，就迁到资源委员会国外贸易事务所所长郭子勋家。我见到了中共驻香港代表乔冠华，我又在文艺界朋友张骏祥处见到了夏衍。我告诉夏，资源委员会已由南京迁到上海办公（名义上迁到广州，并把招牌挂在那里作为掩护，实际上人员迁到上海办公），中共地下工作人员如需和资委会接洽，可找孙越崎、吴兆洪。"

国民党资源委员会拥有大量美援物资和工业开发项目，特别是有许多新中国建设亟需的科技管理人才。能争取钱昌照参加新政协、参与新中国建设，其意义无疑是深远的。据夏衍回忆说，钱昌照回到香港后，接近他的人反映钱对时局很悲观，对国民党政权也很不满，准备去英国讲学。夏衍把情况向华南分局作了汇报。分局领导认为，争取钱昌照及其领导下的科技管理人才为新中国建设服务是一件大事，现在是一次机会，先劝钱不要去英国。夏衍立即将此事向上级请示。周恩来很快作出指示，要他们劝钱昌照留在香港。周恩来明确指出，为了新中国的建设，希望资源委员会的工程技术人员都能留在内地为祖国服务，希望钱先生能为祖国的复兴效力。

夏衍约见钱昌照，转达了周恩来的指示。夏衍坦率地说："周副主席希望钱先生留在香港，仰仗你的大力和内地的资源委员会朋友们的联系，只要能把美援物资和档案保护好，解放后不仅可以在原岗位工作，有些人还要特别借重，因为我们正缺少这方面的人才。"夏衍还郑重地告诉钱昌照，这件事关系重大，无论在内地还是在香港，一定要绝对保密。他还将自己的电话、地址留给了钱昌照。对于周恩来"仰仗"等话，钱昌照很是感动。

四五月间，北平和谈破裂，人民解放军一举攻占南京，蒋家王朝岌岌可危。为了了解资源委员会的情况，钱昌照专程飞到上海。当听到孙越崎等人已暗中做好"人不走，机器不搬"迎接解放的准备，心中甚慰。钱昌照再次回到香港。台湾方面派陈诚、严家淦联名给钱来电催其去台。钱昌照经过考虑，给夏衍打电话，说自己不去英国了，暂时留在香港，其他什么都没说。这表明去向已定。

5月6日，潘汉年、许涤新和夏衍等人奉命从香港回到北平。周恩来非常关心钱昌照的情况。夏衍在《懒寻旧梦录》里有这样一段回忆："周恩来说前两天邵力子和他谈起钱昌照的事，问我钱是否还在香港；我回答，我和钱谈过两次，资源委员会的物资和技术人员他已作了安排，我离港后由乔冠华和他保持联系。恩来同志说这是一件大事，明天就电告乔冠华请钱早日回来。"根据周恩来的指示，乔冠华迅速安排护送钱昌照北上。

曾任新华社香港分社副社长、香港工委委员的肖贤法和夫人杨致英，本来准备同去广东某游击区工作。突然接到通知，计划有变，让他们去北平。离港前，乔冠华特别交代他们，主要任务是护送钱昌照北上解放区。

据杨致英后来回忆，他们乘5月21日太古公司的客货两用船"北海号"北上。"我们同船航行了11天，离开香港时还风平浪静，但要过台湾海峡时，赶上了解放军解放上海。为了避免遇上国民党军队，'北海'号改变了航线，绕道公海。在仁川港卸货时，岸上有很多持枪士兵，也不准乘客上岸，气氛十分紧张。卸完货后，我们的船就立即离开了港口，直到5月31日才安全到达天津，钱昌照先生也终于平安回到了解放区。"

在天津，钱昌照受到黄敬市长的热烈欢迎。6月1日到北平后，周恩来在中南海接见了钱昌照，长谈三四个小时，听取了钱就资源委员会情况的汇报。周恩来还专门叮嘱钱，报纸上将不报道钱回北平的情况，以免给他在台湾的家人带来安全隐患。

随后，毛泽东、刘少奇、朱德等中共领导人都会见了钱昌照。钱昌照在回忆录中对他与毛泽东见面时谈论的话题作了详细的记述，包括英美对中国解放和新中国的看法、西欧国家对马歇尔计划的看法、美援情况、中国资源调查情况及中国经济建设、扬子江水利开发计划、国民党资源委员会情况、一个人的工作年龄、古典文学等八个方面。

钱昌照晚年对改变他后半生的"北上"这件事记忆犹新。30多年后肖贤法去世时，他还专门著文写道："1949年4月，余从比利时飞香港。5月偕肖贤法、杨致英伉俪同舟北上，为防蒋军干扰，船避开台湾海峡，绕道而行，凡十一天，始抵天津，途中余作诗纪行，兹录《五律》一首：'闻道中原定，西归又北游。从此忧国泪，不再向人流。波浪掀千里，亲朋满一舟。载歌复载舞，日出海东头。'"

美国

北平 ★

香港

兴亡易代之际，协商建国不是品茶清谈，北上也非旅行参观，随时都面临生与死的考验。传奇将军冯玉祥、著名军事理论家杨杰在人民政协召开前夕，牺牲在破晓之时。作为人民政协第一届全体会议代表的"云南王"龙云，也囿于时局缺席开国盛会。他的北上已是新中国成立以后的事了。

心向往之

第十一章

传奇将军魂绕中华

中共中央在发布"五一口号"的当天,给上海局、香港分局首次提出的拟邀请参加新政协的民主人士名单中,冯玉祥位列第二位。当时冯玉祥正在美国。

冯玉祥 1882 年 11 月生于直隶青县兴济镇（今属河北沧州）。他 60 多年的人生旅程,正值近代中国社会动荡、战乱连绵的时期。特殊的环境造就了冯玉祥从士兵直至一级上将的传奇。为推翻帝制、拥护共和,他反清反袁反复辟;为打倒军阀、改革政治,他反段反张反曹吴;为民族解放、民生幸福,他反日反美反蒋党,终其一生追求革命。他的好学不倦、治军严明、生活俭朴等品格,都给世人留下深深的影响。

抗战期间,冯玉祥支持中共团结救国的政治主张,积极参与民主运动,与毛泽东、周恩来等建立了密切关系。

1946 年 6 月,全面内战爆发。对此,冯玉祥深感痛心。他在《我所认识的蒋介石》中说:"本来抗战八年,胜利之后,无论是全国军人,或者是全国国民,都盼望重新建设一个民主幸福的国家。因此许多人一听见说,又要打内战,都觉得痛苦万分。"由于政见不同,8 月冯玉祥被迫远走美国考察水利。"何处它年寄此生,山中江上总关情。"身在美国的冯玉祥,无时无刻不在关注故土的讯息。考察着美国的社会经济、农林水利,比较两个国家的差异,更加痛惜处在水深火热中的祖国人民,他通过发表文章、演讲,呼吁停止内战、推动民主改革。1947 年 5 月,北平、天津、上海、南京等各大城市的学生,举行声势浩大的反内战、反饥饿游行示威,遭到国民党军警的镇压,爆发了著名的"五二〇"惨案。当月 26 日,冯玉祥在旧金山《世界日报》上发表《告全国同胞书》,强烈谴责国民党政府逮捕青年学生，呼吁停战议和，成立真正的联合政府。由于冯玉祥资深革命者的经历，以及他与蒋介石多年的恩恩怨怨，《告全国同胞书》的发表，无论在国内还是海外都引起强烈的反响。这是冯玉祥与蒋介石公开决裂的宣言，在国民党阵营自然招致猛烈反击，《中央日报》专门发表《斥冯玉祥》，辱骂其"这就是叛党，无人格、无骨气"。对于这些攻击和恐吓，冯玉祥并不畏惧，继续在各种集会上抨击美国"对华援助"是助纣为虐，直言"中国无自由"。他的革命行动也得到同盟者的支持。李济深、何香凝从香港发出《致海外同志暨同胞书》，遥相呼应，摇旗助威。

个人的力量再大也是有限的。冯玉祥经与在美的民主人士商量，于1947年11月7日成立旅美中国和平民主联盟这个非政治性组织，号召华侨和美国进步人士，反对美国插手中国内战，呼吁和平、民主。为了郑重表明自己的主张，11月15日，冯玉祥在美国《民族报》上发表《我为什么与蒋介石决裂》，指责蒋介石政权"是所有中国坏政府的顶点"。这对昔日的盟兄弟，在各自的立场上越走越远，终于彻底分道扬镳。

国民党的民主派于1948年1月在香港重新聚集，成立民革组织。远在美国的冯玉祥积极响应、支持，被选为中央常委和政治委员会主席。他在答复一位美国记者询问时说："任潮将军和我是一个人。我出国以前在南京已经和他约定了；他的一切都能代表我，我也能代表他。所以他的一切主张活动我都是百分之百地赞成而且支持。"冯玉祥随即组织民革驻美总分会筹备会，并正式宣布同国民党内民主派的同志们一起，为推翻蒋介石的独裁制度，在中国实现和平与民主而奋斗。

针对冯玉祥的反蒋言行，国民党方面恼羞成怒，派出特务盯梢、监视，败坏他的名誉，甚至进行威胁。他们先是宣布冯玉祥赴美考察任务完毕，促其回国，继而又以"冯玉祥在美国肆意诋毁元首"的罪名，撤其水利特使头衔，断绝经济来源，再串通美国吊销其护照。1948年1月7日，国民党以"行为不检、言论荒谬""违反党纪、不听党的约束"为名，革除冯玉祥的党籍。对国民党的各种行径，身经百战的冯玉祥依然处变不惊。

为了民主和自由，他作好了最坏的打算。这位一无所有的"流亡革命者"当晚在日记中写道：（1）做真革命党。（2）为民众死。（3）努力写东西。（4）读英文。

2月8日，《纽约下午报》在显著位置刊登了冯玉祥《致蒋介石的一封公开信》。他用激烈的措辞历数蒋介石背叛孙中山领导的中国革命的罪行，并为自己曾支持蒋介石而自责："我已经感到支持你的罪过，而要向中国人民负起责任，协助他们把你赶走。"与蒋介石相识20年的冯玉祥，为了让更多人认识蒋介石这个"基督教教友"的真面目，在其夫人李德全的帮助下，口述《我所认识的蒋介石》，将一个他所熟悉的蒋介石展示在世人面前。他将书稿寄给在香港的好友翦伯赞润色后出版，并随信附一幅自画的山水、人物油画。画中题词"乘小船、上高山，脱去长衫，要打独裁卖国的汉奸！决心极坚，不怕任何危险"，以此明志。

→ 1948年冯玉祥在美国纽约街头发表演讲

自断退路的冯玉祥义无反顾投入到民主革命中。没有护照，不能在正式殿堂演讲，他就在街头站在史沫特莱等美国朋友为他准备的大汽车上公开演说，宣传民主与和平，谴责美国政府支持蒋介石打内战的行为，揭露中国政府当局腐败统治的真相。冯玉祥身材魁梧，声音洪亮，他的演讲极富感染力和鼓动性，很合美国人的胃口。

1948年2月20日，冯玉祥在一个极其普通的黑色硬壳封面笔记本上，用毛笔写下了他"预备被人打死"的遗嘱。

此时硝烟滚滚的中国战场上，国民党军队节节败退，蒋介石的统治如大厦将倾。美国政府密谋培植"第三方势力"，计划拉拢收买冯玉祥。遭到拒绝后，美国政府向冯玉祥发出了"逐客令"，通知其限期离开。回国还是客居他乡？面对人生的又一个十字路口，冯玉祥决定回国。

回国的路有多条，走哪条路线回国呢？冯玉祥被国民党开除党籍后，李济深即写信给冯玉祥，支持鼓励他的行动，并表示"万一美国不容许再留，则回来香港，共策进行，亦为民主阵线增加大的力量"。但冯玉祥明了，香港非善地，国民党特务是不会容他的。经过与苏联驻旧金山领事馆联系，他计划绕道苏联回国。苏联驻美大使潘友新曾任驻华大使，与冯玉祥相识。他给冯玉祥设计了一条路线：乘苏联客船走，到苏联后，再设法进入中国解放区。这一方案可以避免两个意外：若冯玉祥乘飞机或者其他国家船只，中国政府有可能要求将冯引渡，或派特务暗杀。

在冯玉祥一家积极准备回国之际，中共中央发布"五一口号"，并邀请其参加新政协。国内战争局势也向人民方面发生很大变化，冯玉祥深受鼓舞。5月底，他在辞别老朋友吴茂荪时兴奋地说："局势发展很快，我看新政协可能双十节就能举行，也许我们很快就会再见面的。"

在美国的两年，冯玉祥和广大侨胞一起，高举反对独裁、争取民主的旗帜，从事着把中国真相报道给美国人民的工作。将要离别美国，回到祖国投身伟大的事业，冯玉祥内心激动地写下《告别留美侨胞书》和《告别美国人士书》，发表在美国报纸上。他深情地感谢留美同胞和同情支持中国革命的美国友人，对回国参加新政治协商会议充满期待，因为"这是一个真正代表中国人民利益的政治会议，这是中国历史从旧王朝走向新时代的一个里程碑"。

冯玉祥及其夫人李德全，秘书赖亚力，女儿冯理达、冯颖达、冯晓达，儿子冯洪达，大女婿罗元铮一行八人于1948年7月31日乘坐苏联"胜利号"客轮从美国起航。"胜利号"是二战期间苏联从希特勒手里缴获的欧洲最大的豪华客轮。冯玉祥一家当时没有想到的是，这艘客轮是中共出钱租用的。冯玉祥夫人李德全1958年加入中共后才得知这一情况。

原来，冯玉祥回国参加新政治协商会议是毛泽东、周恩来邀请，并让钱之光拨出专款，雇了"胜利号"接他们回来的。

"胜利号"客舱分四层，头等舱在顶层，冯玉祥一家住了四套包间，有四位苏共中央委员住在同层其他包间。船上还有400多名回国的苏联公民。一路上饮食丰盛，活动丰富，有时开音乐会，有时看电影。久处紧张的政治压迫中，一下子置身于蓝天碧海之间，冯玉祥心情愉悦，写下了他生命中的最后一首诗《小燕》："不可轻人民，人民主人翁。不可恃武力，武力非万能。"

8月12日，冯玉祥给李济深写了一封长信，扼要回顾了他在美国所做的工作，以及对美国的印象。在信的结尾，他说船上快20天了，没有外界信息，希望李给他寄一些报纸到莫斯科，他表示"一定能收到"。没想到，这也是他写的最后一封信。

"胜利号"横穿大西洋，8月17日到达埃及的亚历山大港。在这里，李德全发出了给李济深的信。停泊六天后，有3000多位被埃及政府驱赶回国的苏联亚美尼亚人上船回国。船上人数骤增，甲板上、走廊上拥挤不堪，秩序混乱。冯玉祥一再提醒船上人员注意安全隐患。8月21日，客轮重新启航，继续开往苏联黑海。9月1日，船上人员为刚刚去世的苏共中央政治局委员日丹诺夫举行追悼大会。会后，船长提醒大家，明天就要到敖德萨港了，经过一个月的船上旅行，肯定都很疲惫，让大家好好休息，收拾东西，准备下船。

惨剧就在这天午后发生了。当时冯玉祥夫妇及女儿颖达、晓达正在客舱聊天，船舱起火了，在很短的时间浓烟弥漫。客舱玻璃是抗强风巨浪的，特别厚实。待冯洪达、罗元铮等人从外面用太平斧将客舱窗户敲碎进来时，李德全昏迷不醒，冯玉祥已窒息身亡。与冯玉祥同住头等舱的三位苏共中央委员及冯晓达同时遇难。

冯玉祥的遇难对即将召开的新政协是一大损失。冯玉祥黑海遇难的原因，至今仍是一个谜。一种说法是"天灾"。据李德全回忆，当时船上负责放映电影的年轻人在四层底舱倒回几百卷放完的电影拷贝，因速度

→ 1948 年 8 月 7 日，香港《华商报》报道冯玉祥离美返国的消息

→ 1948 年 9 月 6 日，香港《华商报》报道冯玉祥遇难的消息

→ 1948 年 9 月 11 日，香港《华商报》刊登的冯玉祥遗书原文

太快，摩擦起火，引燃其他胶卷。由于火势太猛，顺着木制楼梯很快烧到各层的出口。浓烟从门缝、窗缝进到冯玉祥的舱内。当时，窗户紧闭着。待船员和其他人员破窗而入时，冯玉祥因窒息过久抢救无效身亡。另一种说法是"人祸"。冯玉祥的儿媳余华心在《传奇将军冯玉祥》中转载赖亚力的话，"胜利号"火灾是有人蓄意谋划。当年苏联方面曾对此有个调查报告，称那场大火是"烈性炸药引起的"。但鉴于种种因素，这份报告一直没有公开。直到苏联解体后，许多档案皆已解密，仍没有见到这份"调查报告"。几十年之后，冯玉祥的女儿冯弗伐在全国政协会议期间曾就此事询问同为政协委员的原国民党军统少将沈醉。沈醉别有意味地说："蒋介石对于冯玉祥在美国演讲反对援蒋内战是恨之入骨的，可惜他的手没有那么长。"这也算是对有人怀疑冯玉祥遇难系蒋介石指使作个回复吧。当时国民党也造谣说冯是被苏联预谋害死的，以离间中共与苏联关系。李德全曾以现场有苏共中央委员同时罹难等大量事实和亲身经历，驳斥了这种谣言。

　　冯玉祥遇难后，毛泽东、朱德于9月7日联名致电李济深并转中国国民党革命委员会和李德全，深表哀悼。给中国国民党革命委员会的电文是："冯先生连年为民主事业奔走呼号，此次归国，对于中国人民民主事业，定多贡献，今忽遭此意外，实为国家民族之损失。特电致唁，并致哀思。"给李德全的电文为："惊悉冯玉祥先生及令媛不幸遇难，至深痛悼。冯先生致力民主，功在国家。尚希勉抑哀思，并为实现冯先生遗志而奋斗。"

　　冯玉祥的遇难让他的战友们痛心不已。当不幸的消息传到香港时，李济深刚刚接到冯玉祥在亚历山大港寄出的信。他难以置信，只得急电莫斯科转交在医院的冯夫人李德全，称"冯先生之殉难，实为中国民主革命之重大损失"。冯玉祥的生前好友郭沫若发表诗作缅怀道："假道未能归冀北，求仁有得在心头。功亏一篑吾知勉，魂绕中华日万周。"

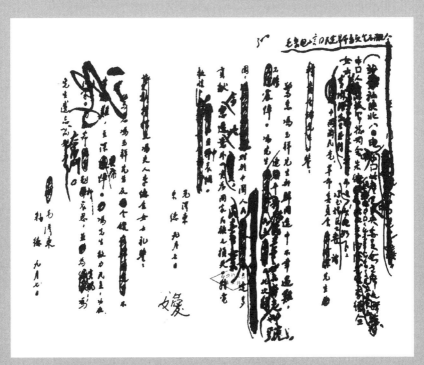

→ 毛泽东亲笔修改的唁电

带"黑框"的政协代表

　　杨杰，字耿光，又名漱石，白族，1889 年生于云南大理。1907 年留学日本，毕业于陆军士官学校，期间加入同盟会。1911 年回国参加辛亥革命，开始戎马生涯。在数次战役中，屡立战功。1921 年晋升陆军中将后，他再度入日本陆军大学学习，并以优异成绩毕业。

　　1924 年杨杰回国后，先后参加北伐战争、蒋冯战争、中原大战等重大军事行动，立下不少军功，曾担任国民革命军第一集团军总参谋长、第二炮兵集团指挥官、陆海空军总司令部总参谋长、国民党中央执委等职，一度深得蒋介石赏识和器重。

　　九一八事变爆发后，杨杰坚决主张抗战。他在执掌陆军大学期间，为抗战前线培养了上千名中高级将领，被外国政要称为战略专家。1938 年，杨杰出任中国驻苏大使。其间，他在争取苏联对华援助的同时，接受了共产主义思想，并因此被蒋介石免去了大使职务。回国后，杨杰不能驰骋疆场施展抱负，只好埋头于军事理论研究，相继完成《国防新论》《军事与国防》等著作。通过研究，他得出的结论是：没有人民的支持，战争就无法进行，国防就无法建设。显然，这些军事理论已浸染了马克思主义的思想。

　　抗战后期，杨杰与中共的关系越来越密切。受周恩来、董必武等共产党人的影响，杨杰为革命做了不少有益的工作。他与谭平山、陈铭枢等人在重庆成立民主同志座谈会，推行民主运动。杨杰的政治转向引起蒋介石的强烈不满，令他受到特务的跟踪和监视，这使杨杰更为愤怒。道不同不相为谋。杨杰与蒋介石终于渐行渐远，公开决裂。

　　抗战胜利后，杨杰等人在民主同志座谈会的基础上，成立三民主义同志联合会，反对蒋介石的独裁统治，积极投身争取和平民主的斗争中。1948 年 1 月民革成立时，杨杰当选为民革中央执行委员，负责西南地区的组织发展，致力于策动滇、黔、川、康地区实力派武装起义。他断言："不出三年，优劣势即将转化，中共必胜，国民党必败。"他多次利用与卢汉同乡的关系,给卢汉分析国共两党的形势,做争取工作。经杨杰策划,国民党陆军大学在 1948 年 12 月 1 日宣布起义。

杨杰的言行触及蒋介石的逆鳞,令蒋介石欲除之而后快。国民党保密局局长毛人凤责令保密局西南站严密监控杨杰,收集证据。面对恶劣的处境,许多人替杨杰担心,劝他注意。杨杰说:如此多的特务,像苍蝇一样叮着我,躲也躲不了,怕又如何?

中共方面和民革的一些朋友都非常牵挂杨杰的安危。1949 年 5 月,新政协会议召开在即,中共中央通过华南分局,力邀杨杰赴香港,北上解放区。中共云南地下组织也数次劝他离滇赴港,北上参加新政协会议。但杨杰表示,他正在做卢汉的工作,初有成效,容他暂缓离滇。

1949 年 7 月,杨杰得知刘文辉计划在四川号召起义后,积极帮助策划。他给刘文辉手下一位团长写了一封亲笔信,却不慎落入保密局手中。蒋介石闻讯让毛人凤立即扣押杨杰。正好杨杰离开昆明外出,躲过此劫。

8 月,杨杰应邀给昆明新闻界作了题为《国内外时事分析》的演讲,形象地将国民党统治区比喻为"一条大蟒",精辟地分析了国民党必定崩溃的形势。这个演讲在各大报纸显著位置报道后,在一定程度上动摇了国民党军心。

蒋介石得知此事后,命保密局立即采取行动。保密局云南站站长沈醉接到命令后,顾及杨杰与卢汉的关系,未敢匆忙行事。

此期间,卢汉以蒋介石大军压境为由,表示输诚。蒋介石拟对云南省政府进行"整肃",以稳定西南局势。西南军政长官张群派参谋长萧毅肃飞往昆明,所带黑名单的第一名就是杨杰。9 月 9 日,保密局西南特区区长徐远举带大批特务,要逮捕杨杰。杨杰事先得到消息,遂让其侄女婿朱健飞以杨漱石的名义购买一张赴香港的机票,避开监视飞赴香港。逮捕他的特务扑了个空。

蒋介石得知消息后恼羞成怒,把毛人凤大骂一通,让他限期除掉杨杰,以绝后患。毛人凤亲自来到昆明,查抄了杨杰的家。在抄家时从杨杰女儿的日记、信函中寻查到杨杰在香港的一些关系,但仍没有查到杨杰在香港的地址。毛人凤将情况报告给蒋介石，蒋介石考虑几日，最终下令对杨"制裁"。

杨杰到香港后住在湾仔轩尼诗道同乡家中，深居简出，等待中共组织安排他赴北平参加新政协会议。就在这时，不幸发生了。

关于杨杰将军被暗杀的经过，在细节上，目前存在五种说法。

第一种说法是当年国民党保密局参与暗杀事件的沈醉、郭旭的回忆。1949年9月17日，毛人凤接到指令后，立即发密电给广州的特务头子郭旭。郭于当日下午飞到香港，派已在港的台湾保密局行动处处长叶翔之主持暗杀行动。叶翔之从一个混入民主人士队伍中的军统分子卢广声处打听到杨杰的地址，并探知杨杰即将北上的消息，计划智取。布置妥当后，郭于9月18日下午返回广州。

暗杀发生在杨杰借宿的轩尼诗道260号。17日晚，叶翔之亲往侦察杨的住所环境，得知杨的住所铁门常关，不易"登堂入室"，乃假以贺耀祖（国民党高级将领，参与"香港起义"）的名义，写了一封邀请杨吃饭商讨问题的信，并叫其他特务备好手枪。次日下午4时许，他带了四个特务前往杨的楼前，看到杨在四楼平台上乘凉，还频频伸出头俯视街上。叶就安排其中一名叫韩世昌的特务携信持枪上楼，借送信为名进入宅内。当杨闻声走下平台接见时，特务将信交给杨。杨随即打开信阅看。此时，特务拔出手枪对准杨的头部打了一枪。杨应声扑于桌边，特务又补了一枪，见杨已被打死，忙转身退出。另一个特务持枪看住宅内的工人，不许其声张，并将电话线割断。五人分乘两部"的士"逃逸。因叶刺杀有功，保密局还发给他一笔资金。

第二种说法是研究者赵子云、顾建平等人的文章，引用1950年公安局抓获凶手的破案资料。文章称：当时，叶翔之等人为了接近杨杰，模仿杨的好友李宗理的笔迹写了一封信，带着保密局特务陈家庆、李宏继、吴其宁等人到香港，布置谋杀计划。9月19日晚10时，他们来到杨杰在轩尼诗道302号的住所。吴在门口监视，李守楼梯掩护。陈持信入宅，骗过保姆，趁杨杰从内室来到客厅毫无戒备阅信之际对准杨胸部开一枪，又对头部补了一枪，将杨杀害。

第三种说法是美国学者及台湾国民党保密局退役少将谷正文所披露的信息。美国加州大学研究员唐柱国 2009 年在香港参加中华传记文学国际学术研讨会时提交一篇论文《迁台早期保密局的内部斗争》。论文称，据谷正文披露，杨杰于 1949 年闲居昆明时，见中共将重兵围向大陆西南国民党军队，深谙军学的他认为此乃战略性失误，遂通过管道向毛泽东传递条陈，认为国共两党在大陆的争斗，本质上是以苏联为代表的陆权与以美国为代表的海权之间的斗争，而东方世界最重要的海权据点在台湾。中共如要根本解决问题，便应集中军事兵力，先将台湾夺下。国民党在西南的残余势力，迟早都可以消灭，根本不是问题。但这一建议没有被毛泽东采纳，却被将固守台湾作为唯一出路的蒋介石侦知，顿生杀机，当即让毛人凤执行暗杀。谷正文回忆说，这时杨杰已躲到香港，毛人凤将暗杀行动交给会说广东话的叶翔之，直接承办此案的两个凶手田九经和韩克昌是叶从国防部技术总队找来的。他们俩原是收编过来的河南伪军。1949 年 9 月 19 日上午 10 时，田、韩来到杨杰家，谎称台湾送信来，杨杰没有防备。待杨杰看过信后，来人让他写收条。趁杨杰俯身写收条时，杀手拔出手枪朝他头部及心脏连开三枪，杨当场死亡。事后，其中一位贪财杀手还要将杨家两个大皮箱拿走，被另一位阻拦，很多财物散落在楼梯上，造成一个窃贼入室杀人抢劫的假象。

第四种说法是当年香港《文汇报》记者陈朗于 1964 年发表的一篇回忆录《香港新闻采访外记》，其中提到杨杰遇害的情况。他作为新闻记者，在案发后很快就到现场。此时，杨杰的尸体才移去不久，现场还保留原状，警方人员正在勘察。他看到的情况是"轩尼诗道这一带的住宅，在香港并不算是最好的住宅，因为这条马路非常喧闹。四楼的内部间隔是一开门就是客厅，客厅后面是几个房间，最后面是厨房、厕所。从地下到四楼的楼梯是公共使用的，任何人都可以一直走上四楼，根本不需要通报。特务一骗开门，打开门就正对着杨杰的侧面，杨杰是面对着马路坐在藤椅里被打死的，从他死的状态看，他完全不知道来人是找他的。

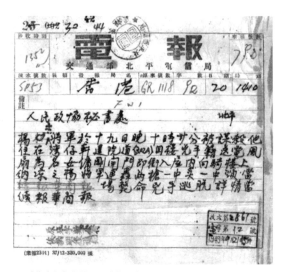

→ 《华商报》发给人民政协秘书处的电报

因此他在佣人开门之后根本没有站起来就被打死了"。

　　第五种说法是最新披露的一些资料。在中国人民政治协商会议即将召开之际，正式代表杨杰被杀，这当属引人注目的港岛大案。当年9月20日，《华商报》给政协大会秘书处发来一份电报。电文虽短，但报告了杨杰被杀的时间、地点和经过。电文说："杨杰将军于十九日晚十时卅分被谋杀。他住在湾仔轩遑院道〈302A〉四楼，凶手借送电风扇为名，女佣刚开门，即冲入屋内向骑楼上纳凉之杨将军连射两枪，一中头，一中颈，当场毙命，凶手逃脱。"电文中的"湾仔轩遑院道"应为"湾仔轩鲤诗道"，可能是北平电信局投递明电时译电有误，那时香港"轩鲤诗道"也称"轩尼诗道"。这一说法在杨奇老人处得到了佐证。2017年笔者在广州采访95岁杨奇老人时，他专门谈及杨杰被杀情况。他认为原因之一是杨杰到香港后，没有及时与中共方面联系，住在一个普通民居也不便保护。至于暗杀过程，他说是国民党特务借口送修理的电扇，佣人也不管什么人就开门。开门后，特务一下子到了阳台，把杨杰杀了。

　　这五种说法均有可信的理由，但也都存在可质疑之处。持第一种说

—— 1949 年 9 月 22 日，《人民日报》报道杨杰逝世消息

法的沈醉、郭旭虽为当事人，但均不在现场。郭的这个叙述基于具体执行者叶翔之向他报告的情况；沈也是听别人转述的，且时间和地点均有失实。第二种说法引用的是公安局破案后披露的情况，似应有据，但目前尚未找到出处。持第三种说法的谷正文也不在现场，在"南渡""北归"的纷乱中，已经疯狂的国民党特务的说辞能有几分真实？第四种说法与第五种说法颇有相似之处，具有一定的可信度。但陈朗作为一名记者，即便在现场，也是案发之后。而《华商报》对出席人民政协会议这一重大政治活动的代表被杀定然高度重视，不过在案发一两天时间内靠港英当局的警察，就能追踪并破获这起凶杀案的来龙去脉，其难度可想而知。

综上说法，不管具体细节如何，都可得出这样一个"真相"：1949年 9 月 19 日晚 10 时半，杨杰在北上出席人民政协会议途中，于香港寓所被国民党特务刺杀遇害。9 月 22 日《人民日报》第四版作了这样一个报道："中国人民政治协商会议代表、中国国民党革命委员会中央执行委员杨杰将军，十九日夜十时半在香港寓所被国民党反动派暗杀逝世。国民党中央社二十日发表了这个消息，但隐瞒了行凶者是国民党反动派这个众所周知的事实。"

对于杨杰的遇害，社会各界无不震惊和悲痛。两天后，中国人民政治协商会议第一届全体会议在北平召开，杨杰成为公布名单中唯一"加黑框"的代表。会议开幕当天，通过了中共代表团的临时动议，由主席团以大会名义给中国国民党革命委员会和杨杰家属致唁电："惊闻杨杰将军在由滇飞港来平出席中国人民政治协商会议的途中，惨遭国民党匪帮用最卑劣的手段加以暗杀，本会议全体同仁无不痛悼。杨杰将军多年来为民主事业奋斗，久为反动派所深忌，于今竟遭惨祸，本会议全体同仁，除一致决议向贵会表示哀悼外，深信杨杰将军的死，将会更加激励全国人民，一致努力，把革命进行到底，彻底消灭国民党反动派及其主子美帝国主义在中国的最后残余统治，建立崭新的中国，以慰先烈，而安生者，谨电致唁！"

1950 年 10 月，杨杰的骨灰由中央人民政府从香港接回昆明，安葬于西山烈士墓地。

"此路走不通，去找毛泽东"

为扩大人民政协的团结面，在协商第一届全体会议代表名单时，增设了一个"特邀代表"。按周恩来的解释："这是根据目前的发展确定的。被邀请的人物当然总是在这一个时期有所表现的，如在人民解放大军胜利推进当中，对推翻反动政权、协助人民解放军和平接管等方面立过功的；或是目前我们认为需要特别邀请他来参加的一些人物。"龙云作为地方实力派，成为"特邀代表"的一员。遗憾的是，当时，他正在香港策划云南起义大计，未能参加政协会议和开国大典。

龙云 1884 年生于云南昭通一个黑彝土司家庭，原名龙登云，字志舟。父亲早亡，青年时尚武从戎。1914 年毕业于陆军讲武堂第四期骑兵科。

由于他拳术了得，曾击败一个到昆明摆擂台的法国拳师，引起云南都督唐继尧的注意。龙云担任过侦飞军大队长（"侦飞军"是唐继尧的禁卫军），唐继尧部团长、军长。1925年龙云参加第一次滇桂战争，任第二路军（辖卢汉、朱旭、张冲等五旅，号称五万人）总司令，后兵败撤回昆明，他的部队却保存完整。1927年2月6日，蒙自镇守使胡若愚、昆明镇守使龙云、昭通镇守使张汝骥、大理镇守使李选廷结盟发动"二二六政变"，唐继尧忧愤去世，龙云、胡若愚、张汝骥等通电拥护蒋介石。6月14日凌晨，胡若愚联合张汝骥突然派兵袭击龙云住宅，龙云被囚，但实力未损。1928年1月，国民政府任命龙云为云南省政府主席，兼第十三路军总指挥。他先后消灭张汝骥部，击败胡若愚，1930年1月统一了云南，从此成为"云南王"。

1934年10月中央红军开始长征。蒋介石命龙云追剿红军。龙云采取"保境自卫"策略，一则不愿与红军死拼消耗兵力，二则防止中央军乘机入滇，削弱自己的势力。红军用兵如神，牵着中央军和滇军鼻子声东击西，使之疲于奔命。

抗日战争爆发后，龙云主张全国团结抵御外侮，任出滇抗战的第六十军、第五十八军合编的第一集团军总司令。在台儿庄大战中，滇军浴血奋战，鼓舞了全国抗战的士气。他在云南筹划一系列抗战备战举措，包括修筑滇缅公路、支持中国远征军的补给，为抗战胜利作出了贡献。其间，龙云与中共和民主人士多有联系。龙云后来回忆说：

抗战期间，在昆明的爱国民主人士很多，尤其西南联大的教授和我随时都有接触和交谈的机会，谈到国家大事，所见都大体相同。对于蒋介石的集权独裁政治，大家都深恶痛绝。他们都反内战，希望抗日胜利后召开国民代表大会，制定民主宪法，用以束缚蒋介石，实行中山遗教。这也就是我当日的愿望。所以我对昆明汹涌澎湃的民主运动是同情的。张澜派人和我说，组织民盟有许多困难，我就竭力鼓励他放手干，我愿尽力帮助。后来，刘文辉对民盟也与我采取一致行动。蒋介石因此对我深为痛恨，认为我碍手碍脚，决心要拔除我，后来就发动了昆明事变。事变后，我去到重庆；蒋介石就开始对昆明民主运动大加迫害，因而相继发生了"一二·一"惨案，李公朴、闻一多被杀事件。

正如龙云所说，这期间他受中共和民主党派的影响，思想发生了很大转变。中共中央南方局派华岗到云南，进行统战工作；西南联合大学举行五四座谈会，何应钦要龙云进行镇压，龙云婉言拒绝。1944年底，龙云秘密加入民盟，支持云南民主运动。

1945年抗战胜利后，卢汉率滇军主力调越南受降。蒋介石趁云南空虚之机，欲解决云南问题。10月3日，昆明防守司令杜聿明部署第五军（军长邱清泉）发动兵变，制造"驱龙事件"。龙云被挟持到重庆，就任军事委员会军事参议院院长，形同软禁，从此失去了对云南的控制权。

在重庆，龙云与中共和民主党派加强了联系。他热衷于看《新华日报》，从中了解中共的主张，并用重金支持民盟和民联组织。龙云与蒋介石本来就貌合神离，被政变赶下台后，对蒋自然更是痛恶。他有一句口头禅："此路走不通，去找毛泽东！"国民政府还都，龙云也随之来到南京，但行动依旧不得自由。

1948年底，国内形势急剧变化。当龙云得知蒋介石有意挟持他去台湾时，自知南京不可久留，否则就会落得同张学良一样的下场。12月8日，在陈纳德等人的帮助下，龙云化装乘飞机逃出南京，经上海转广州，乘船秘密到达香港，随即参加了民革。

蒋介石深知，在南京，龙云是笼中之虎，有力无处使；到了香港，则是放虎归山，龙云就可能遥控云南。所以，到了香港，龙云还是时时处处受到国民党特务的监视。到香港不久，宋子文专程从广州去看望龙云，劝他出面组织华南反共联盟，遭到拒绝。龙云接受法新社专访说："凡妨碍国家前途进步之自私活动，我个人极不赞成，人民亦必不欢迎。"

不久，龙云的老部下安恩溥借到南京参加立法会的机会转道香港看望他。龙云与之谈及战局，判断蒋介石会退到西南顽抗，指示安恩溥说：

"你回去应该告诉他（卢汉）积极准备起义，才能自救救云南……在外面找共产党的组织关系和各党派联系，我（龙云）负完全责任。起义时间愈早愈好，总以解放军渡江以前为好，太迟了搞成马后炮，政治意义就谈不上了。"后来又多次给卢汉去信，希望他早日醒悟。

1949年初，李宗仁代理总统后，邀请龙云去南京共商国是，并由其夫人郭德洁专程持信到港会晤龙云。4月11日，龙云召开记者招待会，公布了给李宗仁、何应钦的信，拒绝南京要求，并劝说李宗仁接受中共八项条件，实现和平，反对派兵入滇。这封公开信是龙云到港后，全面阐述自己的政治主张和态度，引起各界高度关注。蒋介石将之作为龙云"通共"的证据，准备对他采取暗杀行动。

国共和谈破裂后，毛泽东发出了向全国进军的命令。人民解放军强渡长江，占领南京。8月13日，龙云、黄绍竑、贺耀祖等44人在港发表《我们对于现阶段中国的认识与主张》，声明与国民政府决裂，投向人民阵营。随着解放大军迫近西南，龙云唯恐卢汉坐失良机，连续派亲信给卢汉送信，催促卢汉起义。蒋介石大怒，开除了龙云的国民党党籍并于9月14日下令通缉龙云。毛人凤本来派叶翔之到港暗杀龙云，但叶中途接到任务，改杀杨杰，龙云才死里逃生。国民党保密局又收买龙云原来的亲信秘书蒋唯生，拟用毒药暗杀龙云，后被识破未遂。

曾任国民党政府军事参议院少将高参、护送龙云南京脱险到港的朱志高回忆道："我们抵港不久，中共华南局潘汉年和民主人士李一平就频频和我们联系。不久，杨杰被刺，潘汉年和李一平通知龙云，他的安全已受到威胁，劝他北上免遭不测。"但由于卢汉举棋不定，云南起义未果，龙云不顾自身安危仍坚持留在香港。

9月21日，中国人民政治协商会议第一届全体会议在北平召开。龙云作为特邀代表，未能参加这一盛会。在10月1日毛主席签名的公告中，龙云被委任为中华人民共和国中央人民政府委员，19日又被任命为人民革命军事委员会委员。

新中国成立后，人民解放军势如破竹，继续向尚未解放地区推进。

11月下旬，贵阳、重庆得到解放。在云南，游击队发展迅速，昆明城内的民主运动高涨。到了12月，卢汉主动派人到广州与叶剑英联系，并与中共云南地下组织商量，做起义的准备。12月9日，卢汉设计软禁了在昆明督战的国民党西南军政长官张群，扣押驻昆明的国民党军政各主要头目，宣布起义，云南和平解放。龙云虽然未能亲临起义现场，但他为云南和平解放作出了重要贡献。

1950年1月3日，龙云偕夫人顾映秋及随员十多人离开香港，当日到达广州，受到叶剑英等人热烈欢迎。12日离广州，经武汉北上，18日上午到达北京。此时，新中国已是政通人和、百废待兴。

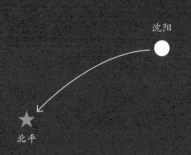

沈阳

北平

解放区是一个崭新的天地。单纯从长途迁徙来看，民主人士从香港北上，属于海上旅行的群体活动。但这个群体活动有着强烈的政治意义和社会意义，引出两种事实上的反差。一种是地域上的：北上的民主人士大多是南方人或长期在南方生活，有些是第一次到北方。另一种是政治生态上的：民主人士到香港前，都长期生活在国统区，这是第一次来到解放区。这些外在的反差也必然引起民主人士内心世界的某些变化：对从未体验过的解放区生活的新鲜感，对共产党政策和作风的逐渐了解和认同，对新中国、新社会、新生活的向往和憧憬，对参与筹划开国伟业的神圣感和使命感。凡此种种，都在他们参加的政治活动、集体参观、日常生活中，有这样或那样的流露。

共襄伟业

第十二章

解放区的拳拳盛意

从香港北上到达解放区的民主人士是中共中央邀请来的贵宾，受到热烈欢迎和盛情款待是自然而然的。沈钧儒一行出发不久，中共中央于1948年9月18日就欢迎民主人士北上事宜专门致电东北局，并告之"第二批离港之郭沫若、马叙伦、王绍鏊等人，数日后亦将乘苏轮北上。故洛甫、高、朱等至罗津接待第一批后，尚可多留数日，等待第二批人到后，一起赴哈。洛甫见到他们后，可转达毛主席及中共中央欢迎之意，并说明为安全计，以先至哈尔滨，较往大连为更适宜"。

这个电文所列计划实际上有所改变，郭沫若一行后来直接到达刚刚解放的沈阳。不过，中共中央所表达的热烈欢迎之情及妥善接待之意已体现在电文中。沈钧儒等人到哈尔滨后，先与中共代表就关于新政协诸问题达成协议，之后便离开哈尔滨，与郭沫若一行和随后到达的李济深等人在沈阳"会师"。

沈钧儒等人到达东北时，东北局曾向中共中央请示，是否举行公开的欢迎活动并进行新闻报道。周恩来以中共中央名义起草的复电表示，北上行动尚处于秘密进行状态，不宜公开发布消息。正式的公开的欢迎活动是在李济深等第三批民主人士抵达沈阳后才举行，这时东北全境已经在人民手里了。

尽管没有公开的欢迎活动，沈钧儒等人抵达哈尔滨后所受到的礼遇仍是高规格的。东北局对他们的衣食住行都妥为安排：给每个人制作一件高档的貂皮大衣，按照中共高级领导人的生活标准供应伙食，配备最好的日本车出行，等等。东北局还采取茶叙和宴请的形式予以欢迎。蔡廷锴日记有过多次相关记录。1948年9月29日早上，沈钧儒一行一到哈尔滨，就被高岗、陈云、林枫、蔡畅等东北局负责人从车站接到东北局俱乐部茶话；当晚，东北行政委员会主席林枫举行宴会，为民主人士一行洗尘接风。10月1日，东北局书记林彪从前线回到哈尔滨，在军人俱乐部宴请民主人士，高岗、林枫等作陪。蔡廷锴日记记："林在餐前简单演说：蔡先生在大革命及'一·二八'抗战，福建人民政府对人民立了很多功勋。千里而来，甚欢迎。并说及解放军攻四平街等。"10月10日，东北局再次宴请民主人士一行。11月2日，冯玉祥夫人李德全携冯玉祥骨灰到达哈尔滨，蔡廷锴又记："是晚，中共设宴至10时30分始散会。"

此后民主人士到达东北解放区，东北局都以这种方式表示热烈的欢迎。李济深一行在大连登陆时，享受了由周恩来在遥遥千里之外的西柏坡"亲点"的一餐盛宴。周海婴在《鲁迅与我七十年》中回忆："我们住的沈阳铁路宾馆，隔几天就有一次当地首长出面举行的'接风'宴，欢迎又一批民主人士抵达。"

1949年1月26日，中共东北局、东北行政委员会、东北军区以及东北各界人民代表在沈阳宏大影院举行盛大集会，欢迎到达东北解放区的民主人士。这是前三批从香港北上的民主人士以及朱学范、王绍鏊、李德全、沙千里、赖亚力等34人共同参加的一次大规模集体活动，也是民主人士在东北解放区唯一一次"全家福"式的聚会。东北行政委员会主席林枫致欢迎词。李济深、沈钧儒、马叙伦、郭沫若、谭平山、彭泽民、章伯钧、蔡廷锴、章乃器、李德全、沙千里、茅盾、陈其尤、黄振声、许广平、许宝驹、邓初民、王绍鏊、洪深、曹孟君等20位民主人士在欢迎大会上发言，施复亮和孙起孟作了书面发言。大会最后由李富春代表东北局讲话。李富春说："今天的欢迎会，象征着中国民主力量的大团结，也象征着全国胜利的快要到来。""只要全国人民、全国各民主党派认识一致，步调一致，团结一致，使敌人无隙可乘，我们就一定能争取真正的永久的和平。"随着东北全境解放，民主人士的活动也相继"解密"。1月31日，新华社对这次欢迎大会发表一份七千余字的电讯稿，逐一摘要民主人士的发言。毛泽东亲自审阅并修改了新华社的这份电讯稿。

→ 东北局负责人与民主人士在沈阳铁路宾馆座谈

《人民日报》在2月2日全文予以刊登。

1月28日，是民主人士在解放区过的第一个除夕。东北局和东北行政委员会在沈阳铁路宾馆举行招待宴会。宴会后，沈钧儒从餐厅出来，看到扭秧歌的队伍绕过一楼大厅那座日本神社式的石灯上了二楼，不禁感怀，回到客房以《除夕纵饮狂欢》为题，得诗三句："一串秧歌扭上楼，神灯枉为日皇留，光明自有擎天炬"，而第四句怎么也吟不出来了。第二天一早，找郭沫若续诗。郭沫若信口接道："照彻千秋与五洲"，正合沈意。

考虑到民主人士初来乍到新环境，在生活和心理上会有所不适，中共中央及解放区各方面都给予他们热情接待和悉心照顾。前三批北上的民主人士从不同地点登陆，进入不同城市。他们下榻的旅馆，不论是哈尔滨马迭尔宾馆、沈阳铁路宾馆还是大连大和旅馆，都是当时当地最好的旅馆。随沈钧儒等人第一批北上的林一元回忆：到达哈尔滨后，民主人士一行"被安排在东北局招待所马迭尔旅馆住宿，周秋野同志任该所主任，招待周到"；"东北局的领导同志高岗、李富春、蔡畅、李立三等经常来访或共膳"。蔡廷锴当天的日记与林一元后来的回忆大体一致："吾友同往第八道街马迭尔酒店招待所住宿。该酒店设备华丽，前国际调查团李顿爵士亦住于此。中共东北局派出周秋野为招待主任，程之平为交际科长、岳××为警卫，招待甚周，无微不至。"郭沫若、马叙伦等第二批北上的民主人士下榻的沈阳铁路宾馆，周海婴称之为"俄式建筑，内部开间较大，其设施条件之好在当时该是首屈一指了"。李济深一行的住宿更是得到周恩来的亲自关照。抵达沈阳后，李济深一行在沈阳铁路宾馆与前两批北上的民主人士聚齐，周海婴"某某、某某某将要来，需留给他们住的"的记述，自然应该包括李济深一行。

住最好的旅馆，伙食自然也不差。沈阳铁路宾馆是三批民主人士都住过的地方，周海婴对这里的伙食作了一些描述和点评，可以由此及彼，类推哈尔滨马迭尔宾馆和大连大和旅馆的伙食标准：

宾馆一层大厅供应一日三餐，布置着许多大圆桌，尺寸大于一般的圆台面。每桌十人，坐满便上菜开饭。早晨，供应北方式的早餐和牛奶。南方人习惯吃的"泡饭"，这里是看不到的。午、晚餐的质量基本相同，经常有酸菜白肉火锅。考虑到知识分子的生活习惯，晚睡的还供应简单的夜宵，有牛奶一杯和随意取食的清蛋糕（即没有甜奶油）。厨房有西餐厨师，受过"老毛子"培训，会做俄式西餐，和上海的罗宋大菜口味相近。冷菜供给红鱼子，是鲟鱼的，晶莹透明而带红色，现在市面上很稀有了。厨师的拿手菜是"黄油鸡卷"，把整条鸡腿带骨头片开，展开后抹上黄油、味精、盐，再卷紧，外裹面包粉，以热油炸熟。口感又脆又香，入口酥松，每人能吃完一份便很饱了。

第二批和第三批北上的民主人士从温暖的香港启程，跨越数千里抵达东北解放区时，正值北方的隆冬时节。尽管民主人士是有备而来，但东北局依然细心地为他们筹措冬衣。从周海婴拍摄的民主人士在各种活动场合的照片中，他们身上所穿的正宗的东北皮棉服装在香港是不可能置办到的。

正如蔡廷锴、李济深等当事人所记，民主人士在东北解放区得到了来自东北局乃至西柏坡的无微不至的关照，衣食住行不仅无忧无虑，而且惬意和畅快，让他们切身感受到一种长期在国统区奔波后的安逸。尽管时光短暂，但这段记忆一定会伴随他们终生。

从南方远道而来的民主人士，踏上解放区的土地，除了新鲜、好奇，还有陌生。沈钧儒一行在哈尔滨与东北局负责人达成新政协诸问题的协议后，南下沈阳，一路参观访问，走了20来天。他们与郭沫若、李济深等人沈阳会合直到离开，有将近两个月的时间。东北局便按照中共中央的指示精神，为民主人士安排了一系列报告会和参观活动。

在东北期间，到各地参观便成为民主人士的主要任务。周海婴作为随员，跟着母亲和其他民主人士也走遍了东北的山山水水。他说："按照上面的意思，这一大批民主人士，原打算请他们到哈尔滨住上一阵，待

——民主人士在东北参观

平津解放，大军渡江后再图南下。可是形势发展很快，只不过两个月时间，解放战争已势如破竹。四平一战，又解放了长春，平津已是指日可待，也许开春便可以去北平，不需要转到哈尔滨再去等候了。因此，把北上的计划改为到吉林、长春、抚顺、鞍山、小丰满、哈尔滨这些地方参观学习。"对此，林一元也回忆道："在沈阳期间，我们还得到东北局同志的关怀照顾，多次安排我们参观访问，到过吉林、长春、丰满水电站、抚顺煤矿以及沈阳故宫、东陵、北陵等地，使我们对祖国的锦绣河山，特别是东北丰富资源有了进一步了解。"

两人罗列的参观地区大致吻合，但民主人士在东北解放区的参观活动并非全程统一行动。沈钧儒等从哈尔滨南下沈阳的人士后来没有再返回哈尔滨，林一元是以蔡廷锴秘书身份随沈钧儒等第一批北上，因而他提到的地方不包括哈尔滨。周海婴却是随李济深、郭沫若等先期到达沈阳的民主人士再赴东北各地参观的，自然包括哈尔滨。他们在东北地区参观活动的行程和细节，目前还没有发现更详细的记述，周海婴说："对

→ 参观沈阳农村

→ 参观访问期间的合影

→ 在哈尔滨瞻仰李兆麟烈士墓

→ 李济深在哈尔滨东北烈士纪念馆题词

这次活动，我本来有过一些简单的记录。但'文革'开始后，这些笔记都被我付之一炬。"而周海婴用那架"禄莱"相机一路拍摄的照片，却留了下来。这些珍贵的老照片记录下了一个个瞬间，从不同的角度和侧面反映了民主人士在东北的农村、厂矿、水电站、烈士纪念馆、古迹名胜参观时的情景。

→ 在沈阳农村

→ 李民欣（右）、赖亚力（左）在小丰满发电厂

在解放区的参观访问、沿途见闻，使久居国统区的民主人士耳目为之一新。与李济深一同从大连登陆又到东北各地参观的章乃器将内心巨大的变化抒发在《人民的东北》一文中。他自感解放区新鲜的事物实在太丰富，而有些抽象的情况，如人民的愉快情绪和社会的蓬勃气象，绝非通讯体裁所能描写。"对于这些，我近来常感到散文无用，而必须用诗歌来表达。因此，一向不喜欢诗歌的我，现在都想学习写诗歌，以抒发胸中蓬勃的诗意。"

北平和平解放后，中共中央决定将新的政治协商会议召开地点改为北平。1949 年 2 月 14 日，中共中央致电东北局、华北局及平津两市，

委派陕甘宁边区政府主席林伯
渠前往沈阳迎接民主人士。毛
泽东、周恩来非常重视在东北
的民主人士赴平事宜。在林伯
渠临行前，毛泽东专门与其谈
话，对迎接民主人士的原则、
政策，以及路线、接站等具体
问题提出意见。毛泽东还在中
共中央接待民主人士方案上批
示："林老与民主人士入关时，
望东北局令铁路总局派专车并
派有训练有纪律的部队一个连
随车护送。"

→　在东北的民主人士离开沈阳火车站时的合影

　　2月23日，李济深、沈钧
儒、马叙伦、郭沫若、李德全、
章伯钧等35位到达东北解放区
的民主人士，在中共中央代表林伯渠、东北行政委员会副主席高崇民陪
同下，乘坐"天津解放号"专列由沈阳出发，第二天到达天津，受到黄
敬市长的热烈欢迎。

　　刚刚解放的北平已是欢乐的海洋。2月25日中午12时，李济深、
沈钧儒等民主人士一行顺利抵达北平。林彪、罗荣桓、聂荣臻、董必武、
薄一波等中共领导人和在北平的民主人士100余人到车站迎接。

　　在此前后，张东荪、费孝通、雷洁琼、严景耀、刘清扬、韩兆鹗、
周建人、吴晗、杨刚、严信民、楚图南、许德珩、符定一、田汉、周颖
等在河北平山县李家庄的民主人士，也相继到达北平。

　　2月26日，根据中共中央指示，人民解放军平津前线指挥部、北平
市军事管制委员会、中共北平市委、北平市人民政府在中南海怀仁堂举
行盛大欢迎会，热烈欢迎由东北、天津、李家庄来平及在平的民主人士

→ 1949 年 2 月 25 日，民主人士抵达北平车站

代表，400 多人参加这次欢迎活动。李济深、沈钧儒、马叙伦、郭沫若等 14 位民主人士发表了演说。李济深的一席话可以说代表了大家的心声。他说："我深信，中国的革命在中共领导之下是必然成功的，民主的新中国是必然实现的。我进入解放区，自大连以至哈尔滨，所目睹的各项民主建设突飞猛进的事实，还有我们的朋友来自关内解放区所耳闻目见的事实，都是有力的证明。"

这年 5 月，上海迎来解放。邓颖超受毛泽东、周恩来委派，专程持毛、周两人的亲笔函到上海邀请并迎接宋庆龄参加盛会。张澜、罗隆基在中共上海党组织的营救下，虎口脱险，应邀赴会。陈铭枢、郭春涛、史良、胡子婴、闵刚侯、杨卫玉等人，也陆续到达北平。各方民主力量的洪流，汇聚古都，共同融入筹建新政协、创立新中国的历史伟业之中。

协商新政协 "诸问题"

1948 年 9 月 29 日，沈钧儒、章伯钧、谭平山、蔡廷锴等人到达哈尔滨后，立即参与一项奠定新政协基础的文件制定工作。

毛泽东曾一度设想于 1948 年秋在哈尔滨召开新政治协商会议。随着战争形势发展并经征询各方面意见，中共中央及时调整召开新政协的方案。八九月间，在中共中央统战部所在地河北省平山县李家庄已聚集了一些从平津等地区到来的民主人士；沈钧儒、章伯钧、谭平山、蔡廷锴等民主人士从香港也将到达哈尔滨，这将为面对面协商新政协诸问题创造条件。胡乔木曾回忆说，为了更具体地同这些民主人士商谈召开新政协的各项事宜，毛泽东向周恩来提出：似宜将名单及其他各项拟成一个文件，内容字句均须斟酌。周恩来与中央统战部同在李家庄的符定一、周建人等民主人士商讨后，拟定了《关于召开新的政治协商会议诸问题（草案）》。

所谓 "诸问题"，就是围绕新政协筹备工作的若干重要问题。对此，"草案" 共列了四项内容：一是新的政治协商会议的召集问题。提议由中共及赞成中共中央 "五一口号" 的各主要民主党派、人民团体及无党派民主人士的代表们成立一个新政协的筹备会，由筹备会负责邀请各方代表人物、起草文件并召开新政协的正式会议。筹备会的人选由香港响应 "五一口号" 的 39 家单位代表组成，20 人左右；筹备会的地点拟在哈尔滨；筹备会的时间以到达的代表过半即可。二是新的政治协商会议的参加者问题。其范围提议在南京反动政府系统下的一切反动党派和反动分子必须排除，由反对美国帝国主义侵略、反对国民党反动统治、反对封建主义和官僚资本压迫的各民主党派、各人民团体及无党派民主人士的代表组成。三是新的政治协商会议的时间和地点问题。时间，拟定在 1949 年，究竟何月，视代表到达情况而定；地点，哈尔滨，亦有可能依情况改在华北某一大城市。四是新的政治协商会议应讨论的事项问题。应讨论和实现两项重要的事宜：制定共同纲领；如何建立中华人民民主共和国临时

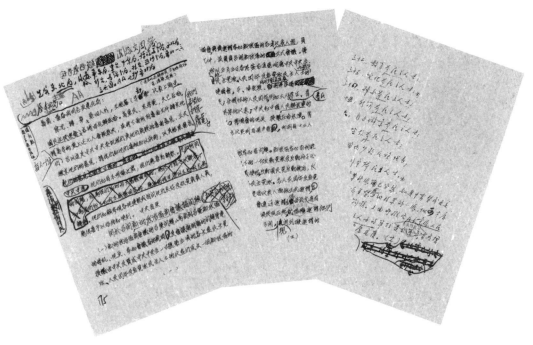

—— 毛泽东修改的中央关于约集沈钧儒等会谈征求新政协诸问题的意见致高岗等人电报

中央政府。这四个方面也是"五一口号"发布后民主人士讨论新政协最为集中的问题。草案附有邀请参加新政协的39个单位的列表。

1948年10月8日，东北局负责人高岗、李富春接到西柏坡传来的电报："除沈、谭、章、蔡四人外，王绍鏊（字却尘，代表上海中国民主促进会）亦将由北鲜抵哈。高崇民、朱学范久已在哈。请高、李约集上述七人会谈数次，并将下面所附书面意见，正式征求他们的意见，请你们和他们过细加以斟酌，以其结果电告。""所附书面意见"，指的就是《关于召开新的政治协商会议诸问题（草案）》。

中央10月8日电文中提及的七位民主人士，除沈、谭、章、蔡四人外，王绍鏊（民进）也已从香港抵达哈尔滨。另两位民主人士，民革的朱学范在中共中央颁布"五一口号"之前就已到达哈尔滨；民盟的高崇民时任东北行政委员会副主席。接到电文后，他们均集中在马迭尔宾馆。

马迭尔宾馆坐落在美丽的松花江畔，是一座俄式风格的三层建筑，为白俄修建，曾专供社会上层人物住宿和娱乐，内部装饰富丽堂皇。在马迭尔宾馆二楼一间五六十平方米的会议室里，米黄色的墙壁，配以欧式门窗、座椅、吊灯和壁灯。这里成了中共东北局负责人与沈钧儒、谭平山等七人协商新政协活动的主要场所。

这七位民主人士相貌各异，语言风格也不尽相同。负责他们安全警卫工作的李正南对每个人的特点有一段颇为形象的点评：

> 那位身材瘦小，面容清癯，颔下留着斑白须髯，如神话中南山寿星一般的老人，便是闻名中外的"七君子"之首沈钧儒。今日得见，并负责他的安全保卫工作，感到光荣和高兴。他安稳、慈祥、平易近人，使人一见就觉得可亲可敬。尽管那时他已73岁高龄，但步履矫健，精神矍铄，双目炯炯有神，焕发光彩，全然没有老态龙钟的影子。
>
> 身材高大、魁梧的谭平山，年纪虽没有沈钧儒大（时年62岁），但鬓发皆白、银须飘洒，手里总是提一根拐棍。给人以饱经风霜，历经磨难，而富贵不能淫、威武不能屈，坚毅、倔强的印象。

——→ 马迭尔宾馆二层会议室

　　王绍鏊宽袍大袖，体魄魁梧，气宇轩昂，那年刚好60岁，却看不出有一点儿苍老之态。

　　蔡廷锴个子最高，且最消瘦，时年56岁。可能由于他是个职业军人的缘故，他无论是站着还是坐着，腰板都拔得挺直，且庄严稳重，不苟言笑，使人望而生畏。

　　章伯钧系上中等身材，虽年已53岁，但看起来要年轻得多。他好发表见解，嗓门高，讲得快，口若悬河，滔滔不绝，颇有"解经不穷戴侍中"的夺席之才。

　　朱学范年龄较小，时年43岁。他的社会活动似乎格外地多，每天都忙忙碌碌，食少事繁。

　　因为他们都是当时中国社会的上层人物，特定年代造就了其老年知识分子那种高雅的风度和气质。他们身穿长袍马褂，见面拱手作揖，称兄道弟，彼此总要先文绉绉地客套一番，而后才能进入谈话的正题。

　　由于沈钧儒等是不同省份的人士，凑到一起高谈阔论时，方言土语掺杂，语音各异，真正是南腔北调。

正是这几位南腔北调的人，在马迭尔宾馆参与筹备新政协的第一份历史性文件的协商工作。

新的政治协商会议由哪些党派、哪些人来参加，应是诸问题的重中之重。10月15日，中共中央就向在哈民主人士征询新政协代表名单的意见等事项再次致电高岗、李富春并东北局，提出了民革、民盟、民进、农工党、救国会、民促、民联7个党派及团体参加新政协的51人名单。

电文强调，新政协的组成必须依照《关于召开新的政治协商会议诸问题（草案）》第二项所指出的原则。但在被邀请的各民主党派及某些团体、产业界和其他方面，也会邀请个别对群众有一定影响和联系的右派分子。

比之10月8日电，这个电文更为细化。比如，关于名单，电文指出："望向各该党派在哈的五位代表（国民党革委会，谭、蔡；民盟，沈、章；救国会，沈；农工民主党，章；民促会，王；国民党促进会，蔡；民联，谭），分别提出，征询他们的意见，并交换意见。""你们对名单上的人物有不熟悉之处，可先与谭老、沈老详谈，不够时还可与王、章两人谈。"实际上，这个电文相当于一份与民主人士协商的行动指南：谈什么，先和谁谈再和谁谈，必须坚持什么原则，需要解释和说明哪些问题等，都有明确交代。

围绕"新政治协商会议诸问题"，在哈尔滨马迭尔宾馆共举行了三次座谈会。10月21日，第一次座谈会召开。东北局负责人高岗、李富春与在哈民主人士沈钧儒、谭平山、章伯钧、蔡廷锴、王绍鏊、朱学范、高崇民出席。中共中央提出的草案，原则上得到出席座谈会的民主人士的一致赞同。朱学范后来回忆："会上，我们民主党派代表均表示同意中共中央《关于召开新的政治协商会议诸问题（草案）》。"蔡廷锴也在当天的日记中写道："到达哈市各民主党派人士对中共中央所提各问题原则同意，约谈2小时散会。"

七位民主人士中，沈钧儒、章伯钧是旧政协的过来人。在大家的建议下，沈钧儒在会上扼要回顾了旧政协会议的情况。他的结论是："旧政协是革命势力与反动势力面对面斗争的会议。蒋介石毫无诚意，在美蒋勾结下，放出通过政治协商会议以求和平的烟幕，争取时间发动内战。民盟为和平而奔走努力，结果不仅都归于徒劳，而且是上了一个大当。"这个论断今已成为学术界的共识，可见沈钧儒对时局具有深邃的洞悉力。

谭平山的发言条理清晰，自成体系，涉及新政协的性质、参加范围和领导权问题，显然经过深思熟虑。他说："现在中共号召的新政协，是代表人民利益的，绝不允许反动分子参加。美蒋已成为中国人民的敌人，当然不能参加，也不容许插手。新政协是由中国共产党和各民主党派、各人民团体以及社会贤达所组成的。新政协讨论的共同纲领，应该是新民主主义的政纲，绝不是旧政协连欧美旧民主都不如的政纲。同时，这个新政协，是中共和各民主党派分担革命责任的会议，而不是分配胜利果实的会议，为着争取革命的提前胜利，是要大家多负责任的，而领导的责任，更不能不放在共产党肩上，这是历史发展上一种不容放弃的任务。"对于新政协的领导权问题，朱学范坦言道："没有中国共产党的坚强领导，任何革命统一战线也是不能胜利的。"

商议具体问题时，民主人士仁智各见。会后，高岗和李富春立即将会议情况分门别类地整理出来，致电中共中央，特别针对草案中的诸问题逐一作了汇报。民主人士商谈具体问题情况大致如下。

关于召集的原则问题。大家一致同意排除南京一切反动党派反动分子的主张。章伯钧说规定得坚定明确。朱学范说新的政协是没有反动分子参加的。关于新政协由各党派、各方面共同组织筹备会负责召集，均表示很满意。章伯钧说非常满意，非常周到，中共中央的政治风度是伟大的。蔡廷锴说中共之伟大超乎理想之外，在港商谈，是主张或由各党派，或由中共、民革、民盟三大团体召集，现在大家一律平等，共同召集，非常之好。朱学范说中共中央政治风度超出各党派理想之外，由各党派共同召集，我想各方面均会十二分满意的。

关于筹备会的组成问题。沈钧儒提出 20 人左右是否能包括各单位，如每单位只一人也可以，各单位参加的人数要规定，且需电港得到正式委托。蔡廷锴提出他可代表国民党民主促进会，至于民革何人代表，还要请示香港。朱学范提出可以单位为标准，组成筹备会，不以人为标准，希望尽快组成，政治上可起大号召作用，配合军事胜利。

关于新政协参加者问题。对39个单位参加，没有表示异议的。沈钧儒提出要规定参加者的总额。谭平山提出100人左右即够。章伯钧提出100人到150人。关于各单位出席的人数与人选，大多认为要有人数规定。朱学范主张各单位出席人数应有参差不能平均。人选则均主张向各单位个别商量，并向香港各方面请示决定，才能合法。王绍鏊提出政协会内，可设专门顾问名额，集中专门人才，以作咨询。关于民社革新派，王绍鏊提沙彦楷可参加。章伯钧提梁秋水、汪世铭也可参加。谭平山说民社党革新派中真正革新的人很少。

关于政协重要讨论事项问题。章伯钧、王绍鏊、朱学范均提可否讨论宪法草案。关于共同纲领，蔡廷锴提中共已准备，可提供讨论参考，其他各党派也可提，总之，大家是反帝、反封建、反官僚资本的三个共同原则。

关于如何成立中央政府问题。谭平山、王绍鏊主张新政协召开后，限定时间召集临时人民代表会议，再产生临时政府。章伯钧、蔡廷锴主张新政协即等于临时人民代表会议，即可产生临时中央政府，现在对内对外均需要，待全国统一后，再成立正式的人民代表会议。

这次座谈会提出了许多建设性意见，中共中央都高度重视，或全部，或部分，或有选择地予以采纳。

1948年10月23日，第二次座谈会举行。在讨论中，民主人士就一些具体问题不断提出意见和建议，与中共代表在坦诚的氛围中沟通和交流。有人提议参加新政协的单位应增加"上海人民团体联合会"；有人提议草案中的"平津教授"应改称"全国教授"，"南洋华侨民主人士"应改称"海外华侨民主人士"；有人提出将无党派民主人士单列一单位。蔡廷锴当天记载："中共与民主党派提出，第二步座谈会交换意见，将所谈话情形由中共方面转中共中央。"

　　大家同意中共中央 10 月 15 日给中共东北局的电文中提到的"也要邀请少数右派而不是公开反动的分子参加"。但在一些问题上，民主人士之间也存在不同看法。谭平山与蔡廷锴、朱学范同属国民党左派，但对哪些党派或个人能参加新政协，认识上有很大的分歧。朱学范在《我与民革四十年》中回忆说："例如中华职业教育社及民社党革新派是否参加的问题，有的认为可以参加，有的认为不能参加。谭平山就认为国民党反动派的胁从分子，如能弃暗投明，接受中共的政治主张，在言行上有积极的表现，也只能免除与反动派头子同归于尽的命运，不能参加新政协。我想起同冯玉祥、何香凝的接触中，他们都主张多团结一些国民党中愿意与我们合作的人；李济深不久前的来信中更是着重提及这方面的问题。因此，我与蔡廷锴、李德全三人都认为是否准许这些组织的人参加，得视形势发展审慎研议；沈钧儒也作了补充发言。"

　　后来，中共中央不但接受了民主人士的意见，还在原协议草案中增加一条"留待筹备会最后决定"。这就为进一步扩大新政协的代表性开了一个口子。

　　在哈尔滨，除了类似的正式协商座谈会外，东北局负责人与民主人士还进行了多种形式的沟通和交流。11 月 2 日，李德全在莫斯科安顿好留在苏联学习的子女后，独自抱着冯玉祥的骨灰盒抵达哈尔滨，随即加入协商"阵营"，投入到新政协的筹备活动中。

　　中共中央密切关注新政协的协商进展。在辽沈战役结束的第二天，即 1948 年 11 月 3 日，中共中央就致电高岗、李富春："请单独告沈、谭、王三老：依据目前形势的发展，临时中央人民政府有很大可能不需经全国临时人民代表会议，即径由新政协会议产生，故新政协代表人数能有 200 人至 300 人方好，因此，在民革、民盟、民进（蔡）、第三党、致公党、民建、职教社、产业界、教育界、新闻界、自由职业界、宗教界及华侨 13 个单位（占 39 个单位的 1/3）的代表中，应多邀请一些尚能与我们合作的中间人士，甚至个别的中间偏右乃至本来与统治阶级有联系，而

→ 1948 年 10 月，在哈尔滨参加协商的民主人士合影
（前排左起：李立三、谭平山、沈钧儒、李德全、蔡廷锴；后排左二朱学范，左三章伯钧）

现在可能影响他拥护联合政府的分子，以扩大统战面。具体人物，请沈、谭、王三老多加考虑见告……""临时中央人民政府有很大可能不需经全国临时人民代表会议，即径由新政协会议产生"显然是采纳了章伯钧和蔡廷锴在第一次座谈中提出的建议。

东北局于 11 月 15 日召开第三次座谈会，讨论中共中央 11 月 3 日来电提出的意见。民主人士又提出两点新的建议：规定参加新政协的单位由中共及各民主党派、各人民团体、各地区代表共 38 个单位组成，每单位人数 6 名；如再有增加单位的提议，在筹备会中作正式决定。中共方面对这些意见和建议都予以采纳并逐一答复。11 月 21 日，中共中央电复，同意上述两点。当时平津战役尚未结束，这天的座谈会还谈到新政协筹备会改在沈阳召开等问题。蔡廷锴当天日记："各党座谈会参加人员如前……筹备会，说迁沈阳，但尚未正式决定。"

当时在哈尔滨的几位民主人士，尽管能够覆盖民革、民盟、民进、农工等主要民主党派，但毕竟人数有限，大部分民主党派领导人还滞留香港。

由于交通不便，信息不畅，在哈尔滨与在香港的民主人士之间难以做到即时沟通。在第一次座谈时，沈钧儒就提出，应将此文件发往香港方面征询意见。这在蔡廷锴10月21日的日记中也得到反映。蔡当天日记记："到达哈尔滨各民主人士因起程时严守秘密，责任上未得各党派单位规定，即电知香港李任潮主席，原电如下：'香港李主席，现与各民主党派各首要磋商，到达哈尔滨各党派负责人为新政协筹备会出席各单位代表：谭平山为民联，蔡廷锴为民促，李德全、朱学范为民革，各单位筹备会各代表请各常会追认。'"

中共中央体察到沈钧儒等人的顾虑和现实情况，于10月30日致电香港分局，转发中央《关于召开新的政治协商会议诸问题》的文件，并指示接到该项文件后，即抄送民革李济深、何香凝，民盟周新民，民促马叙伦，致公党陈其尤，救国会李章达、沈志远，第三党彭泽民，民主建国会章乃器、孙起孟，及无党派人士郭沫若11人，并由潘汉年、连贯分访他们或邀请他们一起聚谈，征询他们意见。

11月5日，中共中央又一次致电香港分局："各方对我们关于新政协诸问题的建议反映如何，你们执行情形如何，均望陆续电告。"

根据中共中央的指示，香港分局立即通过聚谈和拜访等方式，征求在港民主人士的意见。11月20日，中共香港分局方方、潘汉年、连贯致电中共中央，分九个方面报告他们征询意见的情况：

（1）有人提出，民社党革新派可参加新政协筹备会。与会者均不赞同。（2）有人提出，国民党反动集团内，特别是国民党地方派系人员中，如有赞同三反（反帝、反封、反官僚资本）并见诸行动者，似应准其参加新政协。（3）有人提出，中华全国文艺协会可否作为一个单位参加。与会者认为文协大多数理事均在国统区，且多系统战人物，无从推派代表，文协中好的理事仍从文化界民主人士中提名较妥。（4）有人提出，

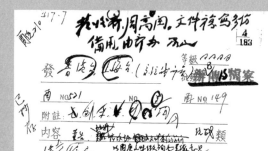

→ 周恩来起草的发给港分局并告沪局电文

华侨民主人士中各层都有代表参加筹备会则更好。(5)有人提出,东北政治建设协会,可否作为一个单位参加,与会者认为可从哈尔滨方面征询意见。(6)有人提出,梁漱溟的"乡村建设派"似应列为一个单位。与会者认为梁先生个人参加是不成问题的,但其组织不应列入邀请单位。(7)有人提出,华南各省游击区人民武装有数万人,有斗争历史(如琼崖、东江),似应列为一个单位。(8)有人认为,国旗、国歌应事先研讨准备。(9)关于共同纲领起草,各党派正在研讨中。对以"新民主主义"为今后建国最高指导原则问题,民革方面有两种意见:一种赞同,一种坚持"革命的三民主义";民盟方面有的主张用"人民民主主义",有的主张用"民主主义",不必加上"新"字,但大多数意见均赞成"新民主主义"。

从这个电文可见,香港分局和在港民主人士对"新政协诸问题"这份文件高度重视,问题具体、详细,正面意见、反面意见皆有反映。

西柏坡(包括李家庄)、哈尔滨、香港,电波将相隔万水千山的几地联系在一起。经过若干轮协商,1948年11月25日,高岗、李富春代表中共中央与在哈尔滨的民主人士沈钧儒、谭平山、章伯钧、蔡廷锴、王绍鏊、朱学范、李德全、高崇民正式达成《关于召开新的政治协商会议诸问题的协议》,对中共中央关心、民主人士关注的"新政协诸问题"作出明确规定。

关于新政协筹备会。筹备会由23个单位的代表组成;任务为负责邀请参加新政协的各方代表人物、起草新政协文件、召集新政协正式会议;筹备会组织条例由中共起草,俟筹备会开会时正式通过;筹备会会址预定为哈尔滨。

关于新政协会议。新政协的参加范围,协议规定:新政协的参加范围,由反对帝国主义侵略、反对国民党反动统治、反对封建主义和官僚资本主义压迫的各民主党派、各人民团体及无党派民主人士的代表人士组成,南京反动政府系统下的一切反动党派及反动分子必须排除,不许参加;新政协由38个单位组成(减少了草案中的中华职业教育社),每单位代

关于召开新的政治协商会议诸问题的协议

中共中央 高岗、李富春 二同志 等在哈之池。

(甲) 关于新政协筹备会者。

(一) 新政协筹备会，由下列二十三个单位组成：(1) 中国共产党，
(2) 中国国民党革命委员会，(3) 民主同盟，(4) 民主促进会，(5)
致公党，(6) 农工民主党，(7) 人民救国会，(8) 国民党民主
促进会，(9) 三民主义同志联合会，(10) 民主建国会，(11) 无党派
民主人士，(12) 全国教授，(13) 新民报，(14) 海
外华侨，(15) 全国总工会，(16) 解放区农民团体，
(17) 全国妇联筹备，(18) 全国学联，(19) 全国青联筹备，
(20) 上海人民团体联合会，(21) 实业界，(22) 文化界，(23) 人
民解放军。

(二) 每单位本额人数为一人至四人，其确定都由本人选，但其本
单位提出，由筹备会各单位协商之，其各团体组织得有代表性
的人士另列由筹备会其他单位共同推它。（以上列第一会中 11、
12、13、14、21、22 各项……）
筹备会在各单位到有过半数（即十二单位）时，即可成立。

(四) 通过筹备会各种决议的手续，一般的决议，经多数通过，全体
负责执行，基本方针的决议，经共同纲领及但须临时等……

都通过，但少数仍有不同
自由，不取得判。

筹备会地址，宁可哈尔滨
筹备会

(丁) 关于新政协。

(一) 新政协原则范围，中反
住倡之及对对进议和
团体及各党派民主人士
下的一切反动党派及反

(二) 参加新政协的单位：
会革命会，(3) 中国民主同
(4) 中国农工民主党，(7)
促进会，(9) 三民主义同
解放区人民政府，(13) 东
人民政府，(14) 华东解放
(16) 内蒙古自治区民主政府
人民解放军，(19) 东北人民
东人民解放军，(22) 中原人
(24) 华南解放区农民团体，
会筹备委会，(27) 全国
团体联合会，(29) 各党派

→ 形成《关于召开新的政治协商会议诸问题的协议》定稿前的修改件

士，有不妥承认退出筹备会的

组织，待例由中共华北道南筹
备组同意后由筹备会各会
对正式通过。

回义佳军反对国民党反动
专属迫的各民主党派之手人民
协组成。南京反动政府系属
此及排除不许其参加。
中国共产党，(2)中国国民党革
命民主代世会，(5)中国致公党，
救国会，(4)中国国民党民主
党，(10)民主建国会，(11)华北
区人民政府，(13)西北解放区
政府，(15)中原解放区人民政府，
(17)人民解放军总部，(18)华北
，(20)西北人民解放军，(21)华
北军，(23)中华全国总工会，
(26)全国青年联合会，(28)上海人民
，(30)产业界民主人士，

(31)教育界民主人士，(33)文化界民主人士，(33)妇女界民主
人士，(34)新闻界民主人士，(35)自由职业界民主人士，(36)
宗教界民主人士，(37)国内少数民族代表，(38)海外华侨民
主人士。

（原定三处单位中华中华职业教育社 革命，因改有编公属，待
部已另请准此事，目前不参加，最后协议该单位是否
参加，看待筹备会决定。及

民航起草新派是否参加的问题，看待筹备会最后决定。
此外如再有增加的商议，可随时协商，由筹备会中作正
式决定。

(三)新政协每单位代表人都为六人，12为候筹备会同去认可
允许某些个别单位酌增人都。

(四)新政协时间行去明年，完全得月举行，应记及方代表到适
代情，与地立问题一佛由筹备会决定。

(五)新政协应讨论和实施的有两项重要内处。一为共同纲领
内处，一为如何建立中华人民之宝共和国临时中央政府问题。
共同纲领，由筹备会世革，中共中央已立世革一份草案，不久可
提出，任何单位均可提出自己的纲领草案。关于如何建立临
时中央政府即民主联合政府（即由新政协产生的人民代
表会议产生）问题及宝施草案内处，先行交接去之，看待筹备

表 6 人；新政协任务为讨论和实现两项重要工作有《共同纲领》问题、如何建立中华人民民主共和国临时中央政府问题；新政协召开的时间拟在 1949 年，具体时间及地点由筹备会决定。

关于专门委员会。根据工作需要聘请民主人士和专家组成专门委员会，研究各项专门问题。

这个协议从草案到定稿，经过了将近两个月的时间。如果说协商新政协诸问题是西柏坡、哈尔滨、香港等地共同演奏的一曲"大合唱"，那么中共中央很好地发挥了"指挥"的作用，充分反映了中共中央运筹帷幄、协调各方、发扬民主、集思广益的高超政治能力。新政协诸问题协议的达成，也使这些数十载追求革命、赤心为国的民主人士触摸到新政协的第一丝脉动。这一文件的协商过程，为他们了解中共的各项政策、适应新的环境，进而统一思想、增进共识、加强多党合作、参与建国伟业，创造了良好的政治氛围。

从合作到接受中共领导

1949 年的开局预示着这个年度的不同寻常。元旦这天，蒋介石发出"求和"的《新年文告》，提出愿与共产党商讨"停止战事，恢复和平的具体办法"，企图以此挽救国民党政权行将覆灭的命运。在此前后，美国已认识到国民党政府"较过去更加不孚众望，并且愈来愈众叛亲离"，策划支持国民党其他政治领袖"划江而治"。正值解放战争进入战略决战的重要关头，民盟中央常委张申府于 1948 年 10 月发出"呼吁和平"的主张，受到民盟组织的讨伐，并被开除盟籍。在即将取得决战胜利的当口，呼吁"和平"无异于让国民党得到喘息、致革命半途而废。

蒋介石发表《新年文告》后，各阶层对此反应不一。时任浙江大学校长的竺可桢在当天日记中记道："今日元旦，见报载蒋总统之文告，谓共产党苟有诚意，中央政府愿意和平。渠之个人进退，可以不计云。此与过去之戡乱到底口吻不相同。一般老百姓莫不希望和平，故闻者莫不喜形于色。"这反映在民族资产阶级、上层小资产阶级及知识分子中，一些人对美国和国民党桂系李宗仁抱有幻想。民主党派中也有少数人重新燃起中间道路的希望。李宗仁代任总统后，四处运动，游说李济深、张澜、宋庆龄等著名民主人士，以期争取政治支持，保存半壁江山。

"是将革命进行到底呢，还是使革命半途而废呢？"近代中国曾在这个问题上有过惨痛的教训，即将取得战略决战胜利的中国人民还能再重蹈覆辙吗？《人民日报》在1949年元旦发表了毛泽东为新华社写的新年献词，发出"将革命进行到底"的号召。在文章中，毛泽东以寓意生动的"农夫与蛇"的故事，警告人们决不要怜惜蛇一样的恶人。"如果

1949年1月1日，毛泽东在《人民日报》上发表《将革命进行到底》的新年献词

要使革命半途而废，那就是违背人民的意志，接受外国侵略者和中国反动派的意志，使国民党赢得养好创伤的机会，然后在一个早上猛扑过来，将革命扼死，使全国回到黑暗世界。"毛泽东的这篇文章，与其说是对蒋介石、李宗仁们的回应，给"呼吁和平"的"书生们"的警醒，不如说是直接给各民主党派、各民主人士出了一道选择题：面前有两条路，究竟选择哪一条？

毛泽东严肃地指出："中国每一个民主党派，每一个人民团体，都必须考虑这个问题，都必须选择自己要走的路，都必须表明自己的态度。中国各民主党派、各人民团体是否能够真诚地合作，而不致半途拆伙，就是要看它们在这个问题上是否采取一致的意见，是否能够为着推翻中国人民的共同敌人而采取一致的步骤。这里是要一致，要合作，而不是建立什么'反对派'，也不是走什么'中间路线'。"

1949 年 1 月 7 日，李济深刚刚乘船抵达大连。是日，在东北解放区的李济深、沈钧儒、章伯钧、马叙伦、王绍鏊、陈其尤、彭泽民、沙千里、蔡廷锴、谭平山等人，收到在李家庄的符定一、周建人、韩兆鹗、翦伯赞、刘清扬、楚图南、田汉、胡愈之等 19 人的联名来电。电文认为民主人士在当前必须认清：时至今日，革命必须贯彻到底，断不能重蹈辛亥革命与北伐战争之覆辙；务使人民阵线内部既无反动派立足之余地，亦无中间路线可言；有赖于中国共产党的继续领导与团结所有党派团体及民主人士，方可完成人民革命之大业。

就在毛泽东号召将革命进行到底之际，斯大林于 1 月 10 日给毛泽东来了一封信，建议中共接过"和平的旗帜"，与国民党谈判。毛泽东遂接受其建议，于 1 月 14 日以中共中央主席的名义发表了针对蒋介石"求和"阴谋的《关于时局的声明》，提出在惩办战争罪犯、废除伪宪法、废除伪"法统"等八项条件的基础之上进行和平谈判。为揭露国民党假和谈的阴谋，毛泽东还集中发表了《评战犯求和》《中共发言人评南京行政院的决议》《四分五裂的反动派为什么还要空喊"全面和平"》等文章，以抨击敌人，教育广大人民。

在李家庄的部分民主人士立即召开讨论会，有人提议与在沈阳的民主人士联系，共同起草一个支持毛泽东八项条件的声明。凑巧的是，在沈阳的李济深、沈钧儒等人通过学习讨论，刚刚就符定一、周建人等人1月7日的来电复电"严正表示吾人对革命进行到底之态度"。接到李家庄的倡议后，李济深、沈钧儒、谭平山、郭沫若、周建人、楚图南、胡愈之等在东北和华北解放区的55位民主人士，于1月22日联合发表声明，拥护毛泽东提出的八项条件。

李济深等55位民主人士在声明中首先提出：中共发出"五一口号"，"这一解决国是的主张，正符合于全国人民大众的要求"。他们强调："愿在中共领导下，献其绵薄，共策进行，以期中国人民民主革命之迅速成功，独立、自由、和平、幸福的新中国之早日实现。"这是各民主党派和无党派民主人士第一次集体以书面形式公开宣布自愿接受中国共产党的领导，表明他们政治立场和政治主张的重大转变。这个声明对构建中国共产党领导下的多党合作关系具有重要的政治意义。

—— 1949 年 2 月 2 日，《人民日报》发表李济深等 55 人的声明

从民主党派产生和发展的历史看，其组成并非单一阶级政党，而是具有不同阶级联盟的性质。每个阶级和阶层追求民主革命的基本面是一致的，但囿于自身局限性，其政治见解和利益诉求各有千秋。中国共产

党与各民主党派在反对蒋介石独裁统治，追求民族解放、国家独立、社会和平的目标上基本一致。这是多党合作的重要前提。中共中央发布"五一口号"后，各民主党派经过比较、鉴别，最终接受中国共产党的领导。这个过程进一步表明中国共产党的领导地位不是人为自封的，是历史的选择、人民的选择。

"五一口号"一发布，围绕新政协的领导权问题就引发了热烈的讨论。郭沫若理直气壮地表示："中国革命是必须由中共坚强领导的，我自己就不怕做尾巴，也不怕人给我一顶红帽子。做尾巴，戴红帽子我倒觉得非常光荣。"马叙伦、邓初民、冯裕芳、谭平山也表示"新政协的召集人自然是中共负责"。致公党在响应"五一口号"的宣言中直接表明态度："中共在中国革命的艰巨而长期斗争中，贡献最大而又最英勇。""这次新政协的召开，无疑我们得承认它是领导者和召集人。"但对有些民主党派来说，响应、支持新政协，更多的是一种"合作"态度。到了1949年年初，"新政协是中国人民民主统一战线的组织形式，参加新政协的各民主党派和民主人士必须根除'第三条道路'的幻想，坚决拥护共产党的领导"，这一观点成为共识。

朱学范在《我与民革四十年》中曾对李济深思想转变的经过作了回顾。朱学范于1948年3月底从哈尔滨写信给李济深，明确提出民革接受中共领导的问题。但从李济深同年9月给朱学范的回信看，他仍有极大的顾虑，对此避而不谈。朱学范作为民革代表在大连接到李济深后，两人曾就民革接受中共领导问题有过认真交流。李济深向朱学范解释了这一问题，说在收到朱学范的信后，"在香港民革内部引起争议：有的认为接受共产党领导很重要；有人认为党派之间是平等的，没有什么谁领导谁的问题"。到沈阳后，李济深又与谭平山、蔡廷锴等同侪作过深谈，以求进一步了解中共和解放区的有关情况。在交谈中，谭平山、蔡廷锴向李济深建议："任公既来此间，宜早些表示接受中共之领导。"对此，朱学范问李济深："任公您的意见呢？"李济深说："我既下决心并来到了解放区，这一行动就表明了拥护由中国共产党来领导新中国。""革命的三民主义虽与新民主主义原则是一致的，但要付诸实行，全国也要步调一致，显然这也要接受共产党的领导。"李济深到达沈阳的第二天，即致电毛泽东表示："贵党领导中国革命，路线正确，措施允当，恰符全国人民大众之需要。"也可以说，李济深思想和认识上的转变是到了解放区才完成的。所以，朱学范对于李济深等55人的公开声明的历史意义，有这样一段概括：这一声明的发表，"对我的感触颇深，想想李济深、何香凝选择接受中国共产党领导的道路，在民革同志中间做了多少艰苦细致的工作呀。声明对于我们民革标志着由与共产党合作，进入了接受中国共产党领导的多党合作的新时期"。

民革如此，其他民主党派又何尝不是呢？民盟中央委员叶笃义曾在他的回忆录《虽九死其犹未悔》里详尽叙述了民盟自1947年被迫解散后，从一个走所谓第三条路线的中间派，逐渐转变为在中国共产党领导下的一个民主党派的过程。沈钧儒、章伯钧在香港召开民盟一届三中全会时，张澜、黄炎培、罗隆基等留在上海的民盟核心人员的态度是有所保留的，他们希望民盟的"调子不要提得过高""不赞成提出反美的口号"。到1948年10月间，中共展开全面军事进攻时，民盟在沪中委还商讨起草一个向中共的建议书，提出"①内政上实行议会制度；②外交上采取所谓协和外交方针（即对美苏采取同样友好方针）；③民盟有退至合法在野党的自由（鉴于民盟被国民党宣布为"非法团体"失去了这个自由）；④在盟内的共产党员应公开身份，党员和盟员避免交叉"。叶笃义在回忆中提到，周新民邀请张澜等人去香港，张澜先是说"任之（黄炎培号——作者注）去我就去，任之不去我也不去"，待黄炎培不打招呼就独自出走香港后，张澜又说："努生（罗隆基号——作者注）去我就去，努生不去我也不去。"上海解放前，国民党血腥镇压异己分子。在险遭暗杀的危急关头，张、罗被中共地下组织营救出来，才免遭不测，到北平参加新政协。学者宋曲霞认为："民盟领导层的分歧表明，他们大多数反对蒋介石政权，因为蒋介石要强化专制独裁，这与他们的政治理想发生了不可调和的矛盾和严重冲突；但是在建立一个什么样的新政权，如何处理与美国的关系，特别是在与共产党建立一个什么样的关系问题上，他们还是有不同意见的。实际上，大多数自由知识分子和民主党派并没有改变自己奋斗的最终目标，即建立所谓民主自由平等的资本主义国家，而他们奋斗的策略发生了重大变化，即由同国共两党进行合作转变为抛弃国民党蒋介石集团，并与包括共产党、国民党民主派在内的各党派进行民主合作，至于在是否接受共产党领导问题上意见是不统一的。"

鼎革之际，从民革、民盟等领导人原来的追求合作到自愿接受中共领导，也反映出一个个体、一个党派政治立场的转变并非一蹴而就，会随着时代潮流发展变化。当然，北上的民主人士能集体发出这样一个声明，无疑与他们对解放区的初步感受有关。他们在《对时局的意见》中指出："我们首先获得的印象，更使我们充分欣慰，这里充满民主自由的空气，蓬勃向上的精神，生产建设发展猛进，社会秩序有条不紊，工农商学各界，都能站在自己的岗位上努力，支援前线，中共党员尤能以身作则，发扬高度自我牺牲的英勇精神，为民前锋，不辞劳苦。"这些印象也可能是初步的、直观的、表面的，但对饱经动乱、历尽千帆、追求革命大半生的民主人士来说，已弥足珍贵！

镌刻在共和国的记忆里

1949年2月，李济深、沈钧儒等人到达北平时，黄炎培还在上海。待他辗转香港再到北平时，已是3月25日。历史往往就有巧合。同一天，毛泽东率中共中央机关和人民解放军总部进入北平。延安"窑洞对"的两位主角在这里相遇，将共同见证中国共产党跳出"周期率"的历史。

黄炎培是毛泽东到北平后邀请到双清别墅的第一位客人。3月26日黄炎培日记载："夜，毛主席单独招餐于其家香山双清别墅，毛夫人、周恩来四人同餐。我畅述所见，获得具体结果三点，决定分别发电。夜十一时始归。"按黄炎培的儿子黄方毅的说法，这次谈话"确定了黄在新

→ 1949 年 3 月 25 日，刚进入北平的毛泽东与北平各界人士合影
  （左起：沈钧儒、朱德、董必武、李济深、陈其瑗、郭沫若、黄炎培、毛泽东、林伯渠、马叙伦）

中国政治生活中的地位"。当晚谈话的内容，黄炎培记录略简。黄方毅则作了详细的补充。在四五个小时的会谈中，他们谈时局、谈民建、谈民营经济发展。最为重要的是，毛泽东请黄炎培做即将成立的新中国的民营经济牵头人，一方面向共产党反映民营实业家的要求，另一方面向民营实业家传递共产党的声音。正值兴亡易代之际，民族资本家人心惶惶在所难免。黄炎培不负重托，自到北平的第一天起，即为建立新中国、建设新中国而左右奔波。

两天后的 3 月 28 日，黄炎培根据与毛泽东商谈的内容，分别就邀请陈嘉庚参加新政协会议及组织工商考察团之事拟定电文。在他当天日记中罗列了"写成电稿五通，面交与李维汉发（根据与毛主席谈）"的内容。在给上海王艮仲的电文中，有"请御秋来""吴承禧等来"。"御秋"即冷遹，曾与黄炎培一同访问延安，应是毛泽东委托黄邀请赴平的。

《黄炎培日记》以丰富的史料为世人留下了他参与筹建新政协、共襄建国大业的一幕幕。其间，有他的日常活动，有他的资政建言，有他的感思感悟。

4月3日记："午后六时，应毛主席招，到其寓庐香山双清别墅。同被邀者李济深（中国国民党革命委员会主席）、沈钧儒、章伯钧（中国民主同盟常务委员）、马叙伦（中国民主促进会常务理事）、谭平山（中国国民党三民主义同志联合会常务委员）、彭泽民（中国农工民主党中央监察委员会主席）、李章达（中国人民救国会中央执行委员）、蔡廷锴（中国国民党民主促进会代主席）、陈其尤（中国致公党主席），我以民主建国会常务理事参加。毛泽东报告：（1）反对北大西洋公约联合声明稿修正后正式通过发表，众同意。（2）中共对国际大势的看法与其应对方针，众同意。（3）和谈的经过文件与今后方针，决继续讨论。自此，中共与各民主团体正式成立统一战线。"

5月24日记："夜，周恩来邀民盟同人，餐毕报告……我（就报告中的后4条内容）发言：（2）（政协）主缓开，但应先定期，筹备会先开一次亦好。但宜限于规定政协会期。（3）（联合政府应否先将各部门分设委员会）同意。（4）（应否先将各全国性的会议开成。工、农、兵、妇、青……）同意。（5）（在新民主主义下，各政党分工合作，民盟应否吸［收］知识分子）民盟依此路线，此儿从29.12.23呱呱堕地，经过千灾百难，今天总算得到了向学的途径，是可欣幸的。十二时散。"

6月3日，黄炎培接到其子黄竞武牺牲的消息的当天，仍致电民盟、民建表示："炎培虽老，尚想随诸同志后为人民革命加重努力。"

6月23日，黄炎培、陈叔通、马寅初、吴耀宗、许广平、王绍鳌等一行70多人乘专列赴沪，他们大多作为上海市政府聘任的顾问，配合新政权开展工作。从黄炎培日记看，他到达上海后马不停蹄地开展各项活动：到学校、协会讲座，与民族资本家聚餐、座谈，参与民建内部事务及推荐政协代表，等等。

黄炎培所做所载的，也是到达北平民主人士活动的一个缩影。李济深继续筹划对国民党将领的策反；沈钧儒忙于协调民盟和救国会事务、推选政协代表；叶圣陶、郑振铎、宋云彬谋划教科书编纂；王芸生、徐铸成念念不忘重振《大公报》《文汇报》；陈嘉庚前往东北解放区参观访问；由吴羹梅担任团长，59位各界人士组成的"民主东北参观团"先后到旅大、鞍山、本溪、安东、沈阳、抚顺、长春、吉林、小丰满、哈尔滨等地参观访问……

进入北平后，并非人人志得意满。面临几千年之大变局，兴奋之余的惶惑、欣然之际的隔膜，在每位北上者身上有不同程度的反映。在北上旅途中发出"前途真喜向光明"的柳亚子到平后，对一些事情看不顺眼，牢骚满腹，3月28日夜写下《感事呈毛主席》，表达自己"退隐"之意；宋云彬多次发出"听冗长之报告，殊不可耐"的喟叹；徐铸成在1952年的思想改造运动中，曾有过这样一段"检查"："1949年3月我从香港到北京的时候，抱着一肚皮'雄才大略'，想在北京搞一个文汇报，以后至少全国三个文汇报，我就可以成为新闻界的巨头……到北京后，和宦乡同志见面，知道这个计划不可能实现，就灰心，回到上海另办报纸的希望也没有实现，于是就工作得不起劲。"

在大功告成、山河重整的历史节点，这些不适应只是大江东去的点点浪花，更多的人顺应潮流融入新的时代。黄鼎臣曾回忆说："我们一方面积极参加新政协的筹备工作，一方面认真学习，学习毛主席的《论人民民主专政》和稍后发表的《丢掉幻想，准备斗争》《别了，司徒雷登》《为什么要讨论白皮书》《"友谊"，还是侵略？》《唯心历史观的破产》五篇文章。通过学习，我们在思想上更加和中共中央一致了。"

1949年6月15日，全国人民期盼的新政治协商会议筹备会在中南海勤政殿召开。郭沫若用诗一般的语言充满激情地表示："今天的新政协筹备会的开幕，正好像在黑暗苦斗着的太阳，经过了漫漫长夜的绞心沥血的努力，终于吐着万丈光芒，以雷霆的步伐，冒出地平线上来了。"

筹备会成立了以毛泽东为主任的常务委员会。从香港北上的民主人士担纲重任，在中共领导下擘画开国。在五位副主任中，除周恩来外，还有李济深、沈钧儒、郭沫若、陈叔通这四位民主人士。常务委员会下

→ 1949 年 6 月，新政协筹备会常务委员在北平中南海合影
（前排左起：谭平山、章伯钧、朱德、毛泽东、沈钧儒、李济深、陈嘉庚、沈雁冰；后排左起：周恩来、黄炎培、林伯渠、马寅初、蔡畅、张奚若、陈叔通、马叙伦、郭沫若、李立三、蔡廷锴、乌兰夫；张澜当选为筹备会常务委员，因尚未抵达北平，未参加合影）

→ 1949 年 9 月 21 日，出席政协第一届全体会议的代表步入会场

设六个小组，分别拟定参加新政治协商会议之单位及其代表之人数、起草新政治协商会议组织条例、起草共同纲领、起草中华人民民主共和国政府方案、起草宣言、拟定国旗国徽国歌方案。章伯钧、谭平山、黄炎培、郭沫若、陈劭先、马叙伦、沈雁冰等分别担任六个小组组长或副组长，还有更多的北上民主人士作为小组成员直接参与国是。他们为新政协的召开、新中国的建立贡献着智慧和力量。

经过三个月充分准备，代行全国人大职权、体现全国人民意志的中国人民政治协商会议第一届全体会议于 1949 年 9 月 21 日在北平中南海怀仁堂隆重召开。这是一次全国人民大团结的盛会，是一次改变中国面貌的盛会。会议通过了具有临时宪法性质的《中国人民政治协商会议共同纲领》，选举产生了中央人民政府委员会，向世界宣告了中华人民共和国的诞生。参与《共同纲领》小组的司马文森在《新中国的十月》里，记下了 9 月 27 日政协全体会议通过政府组织法、政协组织法和国都、纪年、国歌、国旗四个决议案这一振奋人心的事件："五千年来的第一次，中国人民用自己的手来表决自己的宪章！以国家主人的身份，来处理自己的命运！我们兴奋，多少说不出的情绪，像海涛，像巨浪，在我们心中翻腾起伏，多少热血，在我们身上奔腾着。热泪涌在我们眼中，它想流下来，为了快活，兴奋，激动！""那是我们全国人民大团结的标志，我们拥护，我们鼓掌，我们欢呼，我们一致地举手通过！"

10 月 1 日，这是每一个中国人都铭记在心的日子。庆祝中华人民共和国中央人民政府成立的典礼在天安门广场举行。李济深、黄炎培、郭沫若、沈钧儒、陈叔通等从香港北上出席人民政协第一届全体会议的代表和首都 30 万军民共同见证了这一开天辟地的时刻！他们奋斗的目标，终于实现了！

如果说，这些民主人士在香港响应中共"五一口号"时，对新政协、对民主联合政府还是一种憧憬，那么到了 1949 年 9 月，这种憧憬便如种子般落地生根、破土绽放。人民政协第一届全体会议产生的中央人民政府委员会，乃至此后成立的政务院，在人事安排上，作出了让他们"有

→ 开国大典

职有权"的制度设计，切实贯彻了中国共产党与民主党派和无党派民主人士长期合作的政策。

关于人民政协第一届全体会议代表中有多少人是从香港北上的，目前有几种说法：杨奇在《风雨同舟——接送民主群英秘密离港北上参加政协始末》一文中提出"在正式代表中，从香港北上出席的民主人士和文化精英就占了110多人"，而他在《民主群英秘密离港破浪北上的壮举》一文中又说是115人；罗培元《无悔的选择》及周海婴《许广平北上参与新政协筹建》中给出的数字是119人。杨、罗、周尽管均为北上的当事人，但他们提出的数字仍有待商榷。一则在那个特殊年代，组织北上多是秘密状态，很难留下数字准确的文字记录；二则他们只参与了北上的一两项具体环节，并非全程；三则他们的回忆都是在几十年之后，准确性待考。这正如胡绳就北上细节给杨奇的回信中所说的："在那凡事必须严格保密的情形下，留给几十年后的记忆——都准确，大概是不可能的。"

弄清从香港北上的政协代表或候补代表的人数，无疑能够更加客观地评价民主人士北上这段历史的时代价值。为此，笔者通过四种途径对这一人数进行了梳理。一是北上者的日记、回忆录。比如《李济深自述》《黄炎培日记》《叶圣陶日记》《柳亚子日记》《王健日记》《茅盾全集·回忆录二集》《徐铸成回忆录》及周海婴的《鲁迅与我七十年》等。这些北上亲历者自己撰写的文字为研究这段历史提供了珍贵的一手资料。二是北上行动的组织者、工作人员撰写的回忆录。比如，夏衍的《懒寻旧梦录》、周而复的《往事回首录（之一）》、钱之光的《接送民主人士进解放区参加新政协》、杨奇的《见证两大历史壮举》、罗培元的《无悔的选择》等，都不同程度地涉及组织民主人士北上的内容。三是当事人的亲朋故旧撰写的回忆录、回忆文章。比如，郭庶英的《我的父亲郭沫若》、李筱桐的《李济深秘密北上之途》等。四是合理推测。比如，张文、郭冠杰、韩兆鹗等人，尽管目前我们尚未看到涉及他们北上细节的直接线索，不过根据他们"五一口号"之后曾在香港留下活动轨迹，后来又出席了人民政协第一届全体会议，可以判断他们系从香港北上人士。

　　据此推知，出席人民政协第一届全体会议的 662 位代表和候补代表中，自中共中央发布"五一口号"后由香港北上到解放区的民主人士和文化、产业等各界代表人士至少有 177 人。他们是：

　　中国国民党革命委员会：李济深、何香凝、柳亚子、张文、陈劭先、朱蕴山、梅龚彬、李任仁、陈汝棠、吕集义、郑坤廉；**中国民主同盟：**沈钧儒、章伯钧、周新民、丘哲、周鲸文、李相符、李文宜、胡愈之、刘王立明、叶笃义、罗子为；**民主建国会：**黄炎培、章乃器、施复亮、孙起孟、盛康年、沈子槎、莫艺昌；**无党派民主人士：**郭沫若、马寅初、李达、欧阳予倩、洪深；**中国民主促进会：**马叙伦、许广平、王绍鏊、梅达君、徐伯昕；**中国农工民主党：**彭泽民、郭冠杰、李士豪、杨逸棠（杨伯恺）、王深林、严信民、杨子恒、李健生、张云川；**中国人民救国会：**李章达（因病未出席会议）、沙千里、沈志远、千家驹、萨空了、曹孟君、方与严、宋云彬、张曼筠；**三民主义同志联合会：**谭平山、王昆仑、许宝驹、吴茂荪、萧隽英、谭惕吾、于振瀛；**中国国民党民主促进会：**蔡廷锴、蒋光鼐、陈此生、李民欣、秦元邦、林一元、谭冬菁、司马文森、李子诵；**中国致公党：**陈其尤、黄鼎臣、官文森、雷荣珂（田凡）、严希纯；**台湾民主自治同盟：**谢雪红、杨克煌；**西北解放区：**韩兆鹗；**华东解放区：**夏衍；**华南解放区：**连贯、乔木（冠华）、李伯球、王雨亭、李独清、廖梦醒；**待解放区民主人士：**杜国庠、张唯一、侯方岳、周钦岳、周士观、黄药眠；**华南人民解放军：**马白山、吴奇伟、冯乃超；**中华全国总工会：**易礼容、周颖；**中华全国民主妇女联合会：**沈兹九、杜君慧、龚普生；**中华全国民主青年联合总会：**曹禺；**全国工商界：**陈叔通、盛丕华、简玉阶、包达三、俞寰澄、张絅伯、吴羹梅、郧云鹤；**上海各人民团体：**沈体兰、陈震中；**中华全国文学艺术界联合会：**沈雁冰、郑振铎、阳翰笙、蔡楚生、史东山、胡风、马思聪；**中华全国第一次自然科学工作者代表大会筹备委员会：**梁希、李四光（未出席会议，1950 年北上）、侯德榜、曾昭抡、严济慈、涂长望、丁瓒、李宗恩；**中华全国教育工作者代表会议筹备委员会：**叶圣陶、林砺儒、陈鹤琴、俞庆棠；**中华全国社会科学工作者代表会议筹备会**：邓初民、翦伯赞、侯外庐、张志让、钱端升、胡绳；**中华全国新闻工作者协会筹备会**：金仲华、杨刚、邵宗汉、刘尊棋、王芸生、赵超构、徐铸成；**自由职业界民主人士**：宦乡、陈乙明、白杨；**国内少数民族**：王国兴；**国外华侨民主人士**：陈嘉庚、司徒美堂、陈其瑗、戴子良、费振东、蚁美厚、黄长水、刘思慕、李铁民、周铮、侯寒江（未出席会议，1949年12月北上）、庄明理、赵令德、林棠（未出席会议）、张殊明；**宗教界民主人士**：吴耀宗、邓裕志、巨赞；**特别邀请人士**：曾昭森、卢於道、钱昌照、龙云（未出席会议，1950年北上）、黄琪翔、胡子昂、章士钊、黄绍竑、刘斐、汪世铭。

这个名单中的一些政协代表具有中共和民主党派双重身份，如王绍鏊、翦伯赞等；有些是中共党员身份，为了便于开展工作，以民主人士或文化界人士面目出现，如胡绳、宦乡等；还有几位明确为中共党员身份，如夏衍、连贯、乔冠华、冯乃超、马白山、李独清、王国兴等，他们作为界别代表出席会议。事实上，由于资料所限，上述罗列的从香港北上出席人民政协会议的代表仍会有所遗漏，比如，与王国兴同船北上的除了马白山，应该还有20多位华南其他地区的代表，只不过很难一一考证了。

人民政协第一届全体会议选举产生了中央人民政府委员会，这是新政权成立的重要标志。在6名中央人民政府副主席中，有3名民主人士，占50%；在56名中央人民政府委员中，有27名民主人士，占48.2%。这一组成，实现了中国共产党召集政治协商会议、成立民主联合政府的初衷，构建了中国共产党领导下多党合作的基本格局。

在当选中央人民政府组成人员的30位（3位副主席和27位委员）民主人士中，李济深（民革）、何香凝（民革）、陈嘉庚（无党派）、马寅初（无党派）、马叙伦（民进）、郭沫若（无党派）、沈钧儒（民盟）、沈雁冰（无党派）、陈叔通（无党派）、司徒美堂（致公党）、黄炎培（民建）、蔡廷锴（民促）、彭泽民（农工党）、李章达（救国会）、章伯钧（农工党）、谭平山（民联）、柳亚子（民革）、龙云（民革）这17人是由香港北上的。

→ 中央人民政府主席、副主席与部分委员合影

除李章达、龙云外，他们与其他政协代表一起在10月1日登上天安门城楼，见证了中华人民共和国的诞生。

随后，中央人民政府组建政务院，作为国家政务的最高执行机关。对于政务院人选，周恩来可谓费尽心力，对从香港北上的郭沫若（无党派）、黄炎培（民建）更是委以重任。他们不但与董必武、陈云一并位居四名副总理之列，而且郭沫若一身兼三职、黄炎培一身兼两职。为了动员黄炎培出任副总理和轻工业部部长，周恩来两度到黄炎培家中劝说，使黄炎培终于放弃了几十年"不当官"的信条，做这个"人民的官"。

在15名政务委员中，民主人士有9人。其中，谭平山（民革）、章伯钧（农工党）、马叙伦（民进）、陈劭先（民革）、王昆仑（民革）、章乃器（民建）、黄绍竑（民革）这7位是从香港北上的。

政务院所辖的4个委员会和30个部、会、院、署、行，担任正职的民主人士有14人。其中，文化教育委员会主任兼中国科学院院长郭沫若（无党派）、人民监察委员会主任谭平山（民革）、轻工业部部长黄炎培（民建）、交通部部长章伯钧（农工党）、林垦部部长梁希（九三学社）、文化部部长沈雁冰（无党派）、教育部部长马叙伦（民进）、华侨事务委员会主任何香凝（民革）、出版总署署长胡愈之（民盟）这9位是从香港北上的。

10月9日，政协第一届全国委员会在中南海勤政殿召开第一次会议，选举毛泽东为主席，周恩来、李济深、沈钧儒、郭沫若、陈叔通为副主席。在这次会议上，许广平委员代表生病的马叙伦委员提出"将10月1日确定为中华人民共和国成立纪念日"提案，被中央人民政府采纳。这也为民主人士北上旅程划上一个圆满的句号。

上述一串串名字、一个个数字，看似是抽象的，但如果从香港北上者占全体政协代表四分之一以上、占新政权组成人员的相当大比例来看，中国共产党用了近一年时间，付出巨大代价将大批聚集在香港的民主人士和文化产业界代表人物护送到解放区所具有的政治意义就不言而喻了。

在改天换地之际，一幕幕北上的故事，不仅仅是传奇，更是涵蕴着深刻的国家兴亡铁律：人心是最大的政治，得人心者得天下。中国共产党在解放战争转入战略决战的重要历史关头，顺应时代潮流，发出建立新政权的号召，为无数追求民族解放、国家和平、人民幸福的革命志士带来了希望。在蒋介石集团仍盘踞半壁江山之时，各民主人士、各界代表人物如众星拱北、万水朝东一般北上解放区，彰显了民心所向、众望所归。

北上是一种家国情怀、一种精神境界。为了迎接新中国破晓而出的曙光，李济深、沈钧儒、郭沫若等民主人士和各界代表，义无反顾地克服种种困难、冒着重重风险，跨越数千里，践行他们的初心："同舟共济。一心一意。为了一件大事。一件为着参与共同建立一个独立、民主、和平、统一、康乐的新中国的大事……前进，前进。努力，努力！"

组织民主人士北上，反映了中国共产党高瞻远瞩的政治智慧、海纳百川的政治胸襟、超凡卓绝的政治能力，彰显了中国共产党统一战线的巨大魅力。北上民主人士大多是"旗帜性人物"，对他们所联系的各社会界别，具有重要影响。他们接受邀请北上的过程，充分体现了中国共产党的领导是包括各民主党派、各团体、各阶层、各界人士在内的全体中国人民的共同选择。中国共产党通过人民政协这一政治制度安排，把全国各方面的民主力量融汇在一起，使其具有代表全中国人民的性质。于历史合力中诞生的新中国，毋庸置疑获得政权的正当性，得到全中国人民的支持和拥护。

主要参考资料

《毛泽东选集》第 4 卷，人民出版社 1991 年版。

《周恩来统一战线文选》，人民出版社 1984 年版。

中共中央文献研究室编:《周恩来年谱(1898—1949)》，人民出版社 1989 年版。

中共中央统战部、中央档案馆编:《中共中央解放战争时期统一战线文件选编》，档案出版社 1988 年版。

政协全国委员会办公厅:《大道同行——从"五一口号"到协商建国重要史事回顾》，中国文史出版社 2019 年版。

政协全国委员会文史资料委员会编:《五星红旗从这里升起——中国人民政治协商会议诞生记事暨资料选编》，中国文史出版社 1984 年版。

中共河北省委统战部编:《李家庄时期统一战线史料选编》，华文出版社 2018 年版。

李勇、张仲田编著:《解放战争时期统一战线大事记》，中国经济出版社 1988 年版。

叶金蓉等编:《中共中央香港分局文件汇集 1947.5—1949.3》，中央档案馆、广东省档案馆 1989 年版。

《李济深自述》，安徽文艺出版社 2013 年版。

《黄炎培日记》第 10 卷，华文出版社 2008 年版。

黄炎培:《八十年来》，文汇出版社 2000 年版。

沈钧儒:《廖廖集》，生活·读书·新知三联书店 1978 年版。

夏衍:《懒寻旧梦录》(增补本)，生活·读书·新知三联书店 2000 年版。

《叶圣陶日记》，山西教育出版社 1997 年版。

《柳亚子日记》，上海人民出版社 2015 年版。

《黄慕兰自传》，中国大百科全书出版社 2016 年版。

《宋云彬日记》，中华书局 2016 年版。

《茅盾全集》第 35 卷，人民文学出版社 1997 年版。

《徐铸成回忆录》，生活·读书·新知三联书店 1998 年版。

《臧克家回忆录》，中国工人出版社 2004 年版。

周而复：《往事回首录之一》，中国工人出版社 2004 年版。

周海婴：《鲁迅与我七十年》，南海出版公司 2001 年版。

朱学范：《我与民革四十年》，团结出版社 1990 年版。

《王健日记》，张国男保存。

杨奇：《见证两大历史壮举》，人民出版社 2011 年版。

《无悔的选择——罗培元回忆录》，花城出版社 1999 年版。

史宝强编著：《"五一口号"史稿》，河北人民出版社 2015 年版。

朱维群主编：《让历史告诉未来：中共中央发布"五一口号"六十周年纪念》，华文出版社 2008 年版。

秦立海：《民主的追求：从"五一口号"到新政协》，当代中国出版社 2012 年版。

沈谱、沈人骅编：《沈钧儒年谱》，中国文史出版社 1992 年版。

许汉三编：《黄炎培年谱》，文史资料出版社 1985 年版。

卢礼阳：《马叙伦》，群言出版社 2014 年版。

罗培元:《向真理走近一步》,广州出版社 1999 年版。

陈伟忠主编:《黄炎培诗画传》,上海社会科学院出版社 2010 年版。

邓广殷:《我的父亲邓文钊》,中国文史出版社 1996 年版。

廖安祥:《梅州大侠香港六十年》,(香港)三联书店有限公司 1989 年版。

郭庶英:《我的父亲郭沫若》,辽宁人民出版社 2004 年版。

余华心:《传奇将军冯玉祥》,学苑出版社 2007 年版。

董竹君:《我的一个世纪(修订版)》,生活·读书·新知三联书店 2008 年版。

陈碧笙、杨国桢:《陈嘉庚传》,福建人民出版社 1981 年版。

文思主编:《我所知道的龙云》,中国文史出版社 2004 年版。

石光树编:《迎来曙光的盛会——新政治协商会议亲历记》,中国文史出版社 1987 年版。

华润(集团)有限公司《红色华润》编委会编,吴学先撰稿:《红色华润》,中华书局 2010 年版。

于化民等:《裂变与重构——人民共和国的创世纪》上册,社会科学文献出版社 2016 年版。

李红梅、刘仰东:《人民政协诞生实录》,中国文史出版社 2019 年版。

中国政协文史馆编:《文史资料选辑》第 171 辑,中国文史出版社 2018 年版。

中国政协文史馆编:《文史学刊》第 8 辑,中国文史出版社 2018 年版。

宜兴市政协学习和文史委员会编:《宜兴文史资料》第 33 辑,内部资料。

夏衍:《纪念潘汉年同志》,《人民日报》1982 年 11 月 23 日。

杨奇:《风雨同舟——接送民主群英秘密离港北上参加政协始末（中）》,《同舟共进》2004 年第 11 期。

袁超俊:《华润——在大决战中创业》,《红岩春秋》1998 年第 2 期。

李正南:《明朗的天空——民主人士在东北》,《党史纵横》1992 年第 2 期。

叶汉明:《从"中间派"到"民主党派":中国民主同盟在香港（1946—1949）,《近代史研究》2003 年第 6 期。

王凡、郝在今:《众星拱北:政协代表的"长征"》,《北京日报》2014 年 10 月 14 日。

宋曲霞:《1948 年前后中国自由知识分子的心路历程》,《安徽师范大学学报》2008 年第 3 期。

陈朗:《香港新闻采访外记》,载《广东文史资料》第 41 辑,广东人民出版社 1984 年版。

后记

　　历史学家吴晗曾提出"滚雪球"的历史研究方法，即研究一个人物或一个事件，由此可以产生新的学术生长点，像雪球似的越滚越大。对此，我们这几年深有体会。

　　2017年，我们参与全国政协副秘书长刘家强主持的"民主人士北上、新政协筹备会、人民政协第一届全体会议召开"综合性文史项目，先后到北京、广东、山东、黑龙江、吉林、辽宁、天津、河北等省市进行实地考察、收集资料、访问当事人；在此基础上，于2018年撰写全国政协办公厅主办的《大道同行——从"五一口号"到协商建国重要史事回顾》展览脚本。"从'五一口号'到协商建国"是一段辉煌的历史，反映了在解放战争取得决定性胜利的形势下，中国共产党顺应潮流、团结各方，开启协商建国、共襄盛举的崭新伟业。其间，有影响历史走向的重大事件，有改变中国命运的重要节点，有引领社会活动的代表人物，一幕又一幕，谱写了人民政协成立、新中国诞生的精彩华章。尤其是毛泽东、周恩来等老一辈革命家创建人民政协这一制度所彰显的高超政治智慧，令我们敬仰不已。作为政协人，我们有责任将之系统梳理出来。2019年，在人民政协和新中国70华诞之际，我们撰写出版了《人民政协诞生实录》。

　　本来黄卷青灯数载，可以喘口气、歇歇脚，但在新政协筹建过程中，民主人士从香港北上的故事，可歌可泣，波澜壮阔，一直深深吸引着我们，让人有种"才下眉头，却上心头"的感觉。北上不是一段普通的迁徙，是中共中央及其领导人高瞻远瞩、雄韬伟略的集中展现，是李济深、沈钧儒、郭沫若、黄炎培等民主人士冒着重重危险航向解放区、走向光明的特殊旅程，是建立新中国之时涓泉归海、天下归心的生动反映。种种触动，使我们一鼓作气完成了《向北方》这部书稿。

《向北方》共分十二章，全面系统展现在中共中央领导下，香港分局和华润公司等机构组织民主人士和社会各界代表，从香港北上解放区这一恢宏的历史壮举。其中，第一、二、八、九、十、十一、十二章由李红梅执笔，第三、四、五、六、七章由刘仰东执笔。通过这些内容，我们试图达到三个方面的目的：一是完整地叙述北上过程，并通过翔实的史料诠释"中国共产党的领导是包括各民主党派、各团体、各民族、各阶层、各界人士在内的全体中国人民的共同选择"这一宏大命题；二是尽可能挖掘北上行程中的具体细节和当事者的心理感受，揭示人心是最大的政治、得人心者得天下的历史规律；三是较详尽梳理北上者的行动轨迹，还原一些重大的历史脉络，并用最新的数据，反映从香港北上者为建立新中国作出的重要贡献。

辍笔伏案之际，内心还是有很多的遗憾。中国共产党组织民主人士北上共商建国大业是一部恢宏叙事，我们付诸笔端的也仅仅是一本小书，远不能说穷尽这个故事。许多蕴含在这段重要历史进程中的背景、内情、深意，由于资料所限，尚未挖掘出来。正如吴晗所言，只能留待以后继续"滚雪球"了。

最后，要特别感谢中央党史和文献研究院研究员刘金田同志的大力支持和热情鼓励，他为我们与江苏人民出版社之间搭起一架合作的桥梁；感谢"北上"项目组所做的许多基础性工作；也感谢两位责编卞清波、莫莹萍的认真负责，使本书得以在庆祝中国共产党百年华诞之际付梓。谨以此书献上我们的一片丹心！